涂盛高 ◎ 著

宣演昭推

图书在版编目（CIP）数据

昭宣推演 / 涂盛高著. -- 北京：华夏出版社有限公司，2024.7
ISBN 978-7-5222-0450-5

Ⅰ.①昭… Ⅱ.①涂… Ⅲ.①中国历史－西汉时代 Ⅳ.①K234.1

中国国家版本馆 CIP 数据核字（2023）第 008284 号

昭宣推演

著　　者	涂盛高
责任编辑	董秀娟
装帧设计	赵萌萌
责任印制	周　然

出版发行	华夏出版社有限公司
经　　销	新华书店
印　　装	三河市少明印务有限公司
版　　次	2024 年 7 月北京第 1 版 2024 年 7 月北京第 1 次印刷
开　　本	710×1000　1/16
印　　张	17
字　　数	265 千字
定　　价	78.00 元

华夏出版社有限公司　地址：北京市东直门外香河园北里 4 号　邮编：100028
　　　　　　　　　　网址：www.hxph.com.cn　电话：(010) 64663331（转）
若发现本版图书有印装质量问题，请与我社营销中心联系调换。

前言 QIANYAN

  吾自初中便好文言文，然生于农民之家，非书香门第，虽有此好，却不得不隐忍，反学理工，忍痛割爱也。然兴趣为最好老师，大学时，吾始得机会渐习文言，长年累月，不知其境界。然今略有小成，写此书方知之，实乃意外收获也。

  今人多不习文言文，而中国几千年文化，博大精深，载体皆为文言文，白话文之历史不过百余年耳！今国家欲复兴传统文化，世人若欲深习之，须通文言文方可。故笔者不揣冒昧，以文言文行文，期为文化复兴作微薄贡献而已。

  于秦汉史而言，因时代久远之故，史籍所载内容有限，众多人物、事件之记载较为简略，不少一笔带过，甚至佚失。本推演之宗旨在于根据基本史实，按照逻辑分析及推理，加以合理想象及演绎，力求再现历史人物、事件之原貌。

  昭宣时代乃历史之特殊年代。它前承武帝末之衰局，振弊起衰，使汉朝中兴，然中兴时，便潜伏危机；昭宣后，汉朝便急剧衰退。此间为何如此大起大落？本推演力求展现其原因也。

  昭宣时最重要之人物为大将军霍光、宣帝刘病已，二者获得最高权力纯属偶然。霍光侍奉武帝,二十余年无过失,武帝临终托孤于光,光以近侍而跃居三公之上,获监国之任。宣帝先因巫蛊之祸沦为囚徒,后虽被释,无异布衣,霍光鉴昌邑被废之祸,又恐立幼有专权之讥,于是攀立孤弱无党之病已,非为国求贤,乃为便己专权。阴错阳差,宣帝后为英主,开启治世,此乃汉室祖宗德泽深厚所致。

然霍光、宣帝掌最高权力,权力如毒品,一掌握便不能放弃也。霍光终身专权,制控昭帝,废昌邑王,立宣帝,后继续秉政专权,直至病薨方罢。死才三年,霍家族灭,虽曰宣帝刻薄寡恩,亦因霍光专断过甚,宣帝不能堪。病已为帝后,昌邑王被废,仅为布衣,本于己无害,而宣帝外宽内忌,必欲致昌邑王死,知昌邑王病痿,不耐潮湿气候,便迁昌邑王于海昏县,临近鄱阳湖,故昌邑王迁海昏不到四年,便病薨也。此皆掌权者因恋权而恶毒异常也。

因巫蛊祸深刻影响武帝后之政局,故本推演从武帝末巫蛊之祸言起。巫蛊祸之所以能兴,主与奸邪欲兴废立关联。因巫蛊祸,昭帝得以冲幼越次得立,同时霍光受周公之任,霍光、金日䃅、桑弘羊、上官桀等同受托孤。然金日䃅正直,霍、上官不便,故不得其死。金日䃅薨后几年,辅臣间尚为和谐,故政局平稳。后上官、桑等与光争权,光因昭帝少年聪慧,辨别是非,得以胜出。后光彻底掌朝政大权,肇始中兴之基。

然英主遇专权辅臣,必多冲突,昭帝之死因,史无明言,本推演言霍光暗害致死。昭帝崩而无后,光以刘贺荒淫,便己专权,遂立贺为天子,又因贺等与己争权,遂兴废立。本推演详述昌邑王贺被立、被废、废后之生活,及身后之事,本末甚为详细。

霍光薨后,宣帝执政,早期励精图治,吏治良美。然至后期,兴伪儒治,天下之治多伪。上有所好,下必甚焉,群僚造假以迎合,以谋富贵,以求升迁。虽治平之世,亦多内忧,宣帝朝朝廷党争而倾轧,嫡庶不分几酿大祸,议追尊礼而纷扰,事四夷而内耗等。宣帝崇神仙、信方士、兴土木,终因崇神仙、信方士而服金丹毙命。

为增其趣味性，本推演叙入众多奇闻异事，多涉鬼神之说。如武帝死，因见卫后、钩弋夫人之冤魂；霍光生，其母诞光并产一蛇；卫太子未死，习佛法，并赴匈奴、西域习法传教；昌邑王贺之死，乃在鄱阳湖有奇遇所致；霍家魂魄为祟，等等。此乃古时科技不发达之际，不可避免之事，万不可视之为封建迷信，而一概斥之，而应视其为传统文化之重要部分也。

本书在写作中参考采纳了诸多正史野史、小说传奇之内容，其中重点参考文献附列于书末。同时，本书因系以文言文叙写，故在遣词用字方面多沿袭古文用法，多假借、活用等情况，以期给读者原汁原味之沉浸式古文阅读体验。其中或多有不当不通之处，敬请读者批评指正。

以上为前言也。

目录 MULU

第一推	戮方士降江充为祸　多内宠太子位不稳	1
第二推	三奸合兴巫蛊之祸　张罗网太子党沦陷	6
第三推	奸人谋蛊祸逼皇宫　太子仁计不知所出	10
第四推	曾孙生天降大异相　逼迫急太子决起事	14
第五推	太子怒亲监斩江充　奸邪构父子相诛夷	18
第六推	武帝怒迫卫后自杀　太子亡终自经而"死"	21
第七推	奸将相冤冤还受报　奇男子一言取卿相	25
第八推	轮台诏天下人息肩　立子杀母为绝后患	29
第九推	见鬼祟武帝老病终　托幼主霍光秉国政	32
第十推	帝老悖为长女所制　日䃅正霍上官行邪	36
第一一推	摄政初群辅颇修饬　杀使者西南夷怒反	41
第一二推	平反侧屡派精明将　兴大狱多戮汉豪杰	44
第一三推	捕风闻四海访太子　谋富贵卜人冒国储	48
第一四推	假作真霍光急杀戮　遁空门太子崇佛法	52
第一五推	苏武困执汉节两纪　法师会贤良受重托	55
第一六推	旦兴邪欲国中大起　光专权群僚谋黜之	60

第一七推	诈言反群邪织罪名	欲破心上官起邪谋 ……	65
第一八推	觉反谋强辅兴杀戮	清君侧光威震天下 ……	68
第一九推	匈奴弱太平少边事	犯强汉虽远国必诛 ……	72
第二十推	伴食相不终德而薨	持法严择相取老弱 ……	78
第二一推	英明帝多责难国事	强臣辅持权怒弱主 ……	83
第二二推	不忍愤昭帝伐霍光	恶辅忌帝不得其死 ……	88
第二三推	便专权越次立昏帝	群小谋渐夺强辅权 ……	94
第二四推	群霍急说光行大事	昌邑昏燕雀不知惧 ……	99
第二五推	强辅倡汉廷废昏主	群小诛恨行事不早 ……	103
第二六推	巫蛊祸曾孙屡危殆	膺天命布衣为天子 ……	108
第二七推	弹冠庆老妪阻赴征	严御史公劾妄废立 ……	115
第二八推	辅臣强续专权摄政	贤主明渐显帝威严 ……	121
第二九推	触强辅能吏不得终	布陷阱两贤堕囹圄 ……	125
第三十推	霍氏狠行毒害许后	宣帝弱立成君为后 ……	129
第三一推	强辅病家族多内忧	暮年惨灵蛇为内应 ……	134
第三二推	少历艰难知民疾苦	英主亲政励精图治 ……	140
第三三推	霍家愚知进不知退	宣帝明任贤去壅闭 ……	145
第三四推	诸霍失势渐起邪谋	众告发阖家被族灭 ……	150
第三五推	遭异遇家累获万金	鉴先祸贤臣避权势 ……	156
第三六推	余党狂欲兴兵作乱	占卜明刺客落法网 ……	162
第三七推	废王久冤案多同情	迁昌邑卑湿速其死 ……	166
第三八推	感阴阳诸相有天命	群贤聚魏丙先后相 ……	173
第三九推	多阴德布衣至阿衡	习法律狱吏为公辅 ……	179
第四十推	境险恶许后子为储	陷宠争淮阳兴夺谋 ……	183
第四一推	群贤正奸邪多害之	乱人死太子位终稳 ……	189
第四二推	帝少孤欲追尊父祖	辅强愎折明主孝思 ……	195

第四三推	议尊礼群臣大异议	孝义申帝几破汉制	199
第四四推	少多异长崇仙术宫	群邪聚京师多妄人	205
第四五推	贤臣谏遭杀身之祸	帝浮夸动匈奴听闻	210
第四六推	处深宫诸侯多荒行	睦宗室亲亲得首匿	217
第四七推	多伪治外儒而内法	行下效大吏多粉饰	222
第四八推	使者出天下集异闻	仁义布禽兽多善行	232
第四九推	二亭立扰乱乡里治	徒其表世间多纷扰	237
第五十推	羌变起赵充国出征	匈奴乱五单于争立	244
第五一推	单于朝诸国咸尊汉	帝浮夸匈奴慴汉富	249
第五二推	内愧疲霍氏为鬼祟	服金丹宣帝遂大行	252

参考文献 ········· 257

后记 ········· 258

第一推

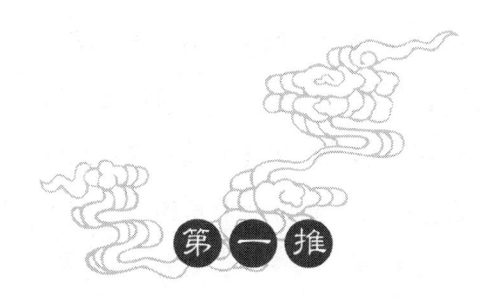

戮方士降江充为祸　多内宠太子位不稳

昔秦始皇残酷坑儒，所坑之儒多非学者，乃方士也。然帝王求长生，终与方士羁绊不断。汉武帝亦欲求长生，齐、赵之方士齐聚京师，待诏金马门。齐少翁①初以方术为帝所宠幸，官拜文成将军，朝廷赏赐甚厚，帝亦以客礼待之。时而久之，少翁因方术多不效验为帝所诛杀，帝讳之，托以少翁因误食马肝而毒亡，以求不阻断方士投效京师之路。

少翁者，齐人也，其妻赵人，夫妻多年而无儿。少翁诛死后，有遗腹子，因汉法严，多瓜藤蔓抄，牵妻连儿。少翁妻惧法牵诛，欲避祸而改嫁，产遗腹子后，将婴儿掷入江中，但被江水立冲上岸，少翁妻屡掷之，江水屡冲其上岸边。少翁妻异之，终不再抛弃婴儿，挈儿改嫁赵地邯郸。因婴儿屡被江水冲上岸边，故取姓名"江冲"。江冲长大后，觉名"冲"不利，乃犯

---

①　齐人少翁以方术见武帝。武帝有所幸李夫人，夫人卒，少翁以方术盖夜致夫人及灶鬼之貌云，天子自帷中望见焉。乃拜少翁为文成将军，赏赐甚多，以客礼礼之。文成言："上即欲与神通，宫室被服非象神，神物不至。"乃作画云气车，驾车辟恶鬼。又作甘泉宫，中为台室，画天地泰一诸鬼神，而置祭具以致天神。居岁余，其方益衰，神不至。乃帛书以饭牛，阳不知，言此牛腹中有奇。杀视得书，书言甚怪。天子识其手，问之，果为书。于是诛文成将军，隐之。

冲之意，故将冲改为"充"也。

　　秦赵长平之战，秦国坑杀赵国四十万壮丁，冤魂淤积，终为秦国生阉人赵高。秦二世偏听偏信，唯高之言是从，故赵高专权，指鹿为马，残害宗室，屠戮大臣，弑君乱政，终致秦朝社稷为虚。武帝杀方士少翁，少翁怨气上达，终生遗腹子江充，乱汉朝社稷，害帝子孙，此为因果相连，报应不爽，善因种善果，恶因得恶报。

　　少翁妻改嫁邯郸后，生多女而无儿，其后夫视江充如己出也。江充有异父女弟善鼓琴歌舞，嫁赵太子丹，充因太子丹之故，得以结交赵敬肃王彭祖，为赵王所幸，为上客。

　　久之，赵王父子有隙，赵王欲废太子丹，太子丹疑充以己阴私告王，故赵王欲废之，大与充忤，使吏逐捕充，不得，收系其家属，按验，皆弃市。充遂绝迹亡，西入关。诣阙告太子丹与同产姊及王后宫奸乱，交通郡国豪猾，攻剽为奸，吏不能禁。书奏，天子怒，遣使者诏郡发吏卒围赵王宫，收捕太子丹，移系魏郡诏狱，与廷尉杂治，事皆有验，法至死，以赵王为帝亲弟，不及之。

　　江充父少翁本与李延年善，能为武帝所幸纯因李延年之推介。李延年为帝宠宦，常与帝共卧起，其女弟李夫人有殊色，亦为帝所爱幸，为帝生爱子昌邑王髆，然夫人不幸早亡，帝时时念之。少翁以方术使帝见李夫人之影，遂为帝所宠。后李延年忽失帝意被诛死，然帝对李夫人之爱恋不衰，又因宠昌邑王髆之故，李夫人之兄贰师将军广利[①]亦为帝所宠幸，帝录其征伐之微功，略其多丧将卒器什之大过，封其海西侯。李广利与涿郡太守刘屈氂[②]通婚姻，李广利嫁女与刘屈氂之子，两家情感甚好。少翁与李家素善，故江充

[①] 李广利，女弟李夫人有宠于上，产昌邑哀王。太初元年，武帝命广利发属国六千骑及郡国恶少年数万人以往，期至贰师城取善马，故号"贰师将军"。

[②] 武帝庶兄中山靖王胜之子也。胜为武帝兄，嗜酒好色，相传有妾百余，子亦有百二十人。时胜已病薨，谥曰"靖"。长子昌嗣承父位，屈氂庶男，以宗室任子之故，积官至涿郡太守，后由太守入秉枢机。

大为李广利所重，李荐之帝，故蒙帝召见。

充容貌魁岸，帝望而异之，谓左右曰："燕国固多奇士。"问其政事，充对答如流，帝觉其有政事之才，悦其壮貌①。又知其举劾赵太子丹之阴事，事皆有验，故立拜充为直指绣衣使者，职掌督察贵戚、近臣奢侈过度，准其直达天听。江充为博帝欣赏信任，于贵戚、近臣之督查、举劾无所避。然江充实为市井小人，老奸巨猾，知帝好外儒内法，重执法严苛之酷吏，故卖直取忠，深为帝所宠幸。

太始四年七月，赵有蛇从郭外入，与邑中蛇斗孝文庙下，邑中蛇死。后二年秋，有卫太子事，自赵人江充起。江充之事先不表，言武帝之后宫也。帝早年与皇后卫子夫②感情尚佳，子夫于帝二十九岁时生长子刘据③，据尚在七岁，便被立为太子，子夫因母以子贵之故，被立为皇后。帝多内宠，王夫人生子刘闳，李姬生子刘旦、刘胥，李夫人生子刘髆。帝虽老，好色不衰，六十二岁时，宠幸河间赵婕妤④，赵婕妤孕十四月而生幼子弗陵，弗陵少壮大多智，帝甚爱之。

帝早期爱太子刘据，然时间久之，慢慢疏远刘据母子，何哉？刘据性本

---

① 武帝好以貌取才。如公孙弘，策奏，天子擢弘对为第一，召见，容貌甚丽，拜为博士，待诏金马门。又如金日䃅，长八尺二寸，容貌甚严，马又肥好，武帝异而问之，具以本状对，武帝奇焉，即日赐汤沐衣冠，拜为马监，迁侍中、驸马都尉、光禄大夫。如田千秋，召见千秋，至前，千秋长八尺余，体貌甚丽，武帝见而悦之……立拜千秋为大鸿胪。

② 卫皇后字子夫，生微矣。盖其家号曰卫氏，出平阳侯邑。子夫为平阳主讴者。武帝初即位，数岁无子。平阳主求诸良家子女十余人，饰置家。武帝祓霸上还，因过平阳主。主见所侍美人，帝弗悦。既饮，讴者进，帝望见，独悦卫子夫。是日，武帝起更衣，子夫侍尚衣轩中，得幸。上还坐，欢甚，赐平阳主金千斤。主因奏子夫奉送入宫。子夫上车，平阳主拊其背曰："行矣，强饭，勉之！即贵，无相忘。"入宫岁余，竟不复幸。武帝择宫人不中用者斥出归之。卫子夫得见，涕泣请出。帝怜之，复幸，遂有身，尊宠日隆。召其兄卫长君、弟青为侍中。而子夫后大幸，有宠，凡生三女一男。男名据。

③ 戾太子据，元狩元年立为皇太子，年七岁矣。初，武帝年二十九乃得太子，甚喜，为立禖，使东方朔、枚皋作禖祝。少壮，诏受《公羊春秋》，又从瑕丘江公受《穀梁》。及冠就宫，武帝为立博望苑，使通宾客，从其所好，故多以异端进者。

④ 赵婕妤，昭帝母也，家在河间。武帝巡狩过河间，望气者言此有奇女，天子亟使使召之。既至，女两手皆拳，帝自披之，手即时伸。由是得幸，号曰拳夫人。拳夫人进为婕妤，居钩弋宫。大有宠，太始三年生昭帝，号钩弋子。任身十四月乃生，帝曰："闻昔尧十四月而生，今钩弋亦然。"乃命其所生门曰尧母门。

仁恕温谨，不如帝刚伐决断，帝嫌其不类己。父子间于治国又有诸多分歧，帝崇法治，重用酷吏，卫太子却尚宽和，重视儒生。且帝心猿意马，卫后年老色衰，后宫得宠者寝多。故帝对刘据、卫后之宠爱慢慢减弱也。虽如此，卫后弟卫青为人谨饬，伐匈奴有大功，帝宠幸之，官拜大司马，于群臣贵宠无二，公卿皆拜之。帝虽对刘据、卫后不满，但朝堂有卫青坐镇，朝臣虽知帝多内宠却不敢有异端，亦无法兴波澜。

元封五年，卫青去世，卫太子失奥援。因帝宠幸李夫人故，卫青薨后，李夫人兄李广利袭卫青位，与涿郡太守刘屈氂通婚姻而两家情感甚好。两人合谋夺宗，欲立昌邑王髆为太子，己则以拥立功而长享富贵。江充为赵敬肃王门客时，曾得罪赵太子丹，亡之京师诣阙告赵太子阴事，赵太子因而被废。广利素与江充善，深知江充告讦之能，故荐江充于帝，欲江充任急先锋，时时触怒太子而取信于帝，且阴刺求太子阴事为罪状以求废之。

江充尝从帝甘泉，逢太子家使乘车马行驰道中，充以属吏。太子闻之，使人谢充曰："非爱车马，诚不欲令帝闻之，以教敕亡素者，唯江君宽之。"充不听，遂白奏，帝曰："人臣当如是矣！"遂迁为水衡都尉，大见信用，威震京师。

黄门郎苏文，与充往来密切，同构太子。太子尝谒母后，竟日乃出，苏文即向帝进谗曰："太子终日在宫，与宫人嬉戏！"帝不答，特拨东宫妇女二百，供太子驱使。太子心知有异，仔细探察，方知为苏文所谗，更加敛抑，以避奸佞谗构之祸。文又与小黄门常融、王弼等，阴伺太子过失，砌词蒙报。卫后切齿痛恨，屡嘱太子，上白冤诬，请诛谗贼。太子素知帝明察，言自无过，何畏人言。而群小之为愈甚，太子凡有过错，则添油加醋，上奏帝。

太子之德不增而过错日闻，故帝对太子之好感慢慢消除，鉴太子被立多年，中外归心，卫后小心谨慎，后宫敬其德，母子无大过，帝隐忍不发。且朝堂之上，尚有公孙贺①丞相主政，贺之夫人君孺为卫皇后姊，公孙贺曾为卫青裨将，与卫青善，故公孙丞相处处为太子地，太子之位尚且稳固。然公孙贺之功业不如卫青，所受之宠亦不如卫青，故朝野中已漫兴欲废太子之暗流。因公孙贺在相位，时时护持太子，故暗流尚未形成气候也。

---

① 公孙贺，少为骑士，从军数有功。自武帝为太子时，贺为舍人，及武帝即位，迁至太仆。贺夫人君孺，卫皇后姊也，贺由是有宠。元光中为轻车将军。军马邑。后四岁，出云中。后五岁，以车骑将军从大将军青出，有功。后再以左将军出定襄，无功，坐酎金，失侯。复以浮沮将军出五原二千余里，无功。后八岁，遂代石庆为丞相，封葛绎侯。

第二推

三奸合兴巫蛊之祸　张罗网太子党沦陷

李广利、刘屈氂、江充欲废太子而立昌邑王，首要先除公孙丞相。三奸合计，鉴帝早年崇方士求长生，老多忌讳，又信鬼神，可兴巫蛊，陷太子党于狱，一网收罗之，先剪辅翼，后及太子。

太始、征和年间，武帝东巡数次，望求见神仙，而仙人终不现。帝年老枕疾，日有加重之势，甚急之。江充言恶鬼至，则仙人辟，故帝心中存鬼神之内忌。征和元年秋，帝居建章宫，忽见一男子带剑入中龙华门，疑其异人，喝令左右速拿下，其人逃逸，派人追捕，却无结果。何哉？乃江充故使人扮奇男子，于中龙华门出没，帝派人追捕时，其人偷换乔装，江充隐匿之，武士何能发现？

帝大怒，怒责门吏失职，诛死数人。续发三辅骑士细搜上林，闭长安城门大索，仍旧无果。帝暗思，如此追捕无果，乃三宫不净，六院不洁，鬼魅作祟也。积疑生嫌，故巫蛊之祸始兴，祸及深宫，害及妻儿，终流毒百姓。自帝崇神仙，方士大见信用，方士间辗转引进，女巫男觋，皆有门路可钻，互为推奖，得以出入宫廷。上行下效，故家贵戚亦多与巫觋往来。泱泱长安城，几乎成鬼魅世界。

前汉丞相位尊，一人之下万人之上，丞相请事，帝靡不从。自公孙弘后，丞相李蔡、严青翟、赵周三人比坐事死。石庆虽以谨得终，然数被谴，诸大臣视丞相位为畏途。帝后期，果于杀戮，大臣以细过被诛者甚众，致时贤凋零，朝无栋梁，故公孙贺得以伐匈奴之微功为丞相。

初，公孙贺引拜为丞相，不受印绶，顿首涕泣，曰："臣本边鄙，以鞍马骑射为官，材诚不任宰相。"帝与左右见贺悲哀，感动下泣，曰："扶起丞相。"贺不肯起，帝待久之乃起去，贺不得已拜。出，左右问其故，贺曰："主上贤明，臣不足以称，恐负重责，从是殆矣。"公孙贺拜相之初，知惧而怯，尚小心谨慎，恪守汉法，约束家人。而后期，恃宠而骄，纵子违法，欺友卖义，陷于罗网，终致家族诛也。

公孙贺由太仆升丞相，其子敬声代父为太仆。敬声以皇后姊子，有中宫之援，父又为丞相，骄奢不奉法，擅用北军钱千九百万，为江充所发，帝怒之，将其下狱。时阳陵大侠朱安世不奉汉法，多藏匿亡命，交通郡国，帝怒，朝廷诏捕安世久而不能得，求之甚急。公孙贺唯有敬声一子，舐犊情深，自请逐捕安世以赎敬声罪，卫皇后力请之于内，故帝许之。

初公孙贺为卫青裨将时，与朱安世厚善，往来甚密。昔公孙贺随卫青伐匈奴，为匈奴大军所围困，屡欲危殆，安世与门客奋死救援，力拔公孙贺于万敌之中，故公孙贺与朱安世有刎颈之交，时人称之"贺与安世，生死同时"。公孙贺拜相后，安世时时出入相府，与门客为诸多违法事，恃与公孙丞相厚善。帝虽严诏逮安世，安世自恃丞相关照，不以为意，亦不潜逃。后安世颇闻公孙贺欲捕己以赎子罪，虽不之信，然不再出入丞相府而潜逃之。

安世为京师大侠，亡命困迫，望门投止，莫不重其名行，破家相容，吏人围捕，多无果而终。后抵赵王彭祖处，赵王素礼贤好客，恃己为今上亲弟，属最亲，所为多不法，藏匿亡命，故安世投之。赵王素慕安世，知其欲来，私出郭三十里相迎，令群臣不得泄露，凡泄露者死。后颇为汉廷所知，帝下严旨，敕令赵王交出安世，赵王拒不奉召，藏安世于别院。帝怒，下私诏赐赵王死而托以病薨，以避人耳目也。

征和元年三月，赵敬肃王彭祖薨。彭祖取江都易王所幸淖姬，生男，号淖子。时淖姬兄为汉宦者，帝召问："淖子何如？"对曰："为人多欲。"帝曰："多欲不宜君国子民。"问武始侯昌，曰："无咎无誉。"帝曰："如是可矣。"遣使者立昌为赵王。赵王薨，安世无所容身，公孙丞相私请缨后，派亲吏人暗赴赵地围捕之，果得安世。

安世被下吏，帝交江充审问之。安世乃京师大侠也，颇通京师声问，下狱后，确闻贺欲以己赎子，怒其卖交，笑曰："丞相祸及宗矣。丞相无吾，早命丧匈奴，安有当今之富贵？吾素与丞相厚善，多知丞相阴事，南山之竹不足受我辞，斜谷之木不足为我械。"江充问曰："何阴事？"安世答曰："乃宫闱之丑也！"江充问曰："何等丑事？"安世曰："丞相子敬声与帝女阳石公主私通，按汉法，私通公主乃死罪也。"

江充笑曰："此不足以制公孙丞相之死命也，至多公孙敬声被斩耳！然卫后请之于内，公孙丞相营救于外，公孙敬声未必有事也！然君之下狱，实乃公孙丞相卖友求利，不使丞相家族诛，不足以解君之恨也。"安世曰："然也！君有何妙计？"江充曰："今上老，体不平，多忌讳，尤恨巫蛊，君若能兼告丞相家巫蛊诅咒帝事，吾为君上状于帝，事若有验，则丞相家必族矣！君因此立大功，吾为君善地，君必被释矣。"安世曰："君言善，吾与君素不识，何以为信？"江充曰："君与赵王厚善，吾早年亦托于赵王，君必知之。吾与君指赵王为誓，必不负君也！泉下之赵王见证之，若违誓，鬼神不佑！"

安世深晓之，私安排门客于甘泉当驰道埋偶人、帛书，偶人像武帝形而书帝名，帛书深言帝之恶，并伪造丞相家之标识注之。布置妥当后，安世遂从狱中上书，告敬声与帝女阳石公主私通，及使人巫祭祠诅帝，且甘泉当驰道埋偶人，祝诅有恶言，江充代呈之帝。

帝大怒，下有司案验贺，穷治所犯。廷尉杜周为用法大吏，太子居守时，常驳杜周之狱，太子得温良名，而杜周之酷吏名传天下，周深恨之。以此案为机，罗织深文，牵藤攀葛，深探其狱，穷尽党羽。阳石公主系帝亲女，与诸邑公主为异母姊妹，诸邑公主系卫后所生，与卫伉为中表亲。伉本承袭父爵，后坐罪夺封，以己父功高而己罪小被夺封，有怨言，杜周悉数罗入，并皆论死。贺父子之巫蛊皆有验，父子毙狱中，家被族，卫伉被杀。

帝素怒巫蛊，果于杀戮，两公主虽为亲女，亦不得再生，奉诏自尽。帝制诏御史曰："故丞相贺倚旧故乘高势而为邪，兴美田以利子弟宾客，不顾元元，无益边谷，货赂上流，朕忍之久矣。终不自革，乃以边为援，使内郡自省作车，又令耕者自转，以困农烦扰畜者，重马伤耗，武备衰减；下吏妄赋，百姓流亡；又诈为诏书，以奸传朱安世。狱已正于理，今族诛之，以儆效尤。"

江充惧安世出狱有后患，欲致其死地，私言于帝曰："安世虽有举报之功，然难于弥补所过，安世所犯，藏匿亡命，交通郡国，杀人越货，乃不赦之罪，不诛之，则游侠犯禁尤甚，天下不安。"帝从之，亦族诛安世家也。安世临刑前，目光如炬，怒曰："刘丞相卖友救子，颇负吾，其族诛吾甘心焉。然江充有私于吾，言吾若举报丞相，必当为吾善地，今却忘恩负义，为人如此，猪狗不食其余，其能久乎！江充许吾而反杀吾，若以死者无知，则止矣，若死者有知，不出一年，吾灵必将亲杀江充。且吾将上诉于天，必致其族诛，此恨乃消。"大笑而慷慨赴死焉！

公孙丞相被族后，李广利、江充等向帝荐涿郡太守刘屈氂为丞相，帝从之，因宗室子侄拜相故，恐天下人言帝私宗室，亦恐相权过重，无以制之，故仿高祖遗制，分设左右两相。右相一时乏人，虚右丞相待贤而命之为左丞相，帝下诏曰："其以涿郡太守屈氂为左丞相，分丞相长史为两府，以待天下远方之选。夫亲亲任贤，周、唐之道也。以澎户二千二百封左丞相为澎侯。"

第三推

奸人谋蛊祸逼皇宫　太子仁计不知所出

刘屈氂代公孙贺为丞相，握行政权，李广利为贰师将军，掌军权。国初，陆贾曰："天下安，注意相；天下危，注意将。将相和，则士豫附；士豫附，天下虽有变，则权不分。权不分，为社稷计，在两君掌握耳。"社稷乃在将相之掌握耳。江充为帝幸臣，帝偏信之，贵戚得罪否，系其一言，威震京师。

太子据年已长成，性颇忠厚，帝年尊，不亲细政，皆由据处置之；帝出巡，据为留后，掌日常之朝政。平时遇有大狱，往往代为平反，颇得众心，然为用法大臣所不满，公孙丞相之祸，便与此关联。初，帝甚钟爱太子，嗣见他才具平庸，不类己，不能无嫌，更兼卫后宠衰，帝暗有废立之意。然卫后素性谨慎，屡戒太子禀承上意，不可自专，因得不废。至江充用事，太子闻巫蛊案牵连多人，私更有诟言。充恐帝晏驾，太子嗣位，自己不免受诛，乃坚欲除太子，免贻后患。

三奸合流，日夜谋划废太子而立昌邑王。公孙丞相因巫蛊族诛后，卫太子朝中无奥援，储位岌岌可危。然太子在位久，常居守，党羽广大，一时不易废之。三奸知帝深以巫蛊为忌，知巫蛊屡试不爽，且太子、卫后早已失宠，欲以巫蛊倾覆太子。

帝本强壮，故晚得少艾，尚能老蚌生珠，花甲而得昭帝。然旦旦伐性，总有穷期，又穷奢极欲，征和改元，病已上身，耳目不灵，精神俱敝。至公孙贺父子得罪，连及二女，大狱起于至亲，更觉心神不宁。一日在宫中昼寝，梦见无数木人，以棒击己，惊吓而魂不守舍，故病忽忽善忘。

帝有疾，使小黄门常融往召太子，融当即返报，谓太子闻帝疾而颇有喜容，帝怒甚。及太子入省，面带泪痕，勉强笑语。帝察出真情，始知融言多伪，遂将融推出斩首。苏文素与常融善，怒之，不禁愤惧交并，便即告知江充。江充暗使胡巫檀何上言巫蛊事。胡巫檀何上言：“陛下之疾，患在巫蛊为祟，巫蛊不除，病终不差。”

适江充入内问安，帝与谈梦状，充亦曰巫蛊为祟。帝素信江充，又有胡巫言之在先，遂令充查办，充遂借端诬诈，引数胡巫，专至官民住处，掘地捕蛊，凡得木偶，不论贵贱，一律逮捕诏狱，勒令供招。巫蛊乃江充自发，何从供起？充令左右烧红铁钳，烙及嫌犯手足身体，毒刑惨迫，何求不得？

民辄相引以巫蛊，充皆劾以大逆不道。其实地中掘出之木偶，乃充暗教胡巫预为埋就，徒令众多无辜官民，横遭陷害，先后受戮，至数万人，造成京师众人颇事巫蛊之大势，以势迫帝，以便将巫蛊之祸引向宫闱，再及太子、卫后，从而废之。

民间巫蛊之祸虽愈演愈烈，然伤不及上，更遑论废太子。江充欲使巫蛊之火烧入宫中，使胡巫檀何再上言帝：“虽尽除长安蛊气，龙体仅能好转却不能痊愈，其因在于宫中亦有巫蛊之气。若除之，则陛下之痼疾必除也。”

帝在甘泉宫，体适不平，闻奏大惊，立召江充，江充亦深言巫蛊为祟。帝曰：“巫师檀何亦上言宫中有蛊气，故吾体不能痊愈，卿可立驰回皇宫，奉吾特旨寻蛊。”江充曰：“陛下之命，臣不敢不从，然皇宫大内寻蛊，阻力定当不小。凡陛下出行，皇后、太子为留守，有杀生之权，臣下位卑，人微言轻，于他们所居宫殿寻蛊，恐非易事。若强行之，小臣命尚且不保。臣不敢畏死，畏误陛下事也。"帝曰："此易耳，吾赐汝汉节，卿持节在宫中寻蛊，如吾之亲临，若有阻拦，可先斩后奏。吾更派按道侯韩说、御史章赣为助，黄门苏文及胡巫檀何，随卿同行。此行回宫，吾特赐卿行驰道，办专差，壮声势，卿快马加鞭，速办寻蛊事，不可延误。"

江充等立发，至长安后，立持汉节，率众入宫。众吏进宫后，处处掘地求蛊，甚至帝之御座因挖蛊而坏，寻蛊多日，毫无结果。宫中人鉴公孙丞相全家因巫蛊而族灭，孰敢与巫蛊沾边？帝用法严，果于杀戮，大小臣因细过被诛者不可胜数，江充甚惧，生怕卫太子因此于帝处参奏一本，则命休矣！

黄门苏文私会商江充，苏文问曰："江特使可找到蛊否？"江充曰："何处有蛊？现坏御座而寻蛊，无所获，众所知，吾与太子素有嫌隙，虑太子因此参奏一本，则祸大矣。"苏文曰："汝我皆知，宫中之蛊，因公孙丞相之大狱，众皆畏祸，早已销毁殆尽，若无他途，何处来蛊呢？"江充曰："数日匆忙，无所细思，非君提醒，几误大事！"即安排属吏于宫中处处暗中埋蛊，在太子宫、皇后寝宫所埋尤多。皇后、太子位尊，不可先剑指也。江充先治后宫稀幸之嫔妃，对其严刑拷打，屈打成招，并许之若承认埋蛊诅咒帝，则必请帝赦免之，嫔妃无不立即承认也。江充立奏之帝。

帝览奏大怒，立命江充彻查宫中巫蛊之事，皇后、太子闻帝盛怒，汲汲不安也。江充立派专人驻皇后宫、太子宫，本人则持节在两宫内看守，挖地纵横，太子、皇后无复施床处。一天深夜，江充命人偷偷在太子宫处再埋放大量木人、布偶、诽谤帝之帛书，次日派吏大张旗鼓挖出，陈列在地，作为巫蛊公开罪证，并立即让黄门苏文上奏帝，苏文眉飞色舞奏言："太子宫得木人、布人数最多，尤多埋帛书，所言诅咒陛下，不可启齿，盼帝早崩，意登九五，为人子如此，大逆不道。"帝闻奏，心中大怒，隐忍不发，思昌邑王刘髆仁德，幼子弗陵聪慧，皆类己，均可袭位，自是废立之意坚矣。

太子为留守，亲日常之政，洞悉江充之所作所为及目的，以江充受帝特旨寻蛊，不可先斩后奏。深忧之，向少傅石德问计。石德本胆小之辈，惧因太子之蛊事而受牵连。石德曰："现陛下因巫蛊事而动怒，太子明见，凡沾惹巫蛊事者，未有不披诛也，前公孙贺丞相父子、两公主、卫侯涉巫蛊之事，皆伏法也。现使者挖太子宫所得之蛊犹多，吾知太子素仁德，绝不为此。然帝旁之奸臣必当捏造皆太子所为，曰太子意图诅咒，盼帝立死，欲早践帝位，实属大逆不道。帝年老多忌讳，且恋权，必将震怒，太子必废，吾等祸且不测。"卫太子大惧，问曰："计将安出？吾不能坐以待毙！"石德曰："如今吾等只能铤而走险，矫旨抓江充，严刑拷打，以明诬陷真相，后闻奏皇帝，庶几可洗刷太子之冤。"

太子曰："何须如此汲汲？今上圣明，定能察吾等冤屈，君之策过激，不妨静待帝察也。"石德曰："帝在甘泉宫，爱子昌邑王髆伴驾，苏文等奸臣在旁。且帝枕疾，皇后及家吏请问皆不报；帝存亡未可知，而奸臣如此，太子将不念秦扶苏事再现邪？"太子曰："吾人子，安得擅诛！不如归谢，幸得无罪。"太子将亲往甘泉宫请罪，而江充持太子甚急。太子计不知所出。

第四推

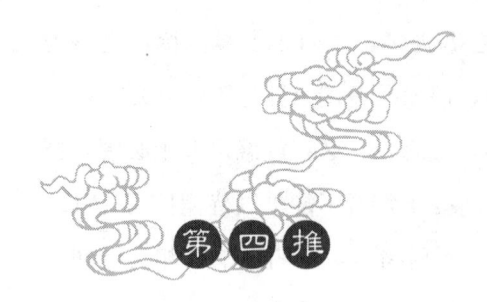

曾孙生天降大异相　逼迫急太子决起事

时适逢太子长孙出生，此为刘病已，后之宣帝也。太子曾梦高祖授予执圭，高祖曰："汝父子虽有难，然天位终归汝家。"后史皇孙妻悼后孕，悼后怀病已前，梦天神授予仙丹，命立服之，醒后，口中尚有余香，遂怀病已。史皇孙、悼后住幽离宫，长孙刚出生，远望时，幽离宫外火光冲天，近望时，幽离宫无异平日。

帝居甘泉宫久，暂回未央宫，因父子有隔阂故，奸臣为上谋，秘之，不宜与太子知。近侍奏报幽离宫火，帝望之实然，遂私立命少府率众工前往灭火，众人喧天，皆持灭火之具至幽离宫。近幽离宫时，却无火，只闻皇曾孙生，众人异之，知此子必当不凡也。众人离去，远望幽离宫，则幽离宫之火光又冲天矣。

少府领众人回报，帝异之，轻车简从，亲从未央宫至幽离宫外，果然如此。帝本欲进幽离宫亲探望皇曾孙，江充谏曰："陛下不可轻万金之躯进幽离宫也！"帝曰："此为吾之曾孙降生，彼有异相，何妨？昔吾母怀吾，梦日入腹中，吾遂有帝王之命。"江充曰："陛下为天子，臣民仰照，故有日入之兆，而皇曾孙之降生，火光冲天，此乃异端，为天魔烧宫。其火不作，因陛下为真龙天子，百灵庇佑，鬼魅无法兴其伎俩，陛下安可轻脱如此！再者，陛下此行秘密回宫，若亲探曾孙，则消息走漏，安可察奸臣行止？"帝素信江充，遂止。

帝问："卿言天魔，寓指曾孙？"江充对曰："实然也！"帝问曰："何以攘之？"充对曰："天魔烧宫而惧水，若将曾孙投入水中，则魔火自熄矣。"帝虽老来昏聩，尚有理智，不从江充之言，然江充所谓天魔烧宫，帝则信之矣。帝问曰："虎毒不食子，吾安能将曾孙投入水中，君言其次也？"江充对曰："陛下可立赴甘泉宫，甘泉者，水源也，水可灭火也！"帝曰："善！"遂立返幸甘泉宫，后巫蛊祸之作，亦因帝在甘泉宫，不在长安，父子隔离，故奸邪得以兴风作浪也。

太子因巫蛊事日夜折腾不宁，长孙出生后，闻之大喜，立与儿子刘进前往探望，见长孙光彩异常，满脸福相，奇骨贯顶，不禁嘟囔："汝祖现有巫蛊之心病，形势已不可知，汝虽有富贵之相，然前景茫茫也！"刘进曰："父亲，请为之名！"太子曰："国朝皇室之惯例，名为单字，然目前吾与汝适遇巫蛊事，吾见长孙时，正嘟囔一句'汝祖现有巫蛊心病，汝之前景如何不知也！'不如取名'病已'，寓意吾父子之心病能已，何如？"史皇孙曰："甚有深意，善。"

长孙虽光彩异常，然出生后日夜啼哭，声彻宫殿，上下不宁。众皆知太子陷于巫蛊而不能自拔，而今长孙哭啼不已，皆以为不祥之兆。前文已述，巫蛊之祸作前，方士云集京师。因皇曾孙刘病已出生有异相，太子奇之，私请最富盛名之相师张相，占卜曾孙命运。张相师从汉初许负，许负曾预测魏王之侧室薄姬生天子及大将军周亚夫终当饿死，后皆果如其言。

张相见刘病已面，先哭后笑，太子大惊，问曰："何以先哭？"张相对曰："皇曾孙少将历艰险，屡将危殆！"太子问曰："何以后笑？"张相对曰："皇曾孙终有天子之命，且将为太平天子，于他治下，国家中兴，本人则享国久，子孙绵长！"太子闻之甚为高兴，知长孙必将不凡，又问曰："今曾孙哭不已，君有何法止之？"张相抱长孙，摩挲之，私祝言曰："一切有其缘，君又何拳拳？拨云终见日，世事终有完。"长孙似会其意，哭声突然止。太子大悦，问己之命运何如，张相不答，太子固问之，张相曰："太子谨守子道，大抵可无事。"太子问："何以守子道？"张相不答，扬长而去，后不知所踪，然宣帝即位后再现，此为后话。

然一则以喜，一则以忧也！卫太子欲赴甘泉宫请罪，被小黄门王弼窃知，王弼偷报与江充，因李广利征伐匈奴在外，江充急与丞相刘屈氂谋。江充曰："太子本仁恕孝爱，宫中那会有蛊？皆吾等安放，欲陷太子于罪，若太子能亲赴甘泉宫与帝会面请罪，父子必定相亲，吾等偷放蛊陷害太子之事极可能败露。若吾下吏，事必当牵连君侯，若连君侯，必当影响昌邑王。昌邑王陷兄害父，帝用法严，必当废之，则昌邑登九五无望，吾等宗族亦随之族灭矣。兹事体大，请君侯助力！"

刘丞相曰："吾深知其中利害，为今之计，汝我合谋，阻扰太子赴甘泉宫。若太子铤而走险，则于吾有辞也。"江充曰："有何妙计？"刘丞相曰："汝以太子宫蛊多为由，日夜审讯太子及官属。太子为留守，吾以言事为由，时时向太子请事，以繁杂政务羁绊之，使其不得脱身。汝吾这等联合，太子安能赴甘泉宫请罪？为防万一，吾在长安赴甘泉宫路上遍布眼线，若太子出宫赴甘泉宫，亦便吾等见机阻截。"江充曰："善。"

江充立即审讯太子，对太子盘旋问话，无臣下之礼，于太子宫之臣僚、太监、宫女更是刑讯逼供，昼夜不断，宫廷惨叫连天。此外，刘丞相天天向太子奏事，太子无片刻闲暇。太子门客甚多，亦通消息，知长安赴甘泉宫路布满刘丞相之眼线。太子深知，奸臣邪谋天衣无缝，无隙可乘，欲赴甘泉宫请罪已不可能，十分焦虑。

万般无奈，太子再向少傅石德问计，太子问曰："今江充挟持吾甚急，对吾日夜审讯；丞相一日三番找吾，大事自了，小事不断，吾无片刻闲暇。从长安赴甘泉宫之路上布满丞相眼线，请罪已不可能；不请罪，奸谋愈甚，亦为大害，计将安出？"石德曰："当断不断，反受其乱，现秦扶苏、胡亥之事愈来愈明，目前数旬无今上之声问，御龙可能归天，但众奸捂住不报。昔沙丘之谋赵高、李斯诛扶苏，终使二世越次而立。今奸臣将师沙丘之故智，先除太子，后扶持昌邑王即位。"

太子曰："少傅言之有理，将何为？"石德曰："如今，先斩杀在京奸臣而消其内应，后发兵据长安城！若太子占京师，则掌握主动，号令天下，随驾之奸臣必不敢动，且随驾百官家属皆在京师，若奸臣乱为，百官念及家属，亦不从，得以散其党羽，奸谋则不成也！"太子曰："吾为人子，现既要斩杀在京奸臣，又发兵占领长安，此为大事，须三思。"石德曰："愿太子早断大计，万不可优柔寡断！"

卫太子自思："吾与皇后之请安，帝至今未回报，帝或崩，奸臣秘不发丧，现奸臣挟持吾等，扶苏之祸迫在眉睫！奸臣若伪造帝之旨赐吾父子死，则坐待祸至。若起事，则一定成功，何哉？因张相相吾孙病已将成太平天子，此必因已终能即位，父传子子传孙之故。"想至此，卫太子决意从石德之计而起事。

第五推

太子怒亲监斩江充　奸邪构父子相诛夷

卫太子遂先与少傅石德定策，后召集石德、宾客张光和李现、舍人无且、长御倚华等共谋。太子曰："今奸臣跋扈，兴巫蛊之狱，帝之身边多奸臣，吾之冤已无法向帝辩明，且帝之存亡未可知，扶苏之祸迫在眉睫，故召集卿等起事，请少傅石德言计策。"石德曰："先斩奸臣江充及下属，解兴巫蛊之祸根，为公孙丞相等报仇，后发兵擒欲拥立昌邑王之奸相刘！两巨奸伏法，则帝旁之奸臣于京师无内应，帝若回京，再行请罪，祸似可息。若得龙御归天确讯，发一纸诏书，擒大行皇帝旁之奸佞，谁敢不从！乃几老吏之力耳！"

太子及众人曰："少傅之计善也！"太子曰："吾部署众卿分头行动，宾客李现乔装帝使，以江充办案不力为由，收捕江充。无且发长乐宫卫卒，包围丞相府，抓拿丞相。杀江充，擒丞相，奸臣除，则社稷安。"众曰："诺！"

李现等乔装帝特使，假意从甘泉宫来，至太子宫，时江充正领下属在太子宫内挖掘寻蛊。李现宣"伪诏"："江充、胡巫檀何，办案不力，寻蛊终无突破，且坏御座而大不敬，着特使李现收监，交太子全权审处。"宣诏毕，便欲将江充、胡巫檀何收监。江充机敏，得以崩脱，然太子立处江充、胡巫斩刑。江充及从者数十人，惶惶逃赴甘泉宫，太子派众骑追之。

日中，大侠朱安世乘白马素车，朱衣冠，执朱弓，挟朱矢，射江充，中心，江充遂心痛而不能行，为追骑所得。太子痛恨江充，亲临刑场斩杀，骂道："赵虏，前乱赵国，现欲乱我父子，终究乱社稷，罪恶滔天，不杀汝，不足以平吾心中之愤。"太子亦矫诏逮捕按道侯韩说、黄门苏文、御史章赣。韩说出身军伍，膂力非常，与武士格斗，掩护苏文、章赣。毕竟寡不敌众，韩说伤重而亡。苏文、章赣则乘隙逃往甘泉宫。

苏文、章赣奔逃，赴甘泉宫向帝告变，言之骨肉飞腾，"太子派假特使假传圣旨将江充等斩杀，又欲发兵占领长安城，太子欲反！"帝笑曰："吾子向来仁恕，必因江充寻蛊之事挟持甚急，故斩杀江充等去逼耳。造反之事绝无可能！"派使者持节召唤太子来甘泉宫问话，使者至半道，为刘丞相眼线所劫，刘丞相质其家属，胁之曰："不与丞相勠力同心，则本人伏诛，家属族灭。若归报言太子反，家属无恙，且封汝侯。"使者半路便归报帝曰："太子确有反事，小臣宣诏时，太子欲斩杀臣，且曰帝已归天，诸群小欲何为也？小臣察长安情势岌岌，太子四处发兵，抓拿大臣，小臣私逃回来！"帝大怒。江充等被擒杀之消息传至刘丞相耳中，丞相甚是着急。后太子舍人无且发长乐宫卫卒，放武库兵器，包围丞相府，欲逮捕丞相。丞相在相府卫兵之保护下，得以脱逃，亡途中，失丞相印绶。丞相欲发近郡兵，因无丞相印绶而无信，无法发兵也，故先派丞相长史赴帝处报告："太子已谋反，遍驱长安士民为兵，欲杀丞相和臣等，现丞相已在逃亡甘泉宫之途，先派臣来汇报请事。"

帝问："太子既谋反，丞相何为？"丞相长史对曰："丞相欲秘之，亦不敢发兵与太子对立。"略过刘丞相亡印绶而无法发兵平乱之事。帝怒曰："太子谋反之事已显，秘之何用？丞相无周公之风矣，周公不诛杀兄弟管叔、蔡叔乎！"立赐丞相玺书，交长史转交丞相，并命丞相无须赴甘泉宫面圣，直奔长安，组织战斗，擒拿反者。玺书曰："捕斩反者，自有赏罚。以牛车为橹，毋接短兵，多杀伤士众！坚闭城门，毋令反者得出！"丞相跪接玺书后大喜，立即谋划发兵。

太子见刘丞相逃走，知丞相必赴甘泉宫告变，帝将不再信己，矫诏已不可行，故直接以太子令宣告百官："帝在甘泉病困，疑有变；奸臣欲作乱。"京师百官有太子令，亦有皇帝玺书，时谣传帝存亡不可知，百官不知所从，亦不知皇帝玺书真假，皆观望之，太子、丞相皆无法发兵。京师逃脱之官吏将太子令带给帝，帝览之大怒，亲从甘泉来宫，驻跸长安城西建章宫，下诏发三辅近县兵，由中二千石以下官吏率领，丞相总统之。丞相当即调集人马，往捕太子。

太子闻丞相将兵，帝驻跸建章宫，知帝尚存，然骑虎难下，亦遣使者矫制赦长安中都官囚徒，发武库兵，命少傅石德及宾客张光等分将，使长安囚如侯持节发长水及宣曲胡骑。侍郎莽通使长安，因追捕如侯，告胡人曰："节有诈，勿听也。"遂斩如侯，引骑入长安，又发辑濯士，以予大鸿胪商丘城。初，汉节纯赤，以太子持赤节，故更为黄旄加上以相别。太子召监北军使者任安发北军兵，任安系前大将军卫青门客，与太子熟识，受节已，闭军门，不肯应太子，亦不肯应丞相。太子引兵去，驱四市人凡数万众，至长乐西阙下，逢丞相军，合战五日，死者数万人，血流沟中。因太子逼市人为兵，又有刘丞相派人在民间造谣曰"太子谋反"，加之帝驻跸，众人皆知帝在，故民心不附太子，帝又源源不断发长安附近郡县兵，故太子兵败。太子南奔覆盎城门，得出。

太子兵败，父子逃亡，史皇孙负褓褓之刘病已随之。随亡者有舍人萧良、魏臣、宾客黄辅，同南奔覆盎城门。司直田仁部闭城门，以为太子与帝父子之亲，仅父子失和，不欲急之，太子由是得出亡。丞相怒，欲斩仁，御史大夫暴胜之谓丞相曰："司直，吏二千石，于汉制，当先请，奈何擅斩之！"丞相释仁。上闻而大怒，下吏责问御史大夫曰："司直纵反者，丞相斩之，法也；大夫何以擅止之？"胜之惶恐，自杀。

第六推

武帝怒迫卫后自杀　太子亡终自经而"死"

太子逃后，卫后尚在皇宫内。帝大怒，诏遣宗正刘长、执金吾刘敢奉策收皇后玺绶，并责让之。刘长责曰："吾奉帝命收皇后玺绶，想必皇后应知事之如何。汉制，皇后被收印绶，应自杀，吾与刘敢候皇后行大事毕而复命。"卫后怒曰："吾侍帝四十余年，为皇后掌后宫政三十余年，素来小心谨慎，无敢有过错。帝晚年多内宠，吾安之若素。今母子受江充挟持，奸相迫压，事非得已，乃起兵。吾儿虽盗父兵，绝非欲谋反，乃欲去已逼，诛奸臣，安社稷。汝等不白吾母子之冤，而欲逼杀主母，天不祚尔等！"

卫后目光如炬，恨恨而言，刘敢惧曰："皇后误也！帝怒甚，司直田仁以今上与太子父子恩，不欲急之，放太子亡出城，刘丞相欲直斩之，御史大夫暴胜之以田司直乃二千石，劝丞相先上请，此亦为守法讲情之举。"刘长曰："然帝闻之，怒田司直纵反者，丞相斩之，乃依法办事，反将御史大夫暴胜之下狱，并派吏大肆责问。"

刘敢曰："依汉法，凡大臣下狱，靡有全者，故暴胜之被责让后自杀。皇后与太子反事，且不问内心动机何如，其罪远大于御史大夫，皇后应知如何处，臣等只例行公事而已，非有逼杀皇后之意。"卫后问曰："吾儿何如？"刘敢曰："太子逃亡，不知所踪，然诏旨令严追！"刘长曰："现事藉藉如此，太子虽亡，能久乎？皇后自度能全乎？且皇后家属因巫蛊而坐灭，今又如此，独生何意？"卫后再三叹曰："刘彻，刘彻，妾与君夫妻一场，君宠幸小人，移情别恋，诸子纷争，群臣党竞，逼我母子，杀我女儿，戮我亲属。我母子非欲谋反，只欲诛杀奸臣，存社稷，去逼而已。君不问是非，暴怒之下，不顾恩义，诛妻害子，昏聩如此，其命能久乎？"卫后言罢，愤而自杀。

帝问宗正刘长、执金吾刘敢卫后之遗言，宗正、执金吾如实奏之，帝大怒，下令将卫后被发覆面，以糠塞口，以布衣礼葬之长安城西乱坟岗。下诏曰："皇后失序，惑于巫祝，不可以承天命，与子谋夫，大逆不道。其上玺绶，赐自裁。"下令卫氏家族，悉数坐罪，太子妃妾子女，一并勒令自尽。太子幼女才八岁，帝素爱之，令其伴在左右，常抱之而眠。帝欲赦之，言于执法大臣曰："此女方才八岁，尚未成人，且长在朕之旁，与反贼素无来往，按律不应坐之，朕特请于卿等，饶其命也。"刘丞相不听，廷尉杜周承丞相之意，就帝怀中取而杀之，帝素守法，无可奈何之。女孙挽帝衣大叫，声彻宫殿，至于绝带，帝本老病体弱，因此发病，终不瘳也。

帝以马通获如侯，长安男子景建从通获石德，商丘成力战获张光，封通为重合侯，建为德侯，成为秅侯。诸太子宾客尝出入宫门，皆坐诛；其随太子发兵，以反法族，吏士劫略者皆徙敦煌郡。以太子在外，始置屯兵长安诸城门。刘丞相以战功，加封两千八百户，合前两千两百户，共封五千户。刘丞相哀江充为太子所"枉杀"，为江充伸冤请谥，帝因太子谋反事颇因江充而起，怒甚，不应，刘丞相不敢再请。

帝怒甚，群下忧惧，不知所出，皆不敢言太子之冤也。

壶关三老茂者，善为黄、老言，处士，早年曾待诏金马门，识太子。太子好微行，众宾客僚属从，尝饮酒楼中，宾客僚属尽会立。茂老人，亦在酒楼饮，识太子，至前，不言明，竟突兀曰："吾袜解"，顾谓太子曰："为我结袜！"众宾客僚属怒，欲手刃之。太子阻之，跪而结之，既已，人或让三老茂："独奈何公辱贵公子如此？"三老茂曰："吾老且贱，自度终亡益贵公子。君不知，贵公子乃太子，太子立多年，英名不立，吾故聊使结袜，欲意天下知太子重客，立太子仁恕名耳。"诸公闻之，贤三老茂而归心太子。

茂感太子结袜之恩，又深悲太子之冤，冒死上书曰："今皇太子为汉适嗣，承万世之业，体祖宗之重，亲则皇帝之宗子也。江充，布衣之人，闾阎之隶臣耳；陛下显而用之，衔至尊之命以迫蹴皇太子，造饰奸诈，群邪错缪，是以亲戚之路隔塞而不通。太子进则不得见上，退则困于乱臣，独冤结而无告，不忍忿忿之心，起而杀充，恐惧逋逃，子盗父兵，以救难自免耳。往者江充谗杀赵太子，天下莫不闻。陛下不省察，深过太子，发盛怒，举大兵而求之，三公自将。智者不敢言，辩士不敢说，臣窃痛之！唯陛下宽心慰意，少察所亲，毋患太子之非，亟罢甲兵，无令太子久亡！臣不胜惓惓，出一旦之命，待罪建章宫下！"三老茂为明己言不妄，书奏时，自刭于未央宫北阙。天子览奏，又闻三老茂自刭事，幡然感寤，便欲下诏原谅太子。

拳夫人见帝疾，擅宠，欲为其子弗陵计，私言于帝曰："陛下本欲废卫后、太子，今太子谋反败而奔，卫后族诛，彼等自取其祸，陛下适得其成。若赦之，则太子须归位，太子见陛下年高，隐忍不发。然陛下诛太子母、妻、子、宾客、近侍，陛下为太子父，太子无奈陛下何。然妾母子受宠，陛下万载之后，必为太子所害。且陛下文治武功皆有可称，若太子得即位，必篡改历史，以陛下为昏君，陛下慎虑之。"帝意沮，故未显言赦之也。

江充虽死，刘丞相尚存，时丞相权重，政在相府，丞相下海捕文书缉拿太子。太子逃亡，随亡有舍人萧良、魏臣及宾客黄辅，东至湖，藏匿泉鸠里李泉家。李泉与魏臣素善，虽家贫，人却善，魏臣明言太子之遇，李泉怜太子，常卖屦以给太子。李泉之故人吴良曾待诏公车，曾见过太子，过李泉家做客，发现太子，私上急变。时汉廷悬赏抓捕太子，凡举报线索者，赏金千两，缉拿者，封侯且赏万金。后吏围捕太子，太子自度不得脱，即入室距户自经。

山阳男子张富昌为卒，足蹋开户，新安令史李寿趋抱解太子。主人李泉遂格斗死，皇孙二人皆并遇害，襁褓之皇曾孙下郡邸狱。太子自经后，吏验之死而后离去，舍人萧良、魏臣，宾客黄辅涕泪安葬太子父子。然下葬时太子气顺，竟活过来，而二皇孙则死矣。太子大悲，亦再寻死，舍人、宾客强劝之曰："皇曾孙尚存，血脉有寄，且张相言曾孙将为太平皇帝，张相之言皆验，大抵圣人多有磨难，曾孙少历艰险，终成大器。何不留此身以见曾孙之盛世乎！"太子涕泪从之。舍人萧良、魏臣及宾客黄辅遂虚葬太子于二皇孙墓旁，天下人皆以为太子父子皆死也。

第七推

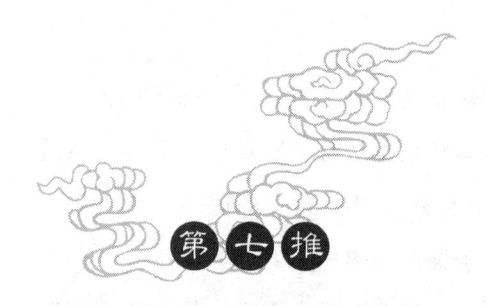

奸将相冤冤还受报　奇男子一言取卿相

吏人奏之刘丞相，言太子父子皆死，襁褓之孤孙下郡邸狱。丞相大喜，意永绝后患，立奏之武帝表功，帝不应。自三老茂以死明太子冤后，帝内心甚怒丞相，谓丞相本应调和帝与太子间，却逼迫太子，终致使太子、皇孙亡。鉴于丞相功大，故隐忍不发。

征和三年春，匈奴入五原、酒泉，杀两都尉。汉廷遣李广利将七万人出五原，商丘成将二万人出西河，马通将四万骑出酒泉，击匈奴。时"卫太子"与二皇孙已死，皇曾孙下狱。李广利之出师也，丞相刘屈氂为祖道，送至渭桥。广利曰："昌邑王为吾甥，吾与君侯通姻，愿君侯早请立昌邑王为太子；将来为帝，吾等富贵可保，君侯又长何忧乎！"屈氂许诺。

为内者令郭穰窥悉，穰曾为太子僚属，哀太子父子无辜受害，痛恨奸臣兴巫蛊之祸，故亦欲用以之道还施彼身之计，为卫太子父子报仇。因此时汉廷分内外廷，丞相为外廷之首，理天下庶政，内廷以大司马为首，掌机要，承皇帝意旨，宣施于外廷。江充已死，内廷无大奸，难窥帝意，奸佞无内应，故郭穰直接上变告："丞相与其夫人祝诅上及与贰师共祷祠，欲令昌邑王为帝。"

帝本因卫太子父子死于巫蛊之祸而对丞相含怒未发，适逢郭穰此告，立先下丞相夫人于吏，按验，有其事，且刘丞相送贰师将军途中果有拥立昌邑王之语，群臣颇闻，纷私证之，故丞相及夫人罪至大逆不道。征和三年六月，诏载屈氂厨车以徇，腰斩东市，妻子枭首华阳街。

王夫之曰："刘屈氂之攻戾太子也，非果感于周公诛管、蔡之言而行辟也。武帝曰：'丞相无周公之风矣。'其词缓，未有督责屈氂之意，则陈大义以责太子而徐为解散也，岂繄无术？而必出于死战，此其心欲为昌邑王地耳。太子诛，而王以次受天下，路人知之矣。其要结李广利，徇姻亚而树庶孽，屈氂之慝，非一日之积矣。然而屈氂旋诛，奸人戕天性以徼非望，未有能幸免者矣。顾孰使险如屈氂而为相也，则武帝狎宠姬、任广利而为之左右也。用人假耳目于私昵，而不保其子，悲夫！"

贰师妻子亦收在狱，然因贰师尚在征伐匈奴，临阵换将，兵家大忌。故汉廷尚未动贰师将军，欲待其军还，再行定罪，与家属一并治之。昌邑王素有宠，狱不及之。

贰师闻之，忧惧，其掾胡亚夫亦避罪从军，说贰师曰："夫人、室家皆在吏，若还，不称意，适与狱会，郅居以北，可复得见乎！"贰师由是狐疑，不顾将士死活，深入要功，以求赎己及家人之罪，遂北至郅居水上。贰师遣护军将二万骑度郅居之水，逢左贤王、左大将将二万骑，与汉军合战一日，汉军杀左大将，虏死伤甚众，然汉军死伤亦与其等。贰师不顾，执意深入邀功，军情汲汲。

军长史与决眭都尉辉渠侯谋曰："贰师怀异心，虽有小胜，然将士疲惫，不堪再战，而贰师欲危众求功，赎救家人，恐必败。"谋共执贰师。贰师闻之，斩军长史，引兵还至燕然山。单于知汉军劳倦，自将五万骑遮击贰师，相杀伤甚众；夜，堑汉军前，深数尺，从后急击之，军大乱败。贰师思："若侥幸得脱归，军败是死，巫蛊之狱又是一死，且营救家族无望。若投降匈奴，还可求生，甚至有富贵，如卫律①，取匈奴女而生子。"贰师遂降。单于素知其汉大将，待以殊礼，后闻汉廷诛死贰师妻子，便以己女妻之，尊宠在卫律上。

卫律甚害贰师之宠，思所以去之，会匈奴单于母阏氏病，律私多与胡巫金，使害贰师，胡巫言："先单于怒曰：'胡故时祠兵，常言得贰师以社，何故不用？'且贰师多破先单于兵，得罪先单于，今单于用之，先单于大怒，将降大罚矣，母阏氏病乃先行警告也。"单于素尊信鬼神，命收贰师，贰师骂曰："我死必灭匈奴！"遂屠贰师以祠。

贰师死后，会匈奴连雨雪数月，畜产死，人民疫病，谷稼不熟，单于记贰师前言，恐，意贰师作祟，为之杀胡巫以谢，且为贰师立祠室，岁岁亲祭之。辞曰："匈奴单于臣祭贰师大将军，臣暗昧，不识大将军真灵。前误信胡巫之言，致大将军怒，降罚匈奴，臣立杀胡巫，毁服深谢，杀牛宰羊为供馈，望大将军原之，臣单于叩拜！"

刘丞相、贰师之事不表，续言巫蛊之祸。会卫太子为江充所谮败，千秋②上急变讼太子冤，曰："子弄父兵，罪当笞；天子之子过误杀人，当何罪哉！臣尝梦见一白头翁教臣言。"是时，帝已颇知太子惶恐无他意，虽未赦之，然心中怜之，见千秋此奏，乃大感寤，立召见千秋。至前，千秋长八尺余，体貌甚丽，帝见而悦之，谓曰："父子之间，人所难言也，公独明其不然。此高庙神灵使公教我，公当遂为吾辅佐。"立拜千秋为大鸿胪。数月，遂代刘屈氂为丞相，封富民侯。千秋无他才能术学，又无伐阅功劳，特以一言寤意，旬月取宰相封侯，世未尝有也。

久之，巫蛊事多不信。帝颇知太子惶恐无他意，太子实为江充所迫，不得已出此下策，本不欲谋反。帝自悔前时冒失，误杀子孙！车千秋复讼太子冤，开帝之意，帝遂擢千秋为丞相，而族灭江充家，焚苏文于横桥上，及泉

---

① 卫律者，父本长水胡人。律生长汉，善协律都尉李延年，延年荐言律使匈奴。使还，会延年家收，律惧并诛，亡还降匈奴。匈奴爱之，常在单于左右。

② 车千秋，本姓田氏，其先齐诸田徙长陵。千秋为高寝郎。

鸠里加兵刃于太子者，初为北地太守，后族。帝怜太子无辜，乃作思子宫，为归来望思之台于湖。天下闻而悲之！

汉使者至匈奴，单于问曰："闻汉新拜丞相，何用得之？"使者曰："以上书言事故。"单于曰："苟如是，汉置丞相，非用贤也，妄一男子上书即得之矣。"使者还，述单于语。帝以为辱命，欲下之吏。良久，乃贳之。然千秋为人敦厚有智，居位自称，逾于前后数公。初，千秋始视事，见帝连年治太子狱，诛罚尤多，群下恐惧，思欲宽广帝意，慰安众庶。乃与御史、中二千石共上寿颂德美，劝帝施恩惠，缓刑罚，玩听音乐，养志和神，为天下自虞乐，意在讽帝缓巫蛊之祸，释巫蛊祸之被拘者，赦巫蛊祸之受刑者。

帝本有此意，疑虑未定，适逢千秋此奏，故太息而下诏曰："朕之不德，自左丞相与贰师阴谋逆乱，巫蛊之祸流及士大夫。曩者，江充先治甘泉宫人，转至未央椒房，有司无所发，今丞相亲掘兰台验蛊，皆无所获。所知巫蛊之事多无。至今余巫颇脱不止，阴贼侵身，远近为蛊，此乃朕之不明，朕愧之甚，其因巫蛊之祸受罪者，一切赦之。"故巫蛊之祸得息也。

巫蛊之祸虽息，然方士尚齐聚京师，帝年老，多忌讳，性易怒，方士时时欲影响帝以谋富贵，故仍为京师大害。帝闻贰师降匈奴，大怒，下诏屠戮李氏九族，前将军公孙敖、赵破奴等，亦皆连累族诛。帝自思诸逆案，皆与巫蛊关联，方士之神术可疑，且多年求仙，终不见效，现年老多病，服药多无效，欲再往东莱，冀得其真，若不得，则彻底断之矣。乃再出东巡，召集方士，访神仙真迹。方士皆曰神山在海，屡被逆风吹转船只，难于前往。帝欲亲航行，群臣力谏不从。正拟登舟出发，海风暴起，浪如山立，帝惊倒退数步，自知不便浮海，海滨流留十余日，便启跸言归。

道出钜定，行亲耕礼；还至泰山，再修封禅，祀明堂，礼毕，乃召语群臣道："朕即位以来，所为狂悖，徒使天下愁苦，追悔无及。从今以后，事有伤害百姓，悉当罢废，不得再行！"田丞相上言曰："方士言神仙者甚众，而无显功，臣请皆罢斥遣之。"帝曰："丞相言是也。"于是悉罢诸方士候神人者。是后帝每对群臣自叹："向时愚惑，为方士所欺。天下岂有仙人，尽妖妄耳！节食服药，差可少病而已。"

第八推

轮台诏天下人息肩　　立子杀母为绝后患

巫蛊之祸渐消，方士皆罢，然帝多年之征伐、巡守、崇神仙、信方士、大兴土木，末年之巫蛊祸，国家元气大伤，盗贼兴起，百姓生计维艰，社会满目疮痍。帝渐知，自我改悔，因搜粟都尉桑弘羊与丞相、御史之奏立轮台，遣戍卒，抗匈奴。帝有感，下轮台诏，重修文景之恭敬养民国策。诏曰："乃者贰师败，军士死略离散，悲痛常在朕心。今请远田轮台，欲起亭隧，是扰劳天下，非所以优民也，今朕不忍闻！当今务在禁苛暴，止擅赋，力本农，修马复令，以补缺、毋乏武备而已。今将不复出军，封田丞相位富民侯，以明朕思富养民之意也。"未几，任赵过为搜粟都尉，过作代田法，令民逐岁易种，每耨草，须用土培根，根深能耐风旱，用力少，得谷多，民皆称便。

帝改革政事，与民休养生息，然国本未立。卫太子死，昌邑王次当为太子，其母李夫人有宠而早卒，帝怜之，甚爱昌邑王，本思欲立之。然帝虑刘丞相与贰师欲拥立昌邑王，致兴巫蛊之祸，骨肉相残，卫后、太子及皇孙遇害，臣庶数万人因之死亡，觉若立昌邑王，则无颜面对死者。拳夫人为帝所幸，幼子弗陵有宠，形体壮大，多智，欲立之，因年幼，恐不孚众意，故低徊数岁，太子之位悬缺。群臣鉴刘丞相、贰师将军私语拥立昌邑王而遭族灭，皆不敢言立太子之事。

巫蛊祸之第三年，即后元元年正月，昌邑王狩猎，遇一野彘，突现于马前，昌邑王追逐之，射之，野彘中箭而后逃，昌邑王再射之，又中，野彘再逃。昌邑王怒，单骑深逐之，于茂林中，野彘突拱立于马前，现人头猪身，乃史皇孙所化。野彘曰："昌邑王，汝与李广利、江充、刘屈氂三奸合谋，残害忠良，觊觎皇位，吾已上诉于天，汝命不久。"

说罢，野彘不见。后昌邑王突病，专呼谢罪，昌邑国群医束手，帝闻，诏御医驰赴，医治无效。诏使巫视鬼者视之，见史皇孙兄弟共守，欲杀之。昌邑太傅禳之，因史皇孙怨气太重，必欲夺昌邑王命，虽禳之无效，故昌邑王不久暴薨也。帝惜之、哀之，谥之"昌邑哀王"。

昌邑王薨，燕王旦自以次第当为太子，觊觎皇位，上书求入宿卫，以窥帝旨。帝怒，斩其使于北阙；又坐藏匿亡命，削良乡、安次、文安三县。帝由是恶旦。旦辩慧博学，其弟广陵王胥，有勇力，而皆无法度，多过失，故帝皆不立。

时钩弋夫人之子弗陵，帝以其年稚而母少，将来子若为帝，母必思干政，恐不免为吕后第二，帝犹与久之。因弗陵年幼无法亲政，欲以大臣辅之，交托孤之任。察群臣，唯奉车都尉、光禄大夫霍光①，忠厚可任大事，上乃使黄门画周公负成王朝诸侯图以赐光。光揣知帝微意，收图而不奉还，亦不再请。帝见霍光受图退而不请，知光欲受此大任也，为去妇人干政之

---

① 霍光字子孟，骠骑将军去病弟也。父中孺，河东平阳人也，以县吏给事平阳侯家，与侍者卫少儿私通而生去病。中孺吏毕归家，娶妇生光，因绝不相闻。久之，少儿女弟子夫得幸于武帝，立为皇后，去病以皇后姊子贵幸。既壮大，乃自知父为霍中孺，未及求问。会为骠骑将军击匈奴，道出河东，河东太守郊迎，负弩矢先驱，至平阳传舍，遣吏迎霍中孺。中孺趋入拜谒，将军迎拜，因跪曰："去病不早自知为大人遗体也。"中孺扶服叩头，曰："老臣得托命将军，此天力也。"去病大为中孺买田宅、奴婢而去。还，复过焉，乃将光西至长安，时年十余岁，任光为郎，稍迁诸曹、侍中。去病死后，光为奉车都尉、光禄大夫，出则奉车，入侍左右，出入禁闼二十余年，小心谨慎，未尝有过，甚见亲信。

患，思先去钩弋夫人。后数日，帝遣责钩弋夫人。夫人脱簪珥，叩头，请恕罪。帝曰："引持去，送掖庭狱！"夫人还顾，求哀曰："妾幸得侍上数年，小心谨慎，不敢有过，愿上哀之。"帝曰："趣行，汝不得活！"卒赐死。①

顷之，帝闲居，问左右曰："外人言云何？"左右对曰："人言'且立其子，何去其母乎？'且子尚年少，须母养之，去之不亦酷乎？"帝曰："然！是非儿曹愚人之所知也。往古国家所以乱，由主少、母壮也。女主独居骄蹇，淫乱自恣，莫能禁也。汝不闻吕后邪！故不得不先去之以安国家也。"左右曰："虽如此，女主骄乱，然社稷尚在皇室，若异姓辅政，不闻田常篡齐乎？"帝曰："田常篡齐，乃古世卿世禄制下，异姓持权累世，故一家独大，易行篡夺也。今天下一统，皇位世传，大臣持禄，安能累世持权？吾选霍光辅政，为防之，多选之副，猛虎不敌群狐，彼此相制，则国必安矣。且少主八岁，辅之八年，必当亲政，辅政大臣亦应稽首归政矣。今四海升平，天下一家，祖宗之德泽深厚，若辅政大臣有异心，则适足以成其家祸矣！"左右曰："善，臣愚所不及。"

---

① 钩弋夫人既殡，尸不臭，而香闻十余里。因葬云陵，武帝哀悼之。又疑其非常人，乃发冢开视，棺空无尸，惟双履存。一云，昭帝即位，改葬之，棺空无尸，独丝履存焉。

第九推

见鬼祟武帝老病终　托幼主霍光秉国政

巫蛊之祸兴于未央宫，帝老病，以之为伤心地，不愿久留，遂赴甘泉宫疗养。后元二年正月，帝朝诸侯王于甘泉宫。二月，行幸盩厔五柞宫。宫有五柞树，荫复数亩，故以名宫。帝游五柞宫后园，见卫皇后、钩弋夫人皆穿白衣缟素，忽然不见。帝问从者："汝等见有穿白衣之人否？"从者皆对曰："陛下，未曾见也。"帝自思："卫皇后、钩弋夫人皆因朕含冤而死，朕心愧之。今二冤魂穿白衣来迎，意其朕将不久人世乎！"自是发病，群医救治万方无果，帝疾日重。

未及一旬，帝病笃，后嗣未立，霍光涕泣问曰："太子位悬空已久，如有不讳，谁当嗣者？臣昧死以请！"帝曰："君未谕前画意邪？立少子，君行周公之事。"光顿首让曰："论德论能，臣不如金日䃅①，且智小而任重，恐

---

① 金日䃅字翁叔，本匈奴休屠王太子也。武帝元狩中，骠骑将军霍去病将兵击匈奴右地，多斩首，虏获休屠王祭天金人。其夏，骠骑复西过居延，攻祁连山，大克获。于是单于怨昆邪、休屠居西方多为汉所破，召其王欲诛之。昆邪、休屠恐，谋降汉。休屠王后悔，昆邪王杀之，并将其众降汉。封昆邪王为列侯。日䃅以父不降见杀，与母阏氏、弟伦俱没入官，输黄门养马，时年十四矣。

久之，武帝游宴见马，后宫满侧。日䃅等数十人牵马过殿下，莫不窃视，至日䃅独不敢。日䃅长八尺二寸，容貌甚严，马又肥好，帝异而问之，具以本状对。帝奇焉，即日赐汤沐衣冠，拜为马监，迁侍中、驸马都尉、光禄大夫。日䃅既亲近，未尝有过失，帝甚信爱之，赏赐累千金，出则骖乘，入侍左右。贵戚多窃怨，曰："陛下妄得一胡儿，反贵重之！"

殆矣。"日䃅亦曰："臣，外国人，不如光；若托孤于臣，使匈奴认为汉廷无人，且使匈奴轻汉矣！"帝曰："汝二人毋辞也！霍光为正，为周公，日䃅为副，为召公，周、召合作，共同辅佐幼主，成就盛世。"

帝为何托孤于霍光等，而丞相反却不及也？帝雄才大略，早期愤为丞相、太尉、御史大夫等所制，立中朝，以侍中、给事中等加官为基干，大司马统领之，掌机要，与外朝三公互相制约。于时，丞相为外朝领袖，地位虽尊崇，然渐失其地位，为内朝大司马所制，而大司马多为帝私人、近侍，唯承帝旨。帝用丞相亦多取其易制，天下之务多不关决。帝既欲立幼子，自当任用己之私人为大司马，为内朝之首，专制外朝，故托孤时，内朝官为主，外朝官为辅，内朝制外朝也。

后元二年二月，乙丑，诏立弗陵为皇太子，时年八岁。丙寅，以光为大司马、大将军，日䃅为车骑将军，太仆上官桀①为左将军，皆受遗诏辅少主，又以搜粟都尉桑弘羊②为御史大夫，皆拜卧内床下。宣诏毕，帝曰："诸卿，霍光已为吾之周公矣，诸卿与光合作，共同辅佐幼主，成其尧舜。"余三臣曰："敢不承命！"帝曰："众卿须忠于幼主，若有负，皇天后土在上，吾必不佑汝等！"四臣曰："不敢！"帝曰："诸卿请退，霍光独留，吾有遗言私与光。"

三臣退，霍光独留，此时帝气息游离，即将大行，光见状，慌忙膝行跪于榻前，哭道："吾主保重，愿吾皇万福！臣暂且摄政，待帝疾愈！"帝摆手，断续言道："霍大司马，听吾言，始皇五十一崩，高帝六十二大行，朕已七十一，年老枕疾，黄泉路近，何能万福？朕享国五十四载，虽死，复何恨！然朕与卿年纪相殊，虽为君臣，义则忘年至交也。"霍光涕泪道："臣敢

---

① 上官桀，陇西上邽人也。少时为羽林期门郎，从武帝上甘泉，天大风，车不得行，解盖授桀。桀奉盖，虽风常属车；雨下，盖辄御。帝奇其材力，迁未央厩令。

② 桑弘羊，洛阳贾人之子，以心计，年十三侍中，言利事析秋毫矣。后为治粟都尉，领大农，尽代仅幹天下盐铁。弘羊又请令吏得入粟补官，及罪以赎。令民能入粟甘泉各有差，以复终身，不复告缗。民不益赋而天下用饶。

不尽股肱之节，奋死辅佐幼主，生为汉室人，死为汉室鬼。"帝曰："君能如此，朕死何恨？然朕恨老来为群小蛊惑而误国大事也！"霍光曰："陛下晚年下罪己诏而正巫蛊祸之误，下轮台诏变国策以休养生息，现国事蒸蒸日上，昔日盛世将现。圣人尚且有过，贵在能改，陛下改错不疑，德超圣人之上。"

帝曰："吾老悖，安敢比圣人！然朕本欲与卿共作而再开盛世，然天不假年，朕困顿如此，安能再起乎？"霍光慰曰："陛下善保龙体，必能痊愈。"帝曰："大司马，附耳来，朕将去也，有最后之遗言。"霍光涕泪满面，伏耳于帝嘴旁。帝曰："朕晚年狂悖，迷信巫蛊，受江充、刘丞相之奸言，致卫太子父子受大害，父子横死，仅有皇曾孙，为卫太子唯一血脉，卿应照顾之。"霍光曰："诺。"帝曰："昌邑王刘髆乃朕之爱子，本欲立他为嗣，但彼为奸臣所惑，朕低徊数岁，天不假他年，早我薨矣，吾心戚戚焉。于礼法言，朕不能立髆之子贺。燕王旦、广陵王胥皆无法度，多过失，故朕坚立幼子弗陵为太子，朝野应无异议。"霍光曰："诚如陛下言。"

帝曰："弗陵孕十四月而生，与尧同迹。朕崩后，弗陵袭位，君明臣直，则社稷再兴可期也。"霍光曰："臣谨当尽全力。"帝曰："然天有不测风云，人有旦夕祸福，若弗陵将来无后嗣而崩，汝应立昌邑王髆之子贺为帝，以念朕昔日爱昌邑王髆之遗意也。切记！切记！"霍光道："臣谨铭记于心！"帝最后曰："朋友之诺终生不忘，况朕与大司马君臣无间乎！大司马若违背刚才之诺言，将来地下不好相见。若死者有灵，朕必不佑卿，高庙神灵，亦当怒卿。"霍光道："臣不敢！"说罢，帝气绝身亡，霍光大哭。

帝崩后，霍光、金日䃅宣帝之遗诏："制诏：皇太子，朕体不安，今将绝矣！与地合同，终将不复起。谨视皇天之笥，加曾朕在，善遇百姓，赋敛以理；存贤近圣，必聚精士；表教奉先，自致天子。胡亥自肆，灭名绝纪。审察朕言，终身毋失。苍苍之天不可得久视，堂堂之地不可得久覆，道此绝矣！告后世及其子孙，忽忽锡锡，恐见故里，毋负天地，更亡更在，去如舍庐，下敦间里。人固当死，慎毋敢佞。"

司马光曰:"孝武穷奢极欲,繁刑重敛,内侈宫室,外事四夷,信惑神怪,巡游无度,使百姓疲敝,起为盗贼,其所以异于秦始皇者无几矣。然秦以之亡,汉以之兴者,孝武能尊先王之道,知所统守,受忠直之言,恶人欺蔽,好贤不倦,诛赏严明,晚而改过,顾托得人,此其所以有亡秦之失而免亡秦之祸乎!"

第十推

帝老悖为长女所制　日䃅正霍上官行邪

光何以为武帝所信任而受顾托？光为霍去病同父异母弟，霍去病为卫后姊子，伐匈奴有大功，帝悲卫后、太子之遇，故重用光，以间接赎罪也。光出入禁闼二十余年，出则奉车，入侍左右，小心谨慎，未尝有过，巫蛊之事，又未受牵连，故为帝临终所顾托。光为人沉静详审，每出入下殿门，止进有常处，郎仆射窃识视之，不失尺寸。

日䃅在帝左右，目不忤视者数十年；赐出宫女，不敢近；帝欲内其女后宫，不肯；其笃慎如此，帝尤奇异之。日䃅长子为帝弄儿，帝甚爱之，其后弄儿壮大，不谨，自殿下与宫人戏。日䃅适见之，恶其淫乱，遂杀弄儿。帝闻之，大怒，日䃅顿首谢，具言所以杀弄儿状。帝甚哀，为之泣，已而心敬日䃅。

上官桀始以材力得幸，为未央厩令。帝尝体不安，及愈，见马，马多瘦，帝大怒曰："令以我不复见马邪！"欲下吏。桀顿首曰："臣闻圣体不安，日夜忧惧，意诚不在马。"言未卒，泣数行下。帝以为爱己，由是亲近，为侍中，稍迁至太仆。三人皆帝素所爱信者，故特举之，授以后事。

桑弘羊，洛阳贾人之子。以心计，年十三侍中，言利事析秋毫矣。后桑弘羊为治粟都尉，领大农，尽代仅斡天下盐铁。于是帝北至朔方，东封泰山，巡海上，旁北边以归。所过赏赐，用帛百余万匹，钱、金以巨万计，皆取足大农。弘羊又请令民得入粟补吏，及罪以赎，民不益赋而天下用饶，于是弘羊赐爵左庶长，黄金者再百焉，久之，迁为御史大夫，亦受遗命，重其经济才能也。

四托孤辅臣计之："帝临崩时，托孤之臣未有田丞相，而田丞相为外廷百官之首，若自知无顾命，必深耻之。百官亦多闲言蜚语，内外廷势必起冲突，政局不稳也。"故假传帝遗命，田丞相亦受托孤也。

昭帝姊鄂邑公主为帝长女，适盖侯王充，号"盖主"，为人专狠，帝以类己，颇信任之。帝晚年，所信任者唯有盖主，盖主之言，帝无所不从。盖主本欲嫁其女于史皇孙，欲将来皇孙袭位，其女能为皇后，而盖主之地位如景帝姊窦太主。卫后、卫太子以盖主刚狠，不从，为史皇孙另聘王氏，盖主大怒，私欲报复。帝唯盖主之言是从，故卫后、卫太子因巫蛊祸而不得其死。

帝在甘泉宫，盖主始终侍从也。江充上奏，欲在皇后、太子寝宫挖蛊，帝以皇后、太子素谨慎，不应埋蛊，欲驳其奏。盖主言："不疑处有疑，则事济矣！"江充遂得挖地纵横，皇后、太子无施床处，江充亦得以挟迫太子，致太子走险，擅捕江充。苏文崩逃，赴甘泉宫向帝告太子欲反，帝不信，曰："吾子向来仁德，必不反也。"盖主素憎卫后、太子，私言帝曰："卫后、太子母子知陛下寝疾，面有喜色。"帝由是发怒，立派使者招太子至甘泉宫问话，后使者逃归，言太子反，帝不信，盖主又私言帝曰："太子以为帝崩，恐己为扶苏而不得即位，太子反是实也。"帝大怒，以太子确反，于是亲自驻跸长安城建章宫发兵督战，故太子兵败也。

后武帝欲立昭帝为太子，昭帝母钩弋夫人专宠后宫，与盖主有隙。盖主虑昭帝立，钩弋夫人必为太后，己则有患矣。后帝寝疾，盖主侍疾，曰："钩弋夫人知帝欲立弗陵为太子，已将为吕后，与群小私下欢庆矣。"帝闻之大怒，召钩弋夫人深责之，钩弋夫人徒徒披发毁服深谢，事乃得已。而盖主必欲置钩弋夫人死地，私下进谗言于帝曰："昔秦始皇母赵太后绝爱幸嫪毐，欲与之谋反，秦朝社稷危矣。吕后独居骄蹇，淫乱自恣，莫能禁也。皆因由主少、母壮故也。陛下万年后，钩弋夫人则为赵太后、吕后矣。"帝发大怒，故钩弋夫人不得其死。

帝寝疾，颇悟卫太子无罪，欲下诏谅之，盖主极力劝谏曰："既失意为之，则置之，何必下诏原谅之？且天子无过事。"帝老悖，颇为盖主所持，不得不从，故卫太子父子虽得帝内心之谅解，然帝始终未下诏书公开原谅之。后假卫太子现，京兆尹不疑得据经义驳曰："诸君何患于卫太子！昔蒯聩违命出奔，辄距而不纳，《春秋》是之。卫太子得罪先帝，亡不即死，今来自诣，此罪人也！"若帝下诏原谅卫太子，则不疑有何依据言卫太子得罪先帝乎？

太子即皇帝位，年方八岁。昭帝姊鄂邑公主共养省中，霍光、金日䃅、上官桀共领尚书事，霍光专录尚书事，金日䃅、上官桀参录尚书事，日䃅掌宫省之政。日䃅二子赏、建为少年侍中，与帝年仿，侍帝共卧起，帝若有失，二子私以闻日䃅，日䃅必谏。帝虽幼，然英武，敬事日䃅。光与左将军桀结婚相亲，光长女为桀子安妻，故光与桀甚善，而金日䃅一切持正，与光、桀处处相忤，光、桀日思所以去之，故日䃅不得其死也。

光辅幼主，政自己出，天下想闻其风采。殿中尝有怪，一夜，群臣相惊，光召尚符玺郎，欲收取玺，以策万全。尚符玺郎私请于金日䃅，日䃅持正，曰："玺乃帝之信，君掌玺，必尽其责，玺在汝在，玺授汝亡，不可交玺。"日䃅素持正，尚符玺郎惧日䃅之严，持玺于光前，不肯授，光欲夺之。郎按剑曰："臣掌玺，非天子意，头可得，玺不可得也！"光甚嘉之。明日，诏增此郎秩二等，众庶莫不多光。后光得知日䃅与尚符玺郎之私语，知谋出于日䃅，忌之。

初，帝病，有遗诏，封金日䃅为秺侯，食封四千户，上官桀为安阳侯，食封三千户，霍光为博陆侯，食封五千户，皆以前捕反者莽何罗①等功封。时，卫尉王莽子男忽为侍中，扬语曰："帝崩，忽常在左右，安得遗诏封三子事！群儿自相贵耳。"光闻之，切让王莽，莽鸩杀忽。日䃅以帝少，拥立少帝乃臣子本分，捕反者马何罗乃微功，且外已有闲言，故坚不受封。扑反者乃日䃅之独功，光、桀无与焉，光杀忽以感日䃅，日䃅坚不受封，光等亦不敢受。桀、光恨之。

光女为桀子安妻，生女，年甫五岁，安欲因光内之宫中，光因日䃅掌宫省之事，谋之于金日䃅，日䃅曰："帝未冠，礼曰未成人，当涵养圣体，专致学习，安能婚配？"日䃅言正，故光拒桀请，托以尚幼，不听。后桀知阻力出于日䃅，光、桀皆深恨之。

武帝初崩，赐诸侯王玺书。燕王旦得书不肯哭，曰："玺书封小，京师疑有变。"使人传行郡国以摇动百姓，有谋反事②。会䶈侯成知泽等谋，以告青州刺史隽不疑③。不疑收捕泽等以闻。天子遣大鸿胪丞治，连引燕王。燕王好武，素与上官桀善，桀不欲治之，私请于霍光，光时尚与桀善。燕王旦私行万金于霍光夫人霍显，霍光素惧内，夫人言于光，光从桀之意，置旦不问。日䃅固争之曰："旦多过失，先帝所不用，若不治，旦素不守法，误以王者不死，反谋将愈甚，必害天下！"光、桀不听，下诏："以燕王至亲，勿治；而泽等皆伏诛。迁隽不疑为京兆尹。"

光、桀、日䃅共领尚书事，日䃅一切持正，光、桀不便之，欲去之也。

---

① 初，莽何罗与江充相善，及充败卫太子，何罗弟通用诛太子时力战得封。后武帝知太子冤，乃夷灭充宗族党羽。何罗兄弟俱，遂谋为逆。日䃅视其志意有非常，心疑之，阴独察其动静，与俱上下。何罗亦觉日䃅意，以故久不得发。是时，帝行幸林光宫，日䃅小疾卧庐。何罗与通及小弟安成矫制夜出，共杀使者，发兵。明旦，帝未起，何罗亡何从外入。日䃅奏厕心动，立入坐内户下。须臾，何罗袖白刃从东箱上，见日䃅，色变，走趋卧内欲入，行触宝瑟，僵。日䃅得抱何罗，因传曰："莽何罗反！"帝惊起，左右拔刃欲格之，帝恐并中日䃅，止勿格。日䃅捽胡投何罗殿下，得擒缚之，穷治，皆伏辜。由是著忠孝节。

② 燕王旦谋反事，后文将有细述，详见"旦兴邪欲国中大乱　光专权群僚谋黜之"。

③ 隽不疑字曼倩，勃海人也。治《春秋》，为郡文学，进退必以礼，名闻州郡。武帝末，郡国盗贼群起，暴胜之为直指使者，衣绣衣，持斧，逐捕盗贼，督课郡国，东至海，以军兴诛不从命者，威振州郡。胜之素闻不疑贤，至勃海，遣吏请与相见。不疑冠进贤冠，带櫑具剑，佩环玦，褒衣博带，盛服至门上谒。胜之知不疑非庸人，敬纳其戒，深接以礼意，问当世所施行。门下诸从事皆州郡选吏，侧听不疑，莫不惊骇。至昏夜，罢去。胜之遂表荐不疑，征诣公车，拜为青州刺史。

然日䃅领宫省事，因持正为帝所敬信，亦为群臣所敬仰，光素谨慎，虽内欲行大事而外实怯，独桀欲毒杀日䃅也。光曰："日䃅外国人，不识大体，处处与我等作对，然其同为托孤大臣，为我之副，帝颇信之，群臣敬仰，罢之必骇事听，且上亦不肯从，我无奈其何！"上官桀突兀曰："先帝本托孤于君，不曰君行周公之事乎？与日䃅何干？周公尚诛兄弟管、蔡，日䃅外国人，国内无党，诛之又何妨？日䃅处处与我等作对，速其死而已。"光曰："先帝崩不久，托孤大臣间忽然互相诛夷，天下人将私议之，恐于汝我不利。"上官桀曰："非下狱而诛杀之，乃我等密行鸩毒于日䃅，托病而薨，百官私议能如何？帝幼未亲政，事在你我掌握，又何惧？"

霍光曰："日䃅受先帝遗命为吾之副，托孤次辅，无故而薨，兹事体大，似应三思，恐有大不利。"上官桀性急，曰："汝为首席托孤大臣，摄行天子之权，却诸多狐疑，日䃅行事如此，汝我能行意乎？此事我当为之，汝静观其变。纵事不济，独吾坐之，与汝无涉。"霍光方许诺。上官桀遂私召日䃅饮。日䃅欲赴，严毕趋出，犬衔引其衣，日䃅曰："犬不欲我行乎？"还坐，顷刻乃复起。犬又衔其衣，日䃅令从者逐犬，遂升车。日䃅匈奴人，素好饮，以托孤大臣间相邀，不疑而赴，桀密行鸩毒，日䃅归家即告病。昭帝闻日䃅病，派御医诊视，上官桀私质其妻子以胁之，医不敢言实情。

始元元年九月，丙子，秺敬侯金日䃅薨。日䃅病困，光白封日䃅，日䃅卧受印绶，已昏聩不知，一日薨。群情哗然，时天子年幼，霍、上官掌权，遂不复推问，托御医疗治无效，斩之而已，后厚恤其家。日䃅两子，赏、建，俱侍中，与昭帝略同年，共卧起。赏为奉车，建驸马都尉。及赏嗣侯，佩两绶。帝谓霍将军曰："金氏兄弟两人不可使俱两绶邪？"霍光对曰："赏自嗣父为侯耳。"帝笑曰："侯不在我与将军乎？"光曰："先帝之约，有功乃得封侯。"帝乃止，时年俱八九岁。

第一一推

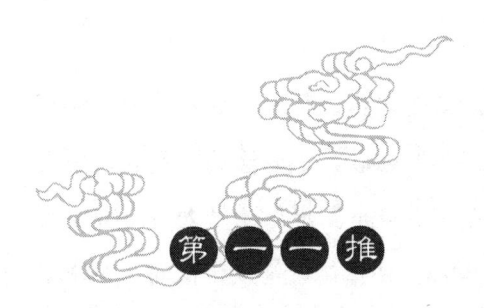

摄政初群辅颇修饬　　杀使者西南夷怒反

日䃅薨后，光、桀能行己意。始元二年春正月，光、桀遂以帝之名义封大将军光为博陆侯，食邑五千；左将军桀为安阳侯，食邑四千。诏召上官安女入为婕妤，拜安为骑都尉。月余，立安女为皇后，年甫六岁。

王夫之曰："金日䃅，降夷也，而可为大臣，德威胜也。武帝遗诏封日䃅及霍光、上官桀为列侯，日䃅不受封，光亦不敢受。日䃅病垂死，而后强以印绶加其身。日䃅不死，光且惮之，况桀乎？桀之逆，日䃅亡而光受其欺也。霍光妻子之骄纵，至弑后谋逆以亡其家，无日䃅镇抚之也。光之不终，于受封见之矣。日䃅没，而光施施自得，拜侯封而若不及，早已食上官桀之饵，而为其所狎。利一时之荣宠，丧其族于十年之后，'厉熏心'，鲜不亡矣。光之咎，非但不学无术也；利赖之情浅，虽有憸人与其煽妻逆子，恶得而乘之？若日䃅者，又岂尝学而有他术哉！"

笔者曰：霍光辅政之初，尚能小心谨慎，恪守汉法，约束家人，察纳雅言，用人至公。然与上官、桑、盖争权后，霍光皆族灭之，信者唯己之至亲，故夫人、诸霍、群婿皆持权，盘根错节，据于朝廷，天下皆畏大将军之势。正因此，为宣帝所不善，终至大将军死才三年，霍家族灭矣！故曰：善始者众，克终者鲜！言之在先耳！

始元五年，谏大夫杜延年①见国家承武帝奢侈、师旅之后，数为大将军光言："年岁比不登，流民未尽还，宜修孝文时政，示以俭约、宽和，顺天心，说民意，年岁宜应。"光纳其言。然天下自是安定，还复太平。御史大夫桑弘羊于武帝时掌盐铁之政，民不加赋而国用富饶，为武帝信向，颇非霍光之修文景养民之政，挟两朝老臣之尊，时时非之于朝廷，畅言于群臣。

霍光患之，虑若公开废盐铁之政，桑弘羊必疑惧，前日䘏被毒死，虽以医塞责，然公卿间不能无私语，今若与桑弘羊公然对立，弘羊老臣，信服者众，朝臣必当党分，不能不慎之也。谋之于亲吏杜延年，延年言之大将军曰："何不开廷议？集郡国所举之贤良文学，问为政之要，民之所向。议不必大将军己出，众人出之，大将军择善从之，示之于公，则毁不至而誉所集。"大将军从之，盐铁之议就此而起。

始元六年，春，诏有司问郡国所举贤良、文学，民所疾苦、教化之要，皆对："愿罢盐、铁、酒榷、均输官，毋与天下争利，示以俭节，然后教化可兴。"桑弘羊难，以为："此国家大业，所以制四夷，安边足用之本，不可废也。"于是盐铁之议开也，议上，贤良文学皆请罢盐铁等政。秋，罢榷酤官，从贤良、文学之议，桑弘羊无可奈何也。武帝之末，海内虚耗，户口减半。霍光知时务之要，轻徭薄赋，与民休息。至是匈奴和亲，百姓充实，稍复文、景之业焉。而盐铁之政皆为御史大夫桑弘羊所倡，霍光以群议一切罢之，桑弘羊不能不内怒。此因治国思路之不同而起争权也。

内乱将起，外祸立生也，此为霍光处置失当所致。昔夜郎自大，不知汉

---

① 杜延年字幼公，御史大夫杜周之子，亦明法律。昭帝初立，大将军霍光秉政，以延年三公子，吏材有余，补军司空。始元四年，益州蛮夷反，延年以功为谏大夫。左将军上官桀父子与盖主、燕王谋为逆乱，假稻田使者燕仓知其谋，以告大司农杨敞。敞惶惧，移病，以语延年。延年以闻，桀等伏辜。延年封为建平侯。延年本大将军霍光吏，首发大奸，有忠节，由是擢为太仆右曹给事中。延年为大将军信向，所言于大将军，大将军无不从也。

之广阔。武帝征讨四方，北伐匈奴，南平两越，通西域，开西南夷，拓土开疆，扬汉国威。夜郎侯始倚南越，南越已灭，会还诛反者，夜郎惧，遂入朝，武帝以为夜郎王，佩汉印。武帝崩后，夜郎派遣使者入觐，使者乃夜郎王之叔父，多智善断，为夜郎王谋主，夜郎王对其言听计从。帝薨，夜郎王派其入觐，察汉廷武帝崩后之政局。若治，则臣汉，若不治，则自立为王，如昔南越王赵佗故事。

始元元年春，夜郎使者入觐，因昭帝年幼，尚未亲政，大将军光接待之。大将军将见夜郎使者，自以形如儒者，非有武将之气，不足以扬汉威，雄远国。上官桀早乃武将，相貌严整，人望之而畏，故大将军使上官桀代己当坐，乃自捉刀立床头。坐既毕，使人问曰："今天子年幼，大将军光行周公事，使者以为大将军如何？"使者曰："大将军信自雅望非常，然床头捉刀人，此乃真英雄也。"大将军闻之，惧蛮夷有智者而为汉边祸，驰遣人杀此使。

夜郎王闻之，大怒，与滇受通谋，故决意反，托以"今汉宗室衰弱，外无强藩，大将军专权自恣，将不利于孺子。天下人皆为己私计，莫肯亢扞国难。昔吾称臣武帝，帝授吾密旨，若汉廷有难，可兴晋阳之甲以清君侧。夜郎受武帝大恩，义当为国讨贼，以正朝纲"。以此意传檄西南，移檄郡国。始元元年夏，益州夷二十四邑、三万余人皆反。天下承平日久，忽遇变故，益州全乱，郡国皆震。

第一二推

平反侧屡派精明将　兴大狱多戮汉豪杰

大将军闻益州之乱，惶恐不能食。博士夏侯胜①曰："人心不相远，吾虽儒者，亦知大将军以此自危，必当有为，今天下一家，号令一统，小小夜郎，安能兴大乱？不自量也。然人心稳定久，突有乱，郡国豪杰桀骜者，必乘势而起，以谋奸利，大将军必因此兴大狱，除政敌，去反对，立威信，天下吏民遭大罪矣。"

大将军谋于杜延年曰："益州夷反，托以清君侧，剑指吾专权，若吾退位，远权势，归私第，可否安此祸？"杜延年正色曰："大将军受武帝顾托，受命以来，夙兴夜寐，战战兢兢，何曾有负于朝廷？西南小夷，不识礼仪，素来散漫，不堪控制，屡欲反矣！前惧武帝之威严，故不敢为也。今武帝新崩，故无所忌惮，托以大将军辅政专权为辞也！君若退，恐晁错之祸立

---

① 夏侯胜字长公。初，鲁共王分鲁西宁乡以封子节侯，别属大河，大河后更名东平，故胜为东平人。胜少孤，好学，年五岁，明慧过人。其姊嫁而无嗣，被夫家遣归。姊好学，以贞明见称。闻邻中读书，且夕抱胜隔篱而听之。胜静听而无言，姊以为喜。至年十岁，能暗诵六经。姊谓胜曰："吾家贫，未尝有教者入门，汝安知天下有三坟五典，而诵无遗句耶？"胜曰："忆昔姊抱胜于篱间，听邻家读书，故默记之。"姊惊讶之，遂送其赴叔父夏侯昌处学。从昌受《尚书》及《洪范五行传》，说灾异，又从欧阳氏问。为学精熟，所问非一师也。善说《礼服》。以名儒硕德而被征为博士、光禄大夫。

至也！"

大将军曰："君策之善也！然吾当何以应之？"杜延年曰："今大将军用法严，天下人颇有微词，先赦天下，与民更始，则内乱不兴。蜀道难，一夫当关万夫莫开，益州夷反，乃纤芥之疾也。今汉俗习兵，募吏民，发奔命，仓促成军，亦为强兵，汉廷简拔大员将之，必能平定。"大将军曰："善！还有何策？"杜延年曰："檄文不曰大将军专权自恣，将不利于孺子乎？大将军不见诸吕之事乎？处伊尹、周公之位，摄政擅权，而背宗室，不与共职，是以天下不信，卒至于灭亡。今将军当盛位，帝春秋富，宜纳宗室，又多与大臣共事，反诸吕道。如是，则可免患，亦可反击檄文之专权诽谤也。"大将军一一从之。

大将军立遣水衡都尉吕辟胡募吏民及发犍为、蜀郡奔命往击，吕辟胡击夜郎王，大破之。然夜郎王暗通姑缯、叶榆。辟胡闻之迟疑不进，蛮夷遂杀益州太守，乘胜与辟胡战，士战及溺死者四千余人。吕辟胡大败，单骑奔还。大将军闻之忧虑。时，匈奴入朔方，杀略吏民，大将军恐匈奴与西南夷通谋，则兵祸愈大。故与左将军上官桀议，遣左将军行北边，便宜行事，相机击匈奴，并防匈奴与西南夷暗通。

三辅闻西南夷起，吕辟胡败，自茂陵以西诸县，盗贼并发。卫明、赵宏自称将军，卫明声称己为卫太子，巫蛊之祸得以逃脱，今四海兵起，天命终归，重索社稷。檄文曰："天下本属寡人，少帝得位不正，大将军辅政乃群小之自富贵也，现起百万雄兵进袭。少帝若主动退位，大将军能自动投降，可免死也。今大将军专权自恣，天下人皆怒之，杀之者，得大将军位，封万户侯。"

移檄三辅，三辅愈乱，盗贼攻烧官寺，杀汉官吏，卫、赵相与谋曰："诸将精兵悉往西南、北边，京师空，可攻长安，直捣黄龙，夺汉社稷。"众稍多，至十余万，火现未央宫前殿。大将军拜长女婿范明友为虎贲将军，骑都尉上官安为折冲将军，西击明等。大将军受钺高庙，领天下兵，左杖节，右把钺，屯高庙，为中枢调度。

大将军日抱昭帝祈高庙，会群臣，称曰："昔成王幼，周公摄政，管、蔡挟禄父以衅，东夷亦随之反。吾受先帝顾托行周公事，抱幼主施政，今西南夷反，三辅大起，异世同符，自古大圣犹惧此，况臣光之斗筲乎！"群臣解之曰："不遭此变，不显君能，不彰君德！"太仆杜延年令大将军作大诰曰："武帝画图，暗讽托孤，主幼朝疑，光行周公，暂摄其位，待帝成长，君若冠礼，臣即归私。逆贼反叛，伤天害理，大军进剿，殄灭必须，义旗所至，清剿无余，若能投降，一切不追。"遣故廷尉王平等五人持节行郡国，举贤良，问民疾苦，冤、失职者，施恩天下。并同时班谕天下，明言大将军今暂且摄政，必当返位孺子之意。

同时，大将军制诏大赦天下曰："比岁不登，民匮于食，流庸未尽还，往时令民共出马，其止勿出。诸给中都官者，且减之。其赦天下，与民更始。诸逋贷及辞讼在始元元年以前，皆勿听治。"为免己专权之讥，且稳汉宗室心，大将军择宗室可用者，遂拜楚元王孙辟疆及宗室刘长乐皆为光禄大夫，辟疆守长乐卫尉。

大将军拜其亲党大鸿胪田广明①为奋武将军，军正王平为奋威将军，吕辟胡白衣从效，假号奋冲将军，发七科谪，益兵往击西南夷。秋，大鸿胪广明、军正王平等击益州，大破之，斩首、捕虏三万余人，获畜产五万余头。夜郎王恐，上表降，请退兵。大将军从之。

田广明等凯旋还京师，与上官安等合击卫明、赵宏，大破之，须臾，殄灭卫、赵等，诸县平息。还师振旅，大将军乃置酒白虎殿，劳飨将帅。诏亲吏杜延年叙军功，第其高下，大封功臣凡三百人，普施恩，笼众心，诏曰："皆以奋怒，东指西击，羌寇、蛮盗、反虏不得旋踵，应时殄灭，天下咸服。大将军光弘毅忠壮，忘身忧国，先帝托以天下，以勖朕躬，算无遗策，故成

---

① 田广明，字子公，郑人也。以郎为天水司马。功次迁河南都尉，以杀伐为治。郡国盗贼并起，迁广明为淮阳太守。岁余，故城父令公孙勇与客胡倩等谋反，倩诈称光禄大夫，从车骑数十，言使督盗贼，止陈留传舍，太守谒见，欲收取之。广明觉知，发兵皆捕斩焉。武帝以广明连擒大奸，征入为大鸿胪。

此大功。"

　　大鸿胪田广明进御史大夫，上官安迁车骑将军，吕辟胡官复原职，其余各升迁有差，军官吏为九卿者多人，诸侯相、郡守、二千石者百余人，千石以下千余人，奋行者官过其望。大将军怒三辅之人趁乱大起，诏廷尉李种治其狱。李种以西南夷乱，三辅起，虽以大将军为噱头，然其辞正，不肯深探其狱。李种言于大将军曰："昔文帝时，济北王反，文帝亲伐之，诏济北吏民，兵未至先自定及以军城邑降者，皆赦之，复官爵；与王兴居去来者，赦之。故兵不血刃而平之，百姓安堵如故。今承武帝巡幸、征伐、大兴宫室、事神仙后，国家不稳，百姓不安，社会扰攘，应奉文帝赦免济北王吏民故事，赦三辅吏民以安之。"

　　大将军不从，凡三辅吏民涉案者，大将军皆下之狱，诏狱数万人，一月间累至千余。大者牵连数百，小者数十人；远者数千里，近者数百里。会狱，以掠笞定之，囹圄皆满，牵涉数十万人。廷尉李种哀民无辜牵连，颇有所鉴别，欲多赦之。左冯翊贾胜胡以吏民被胁迫、诖误者甚众，胜胡素爱民，不欲急之，多所全佑。

　　大将军闻之而怒，廷尉李种遂坐故纵死罪弃市，左冯翊贾胜胡免官，更以军正王平为廷尉。王平鉴李、贾之祸，于是穷治党羽，凡光所恶者，连引而悉诛之。光以三辅大起案，大兴天下之狱，汉郡国豪杰及汉忠直臣不附光者，皆诬以罪法而杀之。光威震天下，后上官、盖主、桑弘羊欲与光争权，光不费吹灰之力，便灭绝其党羽矣。虽如此，光知汉宗室强大，祖宗德泽深厚，百姓归心，豪杰归附，虽大兴诏狱，乃为固己权，无篡夺之心。

　　光又恐帝外家赵氏夺其权，白帝曰："国朝初，吕后用事，禄、产专政，背恩义，自贵其家，扰乱朝廷，几危社稷。先武帝预杀钩弋夫人，乃绝外戚专权，防微杜渐。今帝以幼年即位，宜明一统之义，以戒前事，为后代法，外戚不可任事，可赏赐以钱。"始元五年春正月，追尊帝外祖赵父为顺成侯。顺成侯有姊君姁，赐钱二百万、奴婢、第宅以充实焉。诸昆弟各以亲疏受赏赐，无在位者。

第一三推

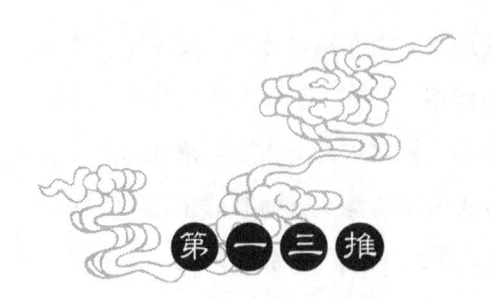

捕风闻四海访太子　谋富贵卜人冒国储

三辅闻西南夷起，男子卫明称己为卫太子，民间多哀卫太子之遇，应之而起者甚众。霍光虽兴大狱去逼，然恐卫太子尚在人间，为己大患，颇忧之。前文已言，卫太子自经未死，遂潜伏民间，舍人萧良、魏臣及宾客黄辅伴随太子隐匿周游。世间无不透风之墙，久之，为光窥知。光患之，暗派亲吏田延年四海访之，延年私发卫太子墓，乃空墓无尸。后延年暗访经年，发现卫太子之疑似踪迹，向光回报："卫太子墓乃空无尸，四海多有卫太子之迹，卫太子似未死，与舍人、宾客四海游历。"

霍光闻之大惊，自思："卫太子本为汉室正嫡，居储位三十多年，天下归心；因巫蛊祸而蒙受横灾，母死子亡，天下人多怜之。先帝晚年有悔罪之意，颇念卫太子，因汉廷误认卫太子已死，故无废太子之明诏。若卫太子回宫索位，何以处之？现朝廷中尚有卫太子故属，且今上年幼，临国尚浅，恩德未植民间，己辅政日短，权威不立，天下人尚未信从，君臣能在位，乃托武帝余威也。若卫太子回，则今上之得位依法依礼皆有缺失，危矣！己之辅政更无依据，殆矣！故卫太子不得不除也。"

霍光再思:"然于卫太子不可大张旗鼓捉拿,只能暗捕,遇疑似者,就地正法,宁错杀三千,不放过真一人。因天下人皆误认卫太子已死,以假扮卫太子之罪一切杀之,真卫太子必除,且于己无害也。"念此,霍光一面命田延年继续暗访,一面暗下文书与霍党,凡遇疑似卫太子者,杀无赦。久之,世人多以为卫太子未死。然汉廷始终无法确认太子踪迹,故谣言漫天,昭帝、霍光等惶惶不安也。

卫太子与舍人萧良、宾客黄辅知之而忧,舍人魏臣曰:"吾有计谋,若行之,必无患也。"卫太子问:"何计行而得以无患?"魏臣答曰:"吾知今上与大将军深忌太子,四处寻访太子,故思所以解之。前,吾曾卜卦,见卦师成方遂,状貌甚似太子,吾多与金,并骗其曰:'汝若回京师,现未央宫前,今上为卫太子同父弟,汝必当得富贵。'成方遂若现未央宫前,天子、群臣必当震惊,大将军将急斩之以安天下,太子今后无患矣。"

卫太子曰:"汝安知大将军将急斩之,吾将无患也?"魏臣曰:"难曰大将军将细审查乎?拖之日久,天下人皆怀太子之恩,怜太子之冤,悲太子之遇,必当扰扰不安,而大将军急斩之,且宣之为假太子,而成方遂可以假乱真,故大将军误以为被斩杀者乃真太子也,内心确认太子已死,从此便停止访寻、追捕,故曰太子无患矣。"太子曰:"君策善。"

舍人萧良曰:"为今之计,先劝成方遂赴未央宫前谋富贵,若方遂愿为,则让其来太子身边,与太子日处,仿太子之言语、举止,了解太子之故事,假以时日,以假乱真,庶几他人分辨不出。"宾客黄辅曰:"魏臣当力劝成方遂愿谋富贵而来我等之处,事不宜迟,速行之。"

魏臣从之,寻成方遂于湖县之市集。魏臣私曰:"方遂,吾有一富贵机会与汝,不知汝愿意抓住否?"方遂曰:"吾乃卖卜之人,生日维艰,若有富贵,安能不从?"魏臣曰:"汝之貌甚似卫太子,若汝假扮卫太子,现于未央宫前,则富贵立即可待也。"方遂曰:"得无患乎?假扮卫太子行骗乃死罪也!"魏臣曰:"若汝扮卫太子与真无二,以假乱真,则今上及群臣将误以为汝为真卫太子,卫太子乃今上之兄,国之故贰主,朝廷必当立即封王赐地,安能有患乎?"

方遂曰:"汝言,吾与卫太子壮貌甚似,然言语、举止皆不同,且吾不知卫太子之旧事,汉廷盘查,能不露馅乎?"魏臣曰:"汝知否?鉴汝为吾之好友,吾私郑告汝,今卫太子未死也!吾乃受卫太子之命请汝,邀汝生活卫太子旁,学习其言语、举止、故事,卫太子离宫多年,物是人非,宫中人安能细辨?故汝能以假乱真。"方遂曰:"既如此,卫太子何不自为?"魏臣曰:"卫太子受巫蛊之祸,母死子亡,未央宫乃伤心之地,己则亡命四海,周游天下,闲散日久,深厌宫廷生活,故不愿意为也。"方遂曰:"原来如此!"

魏臣曰:"汝则不同,汝为贫寒布衣,若能入宫廷封王,则子孙世世代代富贵也,此种机会,人间安常有?"方遂曰:"万一泄露,则死罪也!"魏臣曰:"富贵险中求,况且此等富贵乃天大之富贵,平民哪有此机会?汝之貌甚似卫太子,此乃上天所赐,不用之,则违天矣。再曰,汝若模仿如真卫太子,何来患乎!"方遂曰:"诺,吾谨试之。"

说罢,魏臣则将方遂带至卫太子前,卫太子、舍人萧良、宾客黄辅大惊,不约而同曰:"世间哪有如此相像两人?如同镜子之影也。"成方遂遂与卫太子日夜相处,仿其声音,学其行止,听其过去,半年后,虽舍人萧良、黄辅及宾客魏臣不细察不能辨也。

始元五年春,方遂乘黄犊车诣北阙,自谓卫太子;坐言宫中旧事,皆有可观,公车以闻。诏使公、卿、将军、中二千石杂识视,长安中吏民聚观者数万人。百官论议纷纷,有故老泣下者,为防止百官吏民之变,霍光命右将军勒兵阙下以备非常。丞相、御史、中二千石至者并莫敢发言,而霍光则不敢至现场矣。

京兆尹不疑①后到,叱从吏收缚。或曰:"是非未可知,且缓之。"不疑曰:"诸君何患于卫太子!昔蒯聩违命出奔,辄距而不纳,《春秋》是之。卫

---

① 隽不疑为京兆尹,京师吏民敬其威信。每行县录囚徒还,其母辄问不疑:"有所平反,活几何人?"即不疑多有所平反,母喜笑,为饮食语言异于他时;或亡所出,母怒,为之不食。故不疑为吏,严而不残。

太子得罪先帝，亡不即死，今来自诣，此罪人也！"遂送诏狱。天子与大将军霍光闻而嘉之曰："公卿大臣当用有经术明于大谊。"繇是不疑名声重于朝廷，在位者皆自以为不及也。

光慕不疑之才，欲以女妻不疑，从而党之，不疑以光权重，欲借大将军势而求升迁。不疑妻素妒忌，患之，谋于不疑母。母曰："此事易为之耳！"妻曰："大人，奈何？"母曰："吾素知吾儿，吾儿为人节廉而自喜名也。汝故装大度，言之于不疑曰：'妾深感君能依附大将军，然君之官卑，大将军富贵久，家族桀骜，不易攀附。君若能先观大将军女，若能事之，则从大将军之请，若不能事，则再为计也。'不疑必从之，大将军女妻范明友者最为桀骜，若不疑睹友明之事大将军女，必固辞也。"

不疑妻从之，言之于不疑，不疑果从妻之计，睹范明友事大将军女执子弟礼，而大将军女尚不满，时而怒轻明友，明友惧大将军威，不敢较也。不疑果辞大将军。后光家族诛，不疑得以无患。然秩禄却于光辅政间停滞也。

第一四推

假作真霍光急杀戮　遁空门太子崇佛法

京兆尹隽不疑收缚假卫太子后，光命廷尉验治之，方遂曰："本夏阳人，姓成，名方遂，居湖，以卜筮为事。有故太子舍人尝从方遂卜，谓曰：'子状貌甚似卫太子。'心利其言，实非卫太子，冀得以富贵。"廷尉又访卫太子故僚，故僚皆曰容貌、声音、举止与故太子同，且北阙所言之事，皆为宫中之往事，无有差误，故此人乃真卫太子无疑也。廷尉又派吏于方遂故里，逮召乡里识知者张宗禄等来辨认，张宗禄等曰此人乃卖卜之方遂，然声音、举止与故方遂有所不同，亦不能全确认其为方遂也。

廷尉综合之，确认嫌犯乃真卫太子无疑，奏记大将军曰："廷尉臣已核实，虽嫌犯自称方遂，然经核问卫太子之故百僚，皆以为卫太子无疑；嫌犯之故里张宗禄等，亦不能完全辨其为方遂。可见，嫌犯乃真卫太子无疑也。"霍光大惊："何处也？"廷尉曰："若认定其为真卫太子，卫太子虽得罪先帝，然先帝早已自悔，且无废太子之明诏，故今上之得位于法理不合，大将军之辅政亦无依据矣。"霍光曰："卿言甚有理，彼若为卫太子，若公之于天下，则今上之位危，吾之辅政殆。计将安出？"廷尉曰："不若就依嫌犯之所招，嫌犯自认方遂而非卫太子，以冒充太子乃诬罔不道而坐之，腰斩之，群臣、民庶虽有议论，然嫌犯已自认，亦能堵悠悠之口，想必激不起舆情。"霍光曰："廷尉之计善也。"

一方面，廷尉按嫌犯之所招，确认嫌犯为成方遂，冒充卫太子乃为谋富贵；另一方面，廷尉行百金，贿乡里识知者张宗禄等坚决确认嫌犯为卖卜布衣成方遂。案件坐实后，廷尉处方遂"诬罔不道"，腰斩之于长安东市。

此后大将军光确认卫太子定死，中止对卫太子之寻访与抓捕，卫太子等终能无恙。卫太子与舍人萧良、魏臣、宾客黄辅议，知匈奴善待汉士大夫，决意逃入匈奴，隐姓埋名，纵被发现，有卫律、李陵主之在内，亦无大害也。

大将军光本不学无术之徒，然卫太子之事，非京兆尹隽不疑，事莫能解，光自是器重文人，加意延聘。适谏议大夫杜延年请修文帝遗政，示民俭约宽和。光乃令郡国访民间疾苦，举贤良文学，使陈国家利弊。一班名士耆儒，诣阙请愿，乞罢盐铁、酒榷、均输官。御史大夫桑弘羊，以言利为武帝所重，固持原议，言安边足用，全恃此策。大将军定议，从儒生意，不信弘羊，撤销榷酤官，轻徭薄赋，与民休息，彻底改武帝之苛政，百姓始庆承平，昭宣之治肇始于此。

昔日霍去病攻破匈奴，得匈奴祭天金人，献与武帝。时诸子未壮，卫太子独成年，有盛宠，太子所言，帝无不从也。卫太子请于帝，欲得匈奴祭天金人，帝立赐之。后卫太子发现祭天金人体内有暗格，取出乃佛经也。佛经为梵文，卫太子及群僚皆不能晓，适逢武帝崇方术、重方士，方士云集京师，有西方方士能通梵文，卫太子委其译经，此则为《天启经》也。卫太子为人仁恕，得《天启经》后爱不释手，日日习之，遂初受佛教影响。

后巫蛊之祸发，卫太子之母妻儿女、宾客、臣僚等皆受害，卫太子逃亡，欲缓解悲痛，解救自我，故潜心研究《天启经》，终得大悟。知世间之苦，皆前世之业缘，今生之所为，必当影响后世。且佛陀为三皇子，本能继位，与己类似，终因为解脱自我，遁入空门，创立佛教。卫太子自思己本为汉室嫡嗣多年，以仁德为先，却不为父谅，母妻子宾客等皆死，己则逃奔亡命，此皆前世孽障所至，今生欲求解脱，必当仿行佛陀修行而布道传教也。

卫太子又思，匈奴为汉室劲敌，汉胡互相攻伐，杀害生灵无数，若己祝发为沙陀，隐姓埋名，潜入匈奴布道，引导匈奴统治者向善，使匈奴与大汉讲和，世代友好，便能拯救生灵无数，亦为己之极大功德。故卫太子与舍人萧良、魏臣及宾客黄辅议，乔装为头陀，自号"崇和法师"，入匈奴传道，而舍人萧良、魏臣及宾客黄辅亦随卫太子修佛，为其弟子也。

卫太子知李陵[①]素忠直，投降匈奴乃情非得已，入匈奴后，私与李陵会，并言明其身份。李陵知巫蛊之祸，卫太子已死，母妻儿女皆亡，拍手称快。何哉？李陵之祖李广之死，颇与霍去病、卫青有关，霍去病为卫后姊子，卫青为卫后弟。李陵之降，本欲私为汉地，而武帝盛怒之下，不分情由，诛李陵九族，故李陵恨卫太子也。

崇和法师言明己汉廷故太子身份，李陵恨之，私言于匈奴单于曰："崇和法师乃逃亡之卫太子，卫太子为汉廷故贰主，为卫青之甥，霍去病之表弟，卫、霍屡败匈奴，杀害匈奴将士无数，与匈奴有不共戴天之仇也。"单于素信李陵，立拘崇和法师及三随从，本欲俱杀之。会大雷雨震死单于所乘马，单于复见法师寝幄有异瑞，素迷信，悔前杀贰师将军，致其为祟，知崇和法师不凡，不敢杀，礼而释之。先，佛教在匈奴已初步传播，故崇和法师得以历览佛学经典，又掺以儒、道思想，得以悟道。

昔武帝重方士时，方士云集京师，各种方术弥漫，卫太子多习之，以术见长于匈奴，为单于所尊信。匈奴亦知佛陀早年为三太子，弃尊位而悟道，终成正果，卫太子之迹颇与佛陀同，且为汉室嫡储，方术多验，故尊之为国师。

[①] 李陵，字少卿，李广孙，少为侍中建章监。善骑射，爱人，谦让下士，甚得名誉。武帝以为有广之风，使将八百骑，深入匈奴二千余里，过居延视地形，不见虏，还。拜为骑都尉，将勇敢五千人，教射酒泉、张掖以备胡。天汉二年，李陵军败而降匈奴，陵在匈奴岁余，上遣因杅将军公孙敖将兵深入匈奴迎陵。敖军无功还，曰："捕得生口，言李陵教单于为兵以备汉军，故臣无所得。"帝闻，于是族陵家，母弟妻子皆伏诛。陇西士大夫以李氏为愧。单于壮陵，以女妻之，立为右校王，卫律为丁灵王，皆贵用事。

第一五推

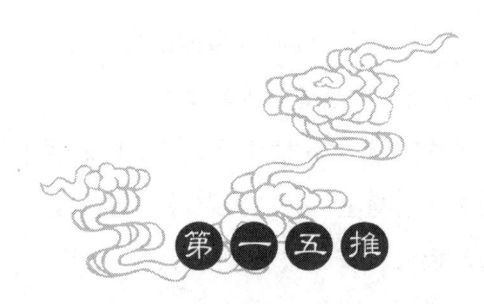

苏武困执汉节两纪　法师会贤良受重托

卫太子处匈奴，为国师，受单于之托，劝降苏武。苏武字子卿，少以父任，兄弟并为郎，稍迁至栘中厩监。时汉连伐胡，数通使相窥观。匈奴留汉使郭吉、路充国等前后十余辈，匈奴使来，汉亦留之以相当。天汉元年，且鞮侯单于初立，尽归汉使路充国等。武帝嘉其义，遣武以中郎将使持节送匈奴使留在汉者，因厚赂单于，答其善意。

武与副中郎将张胜及假吏常惠①等募士斥候百余人俱。既至匈奴，置币遗单于，单于益骄，非汉所望也。方欲发使送武等，会缑王与长水虞常等谋反匈奴中。虞常在汉时，素与副张胜相知而合谋，后事发，牵连武，单于使卫律治其事。武引佩刀自刺，卫律惊，自抱持武。驰召医，凿地为坎，置煴火，覆武其上，蹈其背，以出血。武气绝，半日复息。惠等哭，舆归营。单于壮其节，朝夕遣人候问武，而收系张胜。

武创愈。单于使使晓武，会论虞常，欲因此时降武。卫律百般劝降，武

---

① 常惠，太原人也。少时家贫，自奋应募，随栘中监苏武使匈奴，并见拘留十余年，昭帝时乃还。汉嘉其勤劳，拜为光禄大夫。

不从，知武终不可胁，白单于，单于愈益欲降之。乃幽武置大窖中，绝不饮食。天雨雪，武卧，啮雪与旃毛并咽之，数日不死。匈奴以为神，乃徙武北海上无人处，使牧羝。羝乳，乃得归。别其官属常惠等，各置他所。

武既至海上，廪食不至，掘野鼠去草实而食之。杖汉节牧羊，卧起操持，节旄尽落。积五六年。单于弟於靬王弋射海上。武能网纺缴，檠弓弩，於靬王爱之，给其衣食。三岁余，王病，赐武马畜、服匿、穹庐。王死后，人众徙去。其冬，丁令盗武牛羊，武复穷厄。

初，武与李陵俱为侍中。武使匈奴明年，陵降，不敢求武。久之，单于使陵至海上，为武置酒设乐劝降，武故知妻离子散，然固守汉节，陵见其至诚，喟然叹曰："嗟乎，义士！陵与卫律之罪上通于天！"因泣下沾襟，与武决去。

陵恶自赐武，使其胡妻赐武牛羊数十头。又劝武纳胡女，为嗣续计。武思陵言，知妻嫁子离，恐致无后，三千之罪，无后为大，故权从陵意，纳胡女一人，聊慰岑寂。后陵复至北海上，语武："区脱捕得云中生口，言太守以下吏民皆白服，曰：'帝崩。'"武闻之，南向号哭，呕血，旦夕临。数月，昭帝即位。

昔武之父建为卫青裨将，与卫青厚善，而霍去病为卫青姊子，少与武同长，为刎颈之交，霍去病薨，武痛哭呕血，久之方能起。去病遗表荐苏武，曰其人忠厚可任大事，故苏武得以中郎将出使匈奴。苏武受留，匈奴单于欲降苏武，苏武不从，持汉节牧羊。匈奴单于知崇和法师曾为汉廷嫡嗣，与霍去病有亲，苏武与霍去病善，请之于法师，望法师劝降苏武，法师颔之而行。

于苏武言，守汉节而牧羊多年，与世间隔离，不知汉局变化。然苏武为郎官时，见卫太子多次，能识卫太子也。崇和法师见苏武北海上，苏武见之，大惊，似曾相识。崇和法师曰："贫僧乃故汉卫太子也！"苏武悟，跪请曰："不知殿下何以至此？且为何如此装扮？"崇和法师遂将巫蛊之祸、己之逃奔、汉廷之局势、假卫太子事、习佛经、学方术、匈奴被拘、何以尊为国师之事一一叙明之。苏武大惊曰："臣不知殿下受此大难，不能尽点滴之力，祈殿下恕罪。"

苏武问曰："殿下来此何事？"崇和法师曰："匈奴单于虽尊吾为国师，吾却未降也。然吾奉单于命，劝降君也。"苏武曰："臣立志效死汉室，誓死不降！殿下慎勿言之。"崇和法师曰："吾固知卿之节也！吾此来，非劝降，乃私有托于卿也。"苏武问曰："吾身陷匈奴，又何能为也？"崇和法师曰："吾算之，不出数年，卿自可荣归也。"苏武问曰："殿下为何有此言？"崇和法师曰："吾先父武帝时，方士云集京师，吾颇学其术，故能知未来，识吉凶也。"

苏武曰："若臣得归，愿效犬马之劳！敢问殿下，臣何以得归？"崇和法师曰："匈奴多犯汉边，汉廷屡挞伐匈奴，多年之互战，彼此伤害生灵无数，我佛甚为悯之，今匈奴疲矣，汉廷惫矣，彼此有善意，和亲之局将至。"苏武问曰："吾何时得以脱匈奴？"崇和法师答曰："君少壮出，白发归，历十九年。"

苏武曰："臣知之矣！不知殿下何所托也？"崇和法师曰："今孝昭冲幼即位，吾观帝星暗淡无光，其命不久，且无后。吾曾为汉室正嫡，虽遇巫蛊之祸，母死子亡，尚有孙在，天命在吾家，吾修道积福，吾孤孙必为天子。"苏武曰："殿下之言，臣谨记在心，然殿下有何托也？"崇和法师曰："足下归汉，名扬天下，之后，时局必变，众必拥立吾孙，吾有言转托汝私告吾孙，告之吾尚存，且无须访求吾，此则为吾之托也。"

苏武曰："诺！然殿下何不归汉？"崇和法师曰："假卫太子现未央宫，已被斩杀，吾固知汉廷之不容吾也。"苏武曰："殿下既知孤孙能为天子，何不安住匈奴观望，孤孙即位后荣归汉，孤孙将以天下孝养也。"崇和法师曰："吾已为方外之人，且漂流世间，未央宫为吾伤心地，不能再处之，吾将西行求法，修成正果，富贵又安所望焉。然匈奴亦不能久处矣，内乱将起，五单于争立，大变将至，匈奴人因内讧死伤无数。吾之所言，君须谨记，另，世间人以为吾早已死，机缘未至，万不可透露吾尚在人间！切记！切记！"

说罢，便飘然而去，私下留一武帝时所刻太子玺于桌上，苏武不觉。法师临行，苏武叩头送之，后方发现太子玺，将太子玺牢藏身上，贴肉收存。

数年，匈奴遂与汉和亲，汉求武等，匈奴诡言武死。后汉使复至匈奴，常惠请其守者与俱，得夜见汉使，具自陈道。教使者谓单于言："天子射上林中，得雁足有系帛书，言武等在某泽中。"使者大喜，如惠语以让单于，单于视左右而惊曰："苏武忠节，竟感及鸟兽，否则何以至此！"又谢汉使曰："武等实在。"使者曰："汉与匈奴通和，单于应释放武等，以敦和好。"单于曰："诺！"故苏武等得释，将随使者归也。

于是李陵置酒贺武曰："今足下还归，扬名于匈奴，功显于汉室，虽古竹帛所载，丹青所画，何以过子卿！陵虽驽怯，令汉且贳陵罪，全其老母，使得奋大辱之积志，庶几乎曹柯之盟。此陵宿昔之所不忘也！收族陵家，为世大戮，陵尚复何顾乎？已矣！令子卿知吾心耳！异域之人，壹别长绝！"陵起舞，歌曰："径万里兮度沙幕，为君将兮奋匈奴。路穷绝兮矢刃摧，士众灭兮名已隤。老母已死，虽欲报恩将安归！"

陵泣下数行，因与武决。单于召会武官属，前以降及物故，凡随武还者九人。武以始元六年春至京师，诏武奉一太牢谒武帝园庙，拜为典属国，秩中二千石，赐钱二百万，公田二顷，宅一区。武留匈奴凡十九岁，始以强壮出，及还，须发尽白。

武子苏元，闻父回来，出郭相迎，父子重逢，抱头痛哭。武归家后，虽子侄尚团聚，然追思老母故妻、先兄亡弟，虽己功成名就，心中戚戚。且遥念胡妇有孕，未曾归随，更觉得死别生离，又增凄恻。幸南北息争，使问不绝，旋得李陵来书，借知胡妇已得生男，心下稍慰。乃寄书作复，取胡妇子名为同国，意汉与匈奴通好，且托陵照顾胡妇母子，并劝陵得隙归汉，陵得书而不答。

昭帝立，大将军霍光、左将军上官桀辅政，素与陵善，遣陵故人陇西任立政等三人俱至匈奴，名为奉使，实为招陵。立政等至，单于置酒赐汉使者，李陵、卫律皆侍坐。立政等见陵未得私语，即目视陵，而数自循其刀环，握其足，阴谕之，言可还归汉也。后陵、律持牛酒劳汉使，博饮，两人皆胡服椎结。立政大言曰："汉已大赦，中国安乐，主上富于春秋，霍子孟、上官少叔用事。"以此言微动之。

陵默不应，孰视而自循其发，答曰："吾已胡服矣！"有顷，律起更衣，立政曰："咄，少卿良苦！霍子孟、上官少叔谢汝。"陵曰："霍与上官无恙乎？"立政曰："请少卿来归故乡，毋忧富贵。"陵曰："少公，归易耳，恐再辱，奈何！"语未卒，卫律还，颇闻余语，曰："李少卿贤者，不独居一国。范蠡遍游天下，由余去戎入秦，今何语之亲也！"因罢去。立政随谓陵曰："亦有意乎？"陵曰："丈夫不能再辱。"霍光、上官桀闻陵不肯回，只好作罢。陵在匈奴二十余年，元平元年病死。

第一六推

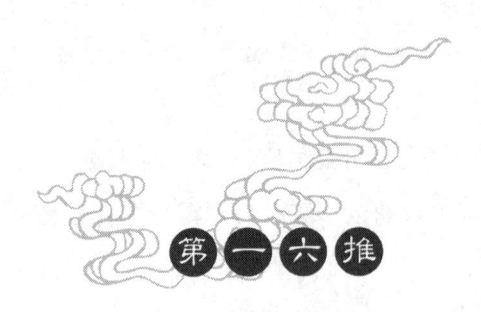

旦兴邪欲国中大起　光专权群僚谋黜之

霍光、上官桀闻李陵不肯归，心中凄然。然此时之霍光与上官桀尚善，霍光素不学无术而好专断，上官桀武夫无知无识而好权势，长此以往，彼此必多碰撞，光、上官之交终离也。然霍光专断久，势大，不易去之，上官桀独力难废之，须有所交接同盟也。

燕王旦与帝最亲，又武帝见在长子，素以武力称，与上官同味相投，上官既起邪意，与旦必通谋也。旦何许人也？旦，武帝子，壮大就国，为人辩略，博通经书、杂说，好星历、数术、倡优、射猎之事，招致游士。及卫太子败，齐怀王又薨，旦自以次第当立，上书求入宿卫。武帝怒，下其使狱。后坐臧匿亡命，削良乡、安次、文安三县。帝由是恶旦，后遂立少子为太子。

武帝崩，太子立，是为孝昭帝，赐诸侯王玺书。旦得书，不肯哭，曰："玺书封小。京师疑有变。"遣幸臣寿西长、孙纵之、王孺等之长安，以问礼仪为名，刺探情况。王孺见执金吾广意，问："帝崩何病？立者谁子？年几岁？"广意言："待诏五柞宫，宫中哗言帝崩，诸将军共立太子为帝，年八九岁，葬时不出临。"

归以报王。王曰："帝弃群臣，无语言，盖主又不得见，甚可怪也。"复遣中大夫至京师上书言："窃见孝武皇帝躬圣道，孝宗庙，慈爱骨肉，和集兆民，德配天地，明并日月，威武洋溢，远方执宝而朝，增郡数十，斥地且倍，封泰山，禅梁父，巡狩天下，远方珍物陈于太庙，德甚盛，请立庙郡国。"奏报闻。大将军霍光秉政，褒赐燕王钱三千万，益封万三千户。旦怒曰："我当为帝，何赐也！"遂与宗室中山哀王子刘长、齐孝王孙刘泽等结谋，诈言以武帝时受诏，得职吏事，修武备，备非常。

刘长于是为旦命令群臣曰："寡人赖先帝休德，获奉北藩，亲受明诏，职吏事，领库兵，饬武备，任重职大，夙夜兢兢，子大夫将何以规佐寡人？且燕国虽小，成周之建国也，上自召公，下及昭、襄，于今千载，岂可谓无贤哉？寡人束带听朝三十余年，曾无闻焉。其者寡人之不及与？意亦子大夫之思有所不至乎？其咎安在？方今寡人欲矫邪防非，章闻扬和，抚慰百姓，移风易俗，厥路何由？子大夫其各悉心以对，寡人将察焉。"

群臣皆免冠谢。郎中成轸谓旦曰："大王失职，独可起而索，不可坐而得也。大王一起，国中虽女子皆奋臂随大王。"旦曰："前高后时，伪立子弘为皇帝，诸侯交手事之八年。吕太后崩，大臣诛诸吕，迎立文帝，天下乃知非孝惠子也。我亲武帝长子，反不得立，上书请立庙，又不听。立者疑非刘氏。"

即与刘泽谋为奸书，言少帝非武帝子，大臣所共立，天下宜共伐之。使人传行郡国，以摇动百姓。泽谋归发兵临淄，与燕王俱起。旦遂招来郡国奸人，赋敛铜铁作甲兵，数阅其车骑材官卒，建旌旗鼓车，旄头先驱，郎中侍从者着貂羽，黄金附蝉，皆号侍中。旦从相、中尉以下，勒车骑，发民会围，大猎文安县，以讲士马，须期日。郎中韩义等数谏旦，旦杀义等凡十五人。会缾侯刘成知泽等谋，告之青州刺史隽不疑，不疑收捕泽以闻。天子遣大鸿胪丞治，连引燕王。有诏勿治，而刘泽等伏诛。

光以武帝临终时受顾托而行周公事，辅政初，遇事尚与同僚共斟酌。西南夷反，三辅起，光惧天下人谋己，后颇独持大权，众僚渐不能堪，思去之，诸邪遂结联盟，欲行大事废光。上官桀曾为卫太子舍人，与卫太子善，成遂冒充卫太子事，桀意以为真太子，倡议释之，甚欲拥立卫太子，废少立长，并积极奔走于百官、太子故僚间，私下多有响应者。桀之意，今上童幼，民心未归，霍光越次秉政，己心不服，卫太子曾为国之贰主，性格仁恕，恩德尚在民间，若卫太子得立，己为最大功臣，意欲以拥立功，得代替霍光辅政也。然光将"卫太子"急杀之，桀不能无憾，且光知桀奔走群臣欲拥立卫太子事，含怒未发，于是光、桀之交始离矣。

初，桀子安取霍光女，光每休沐出，桀常代光入决事，已成惯例，桀之决，光未有不从者。昭帝始立，年仅八岁，其母钩弋夫人因武帝去逼而被赐死，帝遗诏帝长姊鄂邑盖长公主居禁中，与霍光等共养帝。盖长主乃盖顷侯王充之妻也，盖主养帝时，已孀居多年。

前汉时两性尚为开放，孝惠取亲姊之女为后，为重亲；武帝之姑馆陶公主寡居而幸董偃，帝不绝主欢，甚至与董偃交好，号之"主人翁"。东方朔谓"自董偃后，公主贵人多逾礼制"，盖上行下效，势所必至也。

而汉诸王多荒乱，燕王刘定与父康王姬奸，生一子，又夺弟妻为姬，并与子女三人奸。

衡山王孝与父侍婢奸。赵太子丹与同产姊及王后宫乱，为江充所告。梁王立与姑园子奸。江都王建，父易王薨未葬，即召易王美人淖姬等与奸，又与女弟徵臣奸；建又欲令人与禽兽交而生子，令宫人裸而据地，与羝羊及狗交。齐王终古使所爱奴与姜八子妾号及诸御婢奸；或使白昼裸伏，与犬马交接，终古临视之。

推原其始，总因分封太早，无师友辅导，以至于此。故汉书传赞，引鲁哀公之言曰"寡人生于深宫之中，长于妇人之手，未尝知忧知惧"，因以明汉诸王率多骄淫失道。盖沉溺放恣之中，居势使然也。而汉廷之公主，在此大势下，亦沦陷，放纵自恣也。

盖主私近子客河间丁外人，外人容貌壮伟，盖主绝爱幸之，颇多丑闻于外。然帝与大将军闻之，不绝主欢，有诏外人侍长主。周阳氏为盖主夫家外亲，长主本欲内周阳氏女，令配耦帝。时上官安有女，即霍光外孙，安欲因光内之。光以为尚幼，不听，且私心在于其幼女成君，欲以己女配帝，以便将来重其权。光思虑若此时纳己之幼女，盖主与上官桀父子必当反对，故托于安女尚幼，以拖延时间，便将来见机而作也。

安素与丁外人善，说外人曰："闻长主欲内周阳氏女，窃以为不妥，人必窃议长主私其亲。安子容貌端正，诚因长主时得入为后，以臣父子在朝而有椒房之重，成之在于足下，汉家故事常以列侯尚主，君侍长主，又有立后之功，足下何忧不封侯乎？"外人喜，言于长主。盖主乃"仪服同藩王"之长公主，又为今上长姊，有育今上之功，今上无母，事之如母，长公主居禁中，仪位如太后，大将军亦以太后礼待之。长主以丁外人之言为然，诏召安女入为婕妤，安为骑都尉。月余，遂立为皇后，年甫六岁。

丁外人有长主之宠，又与次辅上官桀善，颇骜不驯，恃宠而骄，怨故京兆尹樊福，使客射杀之。客藏公主庐，吏不敢捕。胡建曾为霍光属吏，后出为渭城令，素有忠直之名，以京兆尹大吏，被外人害死，乃大案也，遂将吏卒围捕。盖主闻之，与外人、上官将军多从奴客往，奔射追吏，吏散走。盖主本意不了了之，而丁外人不从，必得胡建以为徇，盖主不得不从。然盖主知胡建曾为霍光属吏，与霍光亲，不可私处置之，欲以事坐之，故主使仆射劾渭城令游徼伤主家奴，建恃霍光势，报亡它坐。盖主怒，使人上书告建侵辱长公主，且射甲舍门，无上礼，坚必欲诛之。

大将军霍光知其事曲在公主，欲为胡建地，寝其奏。后光病，上官桀代听事，立下吏捕建，建自杀，吏民称冤。霍光素与胡建亲，私怨盖主、上官也，与帝言，罢上官代听政事，政事壹决于光，若光休沐日，则大事决于光私宅，无所关决于桀。

上官安为官二代，父为托孤次辅，女则皇后，以后父封桑乐侯，食邑千五百户，迁车骑将军，位三公下九卿上，自认权势熏天，日以骄淫，目空一切。受赐殿中，醉酒昏酣，出对宾客大言："今上我婿，与我婿饮，婿奉酒恭，群下俯仰，目不敢乱视，大乐！见其服饰，莫不庄严奢华，我归家，诸衣皆俗，欲自烧物。见其坐于宝殿上，群臣山呼，让人心妒。"于家，安醉则裸行内，与后母及父妾、侍御皆乱，好姣美男子，亦与其交。子病重，不祈祠，仰而骂天，子死无泪，饮酒作乐不异于平素。

其女能为皇后，外人与盖主之力也，桀、安感激之。因丁外人私侍盖主，安数守大将军光，为其求侯，光避而不见。上官桀欲妄官禄外人，光守高祖之约，皆不听。又桀妻父所幸充国为太医监，阑入殿中，下狱当死，桀父子力请于光，光无动于衷，盖主为言，光不答。冬月且尽，盖主为充国入马二十匹赎罪，且使帝亲请于光，乃得减死论，然尚被发配于烟瘴之地。于是桀、安父子深怨光而重德盖主，欲罢其政柄，由上官桀父子辅政，然此时尚未有篡权之邪谋。

自先帝时，桀已为九卿，光仅为都尉、大夫而已，桀位远在光右。光乃帝临崩时被托孤，位突在桀右，桀心中不能无憾。然早期光、桀通婚，光遇诸事尚征求桀之意见，桀时时代光决政，故二人尚且相善。及父子并为将军，与盖主善，长姊如母，盖主有太后之势尊，皇后亲安女，有椒房中宫之重，光乃其外祖，而顾专制朝事。自胡建事后，光事事自专，不复征求桀之意见，桀之请，光多折之，桀不满，繇是与光争权。

第一七推

诈言反群邪织罪名　欲破心上官起邪谋

燕王旦素武，前谋反事，光以旦为帝兄，属亲，有诏勿治，而刘泽等伏诛，望感燕王，盼其自悔。然旦素愎，反以为王者不死，必有后福。自以昭帝兄，戾太子巫蛊之祸后，有继立之势，却不得立，而冲幼之昭帝越次得立，霍光专政，常裁撤己，故常怀怨望。御史大夫桑弘羊造酒榷、建盐铁，为国兴利，民不加赋而国用富饶，伐其功，不能无望，与霍光同为托孤大臣，共受遗命，欲为子弟得官，霍光皆不予，亦怨恨光。而盖主因丁外人之封事，霍光不予，盖主惭于外人，外人长期吹枕边风，盖主不得不与光绝矣。于是盖主、上官桀、安及弘羊皆与燕王旦通谋。

桀、安即记光过失予燕王，令上书告之，又为丁外人求侯。燕王大喜，上书称："子路丧姊，期而不除，孔子非之。子路曰：'由不幸寡兄弟，不忍除之。'故曰'观过知仁'。今臣与陛下独有长公主为姊，陛下幸使丁外人侍之，外人宜蒙爵号，如先朝董君之故事。"

书奏，帝蒙盖主养育恩，意欲许之，以问光，光曰："先朝只赐董君钱财，非予侯爵也，高祖曰'非有功不侯'，丁外人无功，不能侯。"执不许，上未亲政，素贤明，且霍光所持正，故无奈其何。盖主亲请于光，光曰："盖主为帝长姊，亲抚育帝，当以德为先。人臣私侍公主乃死罪，前不追究其奸事乃体恤公主养帝之辛劳，安能再予封侯？"盖主大怒，颇惭于外人也。

盖主、上官桀、上官安及弘羊又诈令人为燕王上书，言："光出都肄郎羽林，道上称跸，太官先置，僭用天子仪卫。"又曰："苏武前使匈奴，拘留二十年不降，还乃为典属国，而大将军长史敞亡功为搜粟都尉，又擅调益莫府校尉。光专权自恣，疑有非常，社稷危矣。臣旦愿归符玺，入宿卫，察奸臣变，以策万全。"苏武素与桀、弘羊有旧，苏武子元以其父使匈奴二十年不降仅为典属国而不满，故与桀、弘羊通谋，证之。众臣候司光出沐日奏之。桀为内朝官，欲从中下其事，桑弘羊当与外朝诸大臣共执退光。书奏，帝不肯下。

明旦，光闻之，止画室中不入。帝问："大将军安在？"左将军桀对曰："以燕王告其罪，故不敢入。"有诏召大将军。光入，免冠顿首谢，帝曰："将军冠。朕知是书诈也，将军亡罪。"光问曰："陛下何以知之？"帝曰："将军之广明，都郎属耳；调校尉以来未能十日，燕王何以得知之？且将军为非，不须校尉。"是时，帝年十四，尚书左右皆惊，上官桀泄露之，而上书者果亡，捕之甚急，桀等惧，白帝小事不足遂，帝不听。盖主、上官桀、安及弘羊连告光罪过，帝疑之，知其等欲为非，愈亲光而疏桀、安。桀、安浸恚。

后桀党有谮光者，帝辄怒曰："大将军忠臣，先帝所属以辅朕身，敢有毁者坐之。"自是桀等不敢复言，知不去帝，则光不可去也，欲去光，则须先废帝也，故而起反谋。桀、安初商之于盖主，盖主抚养幼主，甚爱之，不从。桀、安复使丁外人屡言之，外人恨霍光，必欲罢之，以去就争之，盖主深爱信外人，不得不从。乃谋令盖主置酒请光，伏兵格杀之，因废帝，迎立燕王为天子。

且置驿书，往来相报，许立桀为王，桀、安父子代光辅政，丁外人封侯，且代桀之位，外连郡国豪杰以千数。旦以语相平，平曰："大王前与刘泽结谋，事未成而发觉者，以刘泽素夸，好侵陵也。平闻左将军桀素轻易，车骑将军安少而骄，臣恐其如刘泽时不能成，又恐既成，反大王也。"且曰："前日一男子诣阙，自谓故太子，长安中民趣乡之，正哗不可止，大将军恐，出兵陈之，以自备耳。今上得位不正，大将军辅政而不自信，故如此耳！我先帝长子，天下所信，何忧见反？"后谓群臣："盖主报言，独患大将军与右将军王莽。今右将军物故，丞相病，幸事必成，征不久。"

桀、安父子又私下谋："若能废今上，杀大将军，则天子之位唾手可得。且燕王旦为先帝所不用，安能再立之？且素武，事成则挟震主之威，恐将来不能容己。"故改计诱征燕王至而诛之，囚盖主，杀丁外人，立桀为天子，改旗易帜。或曰："当如皇后何？"安曰："逐麋之狗，当顾菟邪！且用皇后为尊，一旦人主意有所移，虽欲为家人亦不可得，此百世之一时也。"

或曰："废帝、杀大将军能成乎？谋反乃族罪也！"安瞪眼曰："必成也！谅一弱冠天子，未经戎战之大将军，能成何事？霍光因其侍武帝之微功而跃居群臣之上，无功无德，怎能服众？前大兴杀戮，天下人皆恨之也。吾父早年从戎，功盖群臣之右，现为次辅；吾亲女为皇后，吾为国丈，外廷田丞相谨小慎微，与世无争，不敢有为，去之如发蒙振落叶。御史大夫桑弘羊为吾之亲党，废立之际，为百官之率。又有盖主主之在内，丁外人为强援，况还有帝兄燕王为急先锋，安能不成乎！"或问曰："若成，则燕王旦为天子，大事安能再行？"安曰："若成功，则趁雷霆之势，去燕王如案板之鸡也！"

第一八推

觉反谋强辅兴杀戮　清君侧光威震天下

　　会盖主舍人父稻田使者燕仓知其谋，以告大司农杨敞。敞素谨，畏事，不敢言，乃移病卧，私告谏大夫杜延年，延年以闻。帝与大将军大惊，诏丞相部中二千石逐捕孙纵之及桀、安、弘羊、外人等，并宗族悉诛之，盖主长系。帝欲以乳母恩赦盖主不诛，大将军曰："盖主专恣，与桀、安、燕王旦同谋，虽有推燥之功，难弥补谋反之过，先卫太子未有谋反之心，因江充逼迫而子盗父兵，卫后、卫太子父子皆被诛死。盖主之过远大之，安能赦之？盖主之谋若成，社稷为虚，陛下之身亦不复存也。"帝乃从之。

　　盖主闻之，自杀。大将军以帝之名义下诏曰："左将军安阳侯桀、骠骑将军桑乐侯安、御史大夫弘羊皆数以邪枉干辅政，大将军不听，而怀怨望，与燕王通谋，置驿往来相约结。交通私书，共谋令长公主置酒，伏兵杀大将军光，征立燕王为天子，大逆毋道。桀安父子、桑弘羊、盖主皆族诛也！"武素与桀、弘羊有旧，数为燕王所讼，子元又在谋中，廷尉奏请逮捕武。光知武素与兄霍去病善，寝其奏，免武官，诛武子元而已。

　　是时燕地天雨，虹下属宫中饮井水，井水竭。厕中豕群出，坏大官灶。

乌鹊斗死。鼠舞殿端门中。殿上户自闭，不可开。天火烧城门。大风坏宫城楼，折拔树木。流星下堕。后姬以下皆恐。燕王旦惊病，使人祠葭水、台水。王客吕广等知星，为王言："当有兵围城，期在九月、十月，汉当有大臣戮死者。"

王愈忧恐，谓吕广等曰："谋事不成，妖祥数见，兵气且至，奈何？"广曰："大臣戮死者亦可能为大将军，事未必无成也。"王心稍慰。会盖主舍人父燕仓知其谋，告之，由是发觉。丞相赐玺书，部中二千石逐捕孙纵之及左将军桀等，皆伏诛。旦闻之，召相平曰："事败，遂发兵乎？"平曰："左将军已死，百姓皆知之，不可发也。"王忧懑，置酒万载宫，会宾客、群臣、妃妾坐饮。王自歌曰："归空城兮，狗不吠，鸡不鸣，横术何广广兮，固知国中之无人！"华容夫人起舞曰："发纷纷兮填渠，骨籍籍兮亡居。母求死子兮，妻求死夫。裴回两渠间兮，君子独安居！"坐者皆泣。

帝以燕王旦至亲，欲赦不诛，废王为庶人，国除为郡。大将军曰："燕王旦，前与齐孝王刘泽等谋反，幸得青州刺史不疑发之，以亲亲恩未治之。旦不思悔改，反谓王者不死，与盖主、上官父子、桑弘羊等谋反，欲篡位为天子，为人兄如此，安能原谅乎？若谋成，旦能存陛下乎？"帝乃从之，然曰："罪止于旦，其后嗣赦之不王，国除为郡，吏民涉案者皆赦之。"霍光曰："诺！"

有赦令到，王读之，曰："嗟乎！独赦吏民，不赦我。"因迎后姬诸夫人之明光殿，王曰："老房曹为事当族！"欲自杀。左右曰："觉得削国，幸不死。"后姬夫人共涕泣止王。会天子使使者赐燕王玺书曰："昔高皇帝王天下，建立子弟以藩屏社稷。先日诸吕阴谋大逆，刘氏不绝若发，赖绛侯等诛讨贼乱，尊立孝文，以安宗庙，非以中外有人，表里相应故邪？樊、郦、曹、灌，携剑推锋，从高皇帝垦灾除害，耘锄海内，当此之时，头如蓬葆，勤苦至矣，然其赏不过封侯。今宗室子孙曾无暴衣露冠之劳，裂地而王之，分财而赐之，父死子继，兄终弟及。今王骨肉至亲，敌吾一体，乃与他姓异族谋害社稷，亲其所疏，疏其所亲，有逆悖之心，无忠爱之义。如使古人有知，当何面目复奉齐酎见高祖之庙乎！"

旦得书，以符玺属医工长，谢相二千石："奉事不谨，死矣。"即以绶自绞。后夫人随旦自杀者二十余人。

天子加恩，赦王太子建为庶人，赐旦谥曰刺王。大将军以帝之名义下诏曰："燕王迷惑失道，前与齐王子刘泽等为逆，抑而不扬，望王反道自新，今乃与长公主及左将军桀等谋危宗庙。王及公主皆自伏辜。其赦王太子建、公主子文信及宗室子与燕王、上官桀等谋反父母同产当坐者，皆免为庶人。其吏为桀等所诖误，未发觉在吏者，除其罪。"

皇后乃霍光外孙，以年少，不与谋，故得不废。皇后母前死，葬茂陵郭东，追尊曰敬夫人，置园邑二百家，长丞奉守如法。皇后幼时，祖桀、父安甚爱之，父安常抱之以眠，桀、安父子谋反被诛，皇后孤，时时暗中泣，自使私奴婢守桀、安家，岁时上贡，桀、安生忌日，皇后私祭于内廷。后大将军薨，上官太后则为桀、安置园邑，设守冢一百家，四时上祭，以申孝思也。

托孤之四大臣，日䃅被毒死，桀、桑因谋反被诛，大将军光形影相吊，不免惧有专权之讥。大将军以朝无旧臣，光禄勋张安世①自先帝时为尚书令，志行纯笃，性格温和，谨小慎微，易于制控，乃白用安世为右将军兼光禄勋以自副焉。安世，故御史大夫汤之子也，安世鉴前托孤大臣之祸，唯大将军马首是瞻，虽为次辅，却恂恂然如属吏，不敢均礼，事事皆由大将军，光于是大安之。光又以谏大夫杜延年发上官、盖主、燕王旦之反谋有功，擢其为太仆、右曹、给事中，为己谋主。光鉴燕、盖、上官、桑谋反之祸，持刑罚严，痛法以绳下，延年常辅之以宽，吏民上书言便宜，辄下延年平处复奏。言可官试者，至为县令；或丞相、御史除用，满岁，以状闻，或抵其罪法。

自武帝末，用法深。昭帝立，幼，大将军霍光秉政，大臣争权，上官桀

---

① 张安世字子孺，张汤之子，少以父任为郎。用善书给事尚书，精力于职，休沐未尝出。武帝行幸河东，尝亡书三箧，诏问莫能知，唯安世识之，具作其事。后购求得书，以相校无所遗失。帝奇其材，擢为尚书令，迁光禄大夫。昭帝即位，大将军霍光秉政，以安世笃行，光亲重之。

等与燕王谋作乱，光既诛之，遂遵武帝法度，以刑罚痛绳群下，由是俗吏上严酷以为能，赵广汉出矣！赵广汉字子都，涿郡蠡吾人也，故属河间。少为郡吏、州从事，以廉洁通敏下士为名。举茂材，平准令，察廉为阳翟令。广汉为阳翟令，与渭城令胡建厚善，胡建为霍光亲吏，被上官桀下狱，自杀，留遗书于光，荐广汉。故光时时关注之，广汉为人仗义，然性本严酷，甘为光鹰犬，为光所喜，以治行尤异，迁京辅都尉，守京兆尹。

第一九推

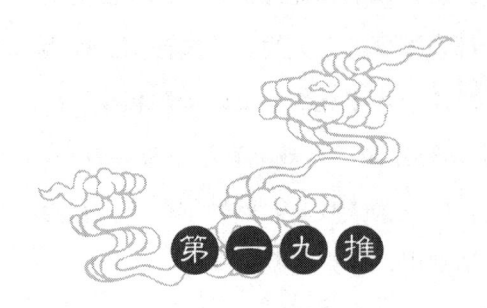

匈奴弱太平少边事　犯强汉虽远国必诛

　　燕、盖、上官、桑之谋反，乃汉廷内部事，虽起波澜，然光须臾平定之，伤不及外。光法文景恭俭养民，故天下还复太平，边疆亦少事。汉之武力素强，四夷皆畏服。初，帝征伐匈奴，深入穷追，二十余年，匈奴马畜孕重堕殰，罷极，民迁徙无常，苦之。常有欲和亲意，未能得。

　　狐鹿孤单于有异母弟为左大都尉，贤，国人乡之，母阏氏恐单于不立子而立左大都尉也，乃私使杀之。左大都尉同母兄左贤王怨，遂不肯复会单于庭。是岁，单于病且死，谓诸贵人："我子少，不能治国，立弟右谷蠡王。"及单于死，卫律等与颛渠阏氏谋，匿其丧，矫单于令，更立子左谷蠡王为壶衍鞮单于。左贤王、右谷蠡王怨望，率其众欲南归汉，恐不能自致，即胁卢屠王，欲与西降乌孙。卢屠王告之单于，使人验问，右谷蠡王不服，反以其罪罪卢屠王而杀之，国人皆冤之。于是二王去居其所，不复肯会龙城，匈奴始衰。

　　后二年秋，匈奴入代，杀都尉。单于年少初立，祖母阏氏不正，国内乖离，常恐汉兵袭之。于是卫律为单于谋："穿井筑城，治楼以藏谷，与秦人守之。汉兵至，无奈我何。"即穿井数百，伐材数千。或曰胡人不能守城，是遗汉粮也，卫律于是止，乃更谋归汉使不降者苏武、马宏等。马宏者，前副光禄大夫王忠使西国，为匈奴所遮，忠战死，马宏生得，亦不肯降。故匈奴归此二人，欲以通善意。是时，单于立三岁矣。

明年，匈奴发左右部二万骑，为四队，并入边为寇。汉兵追之，斩首获虏九千人，生得瓯脱王，汉无所失亡。匈奴见瓯脱王在汉，恐以为道击之，即西北远去，不敢南逐水草，发人民屯瓯脱。明年，复遣九千骑屯受降城以备汉，北桥余吾，令可度，以备奔走。是时，卫律已死。卫律在时，常言和亲之利，匈奴不信，及死后，兵数困，国益贫。单于弟左谷蠡王思卫律言，欲和亲而恐汉不听，故不肯先言，常使左右风汉使者。然其侵盗益希，遇汉使愈厚，欲以渐致和亲，汉亦羁縻之。

其后，左谷蠡王死。明年，单于使犁汙王窥边，言酒泉、张掖兵益弱，出兵试击，冀可复得其地。时汉先得降者，闻其计，天子诏边警备。后无几，右贤王、犁汙王四千骑分三队，入日勒、屋兰、番和。张掖太守、属国都尉发兵击，大破之，得脱者数百人。属国千长义渠王骑士射杀犁汙王，赐黄金二百斤，马二百匹，因封为犁汙王。属国都尉郭忠封成安侯。自是后，匈奴不敢入张掖。

其明年，匈奴三千余骑入五原，略杀数千人，后数万骑南旁塞猎，行攻塞外亭障，略取吏民去。是时，汉边郡烽火候望精明，匈奴为边寇者少利，希复犯塞。汉复得匈奴降者，言乌桓尝发先单于冢，匈奴怨之，方发二万骑击乌桓。大将军霍光欲发兵邀击之，以问护军都尉赵充国[①]。充国以为："乌桓间数犯塞，今匈奴击之，于汉便。又匈奴希寇盗，北边幸无事。蛮夷自相

[①] 赵充国字翁孙，陇西上邽人也，后徙金城令居。始为骑士，以六郡良家子善骑射补羽林。为人沉勇有大略，少好将帅之节，而学兵法，通知四夷事。武帝时，以假司马从贰师将军击匈奴，大为虏所围。汉军乏食数日，死伤者多，充国乃与壮士百余人溃围陷陈，贰师引兵随之，遂得解。身被二十余创，贰师奏状，诏征充国诣行在所，武帝亲见视其创，嗟叹之，拜为中郎，迁车骑将军长史。昭帝时，武都氐人反，充国以大将军护都尉将兵击定之，迁中郎将，将屯上谷，还为水衡都尉。击匈奴，获西祁王，擢为后将军，兼水衡如故。

攻击，而发兵要之，招寇生事，非计也。"

光更问中郎将范明友，明友言可击。于是拜明友为度辽将军，将二万骑出辽东。匈奴闻汉兵至，引去。初，光诫明友："兵不空出，即后匈奴，遂击乌桓。"乌桓时新中匈奴兵，明友既后匈奴，因乘乌桓敝，击之，斩首六千余级，获三王首，还，封为平陵侯。

匈奴由是恐，不能出兵。即使使之乌孙，求欲得汉公主。击乌孙，取车延、恶师地。昔乌孙公主死，汉复以楚王戊之孙解忧为公主，妻岑娶。岑娶胡妇子泥靡尚小，岑娶且死，以国与季父大禄子翁归靡，曰："泥靡大，以国归之。"翁归靡既立，号肥王，复尚楚主，生三男、两女。长男曰元贵靡，次曰万年，次曰大乐。昭帝时，公主上书言："匈奴与车师共侵乌孙，唯天子幸救之。"汉养士马，议击匈奴。下公卿议救，未决，昭帝崩。

宣帝即位，公主、昆弥复上书言："连为匈奴所侵削，昆弥愿发国半精兵人马五万匹，尽力击匈奴，唯天子出兵，哀救公主、昆弥！"先是，匈奴数侵汉边，汉亦欲讨之。本始二年，汉大发关东轻锐士，选郡国吏三百石伉健习骑射者，皆从军。遣御史大夫田广明为祁连将军，四万余骑，出西河；度辽将军范明友三万余骑，出张掖；前将军韩增三万余骑，出云中；后将军赵充国为蒲类将军，三万余骑，出酒泉；云中太守田顺为虎牙将军，三万余骑，出五原：凡五将军，兵十余万骑，出塞各二千余里。及校尉常惠使护发兵乌孙西域，昆弥自将翕侯以下五万余骑从西方入，与五将军兵凡二十余万众。匈奴闻汉兵大出，老弱奔走，驱畜产远遁逃，是以五将少所得。

度辽将军出塞千二百余里，至蒲离候水，斩首捕虏七百余级，虏获马、牛、羊万余。前将军出塞千二百余里，至乌员，斩首捕虏，至候山百余级，虏马、牛、羊二千余。蒲类将军兵当与乌孙合击匈奴蒲类泽，乌孙先期至而去，汉兵不与相及。蒲类将军出塞千八百余里，西去候山，斩首捕虏，得单于使者蒲阴王以下三百余级，虏马、牛、羊七千余。闻虏已引去，皆不至期还。天子薄其过，宽而不罪。

祁连将军出塞千六百里，至鸡秩山，斩首捕虏十九级，获牛、马、羊百余。逢汉使匈奴还者冉弘等，言鸡秩山西有虏众，祁连即戒弘，使言无虏，欲还兵。御史属公孙益寿谏，以为不可，祁连不听，遂引兵还。虎牙将军出塞八百余里，至丹余吾水上，即止兵不进，斩首捕虏千九百余级，虏马、牛、羊七万余，引兵还。宣帝以虎牙将军不至期，诈增虏获，而祁连知虏在前，逗留不进，皆下吏自杀。擢公孙益寿为侍御史。

校尉常惠与乌孙兵至右谷蠡庭，获单于父行及嫂、居次、名王、犁汙都尉、千长、将以下三万九千余级，虏马、牛、羊、驴、骡、橐驼七十余万。汉封惠为长罗侯。然匈奴民众死伤而去者，及畜产远移死亡不可胜数。于是匈奴遂衰耗，怨乌孙。其冬，单于自将万骑击乌孙，颇得老弱，欲还。会天大雨雪，一日深丈余，人民畜产冻死，还者不能什一。于是丁令乘弱攻其北，乌桓入其东，乌孙击其西。凡三国所杀数万级，马数万匹，牛、羊甚众。又重以饿死，人民死者什三，畜产什五，匈奴大虚弱，诸国羁属者皆瓦解，攻盗不能理。其后汉出三千余骑，为三道，并入匈奴，捕虏得数千人还。匈奴终不敢取当，兹欲乡和亲，而边境少事矣。

初，武帝咸张骞之言，甘心欲通大宛诸国，使者相望于道，一岁中多至十余辈。楼兰、姑师当道，苦之，攻劫汉使王恢等，又数为匈奴耳目，令其兵遮汉使。汉使多言其国有城邑，兵弱易击。于是帝遣从骠侯赵破奴将属国骑及郡兵数万击姑师。王恢数为楼兰所苦，帝令恢佐破奴将兵。破奴与轻骑七百人先至，虏楼兰王遂破姑师，因暴兵威以动乌孙、大宛之属。还，封破奴为浞野侯，恢为浩侯。于是汉列亭障至玉门矣。

楼兰既降服贡献，匈奴闻，发兵击之。于是楼兰遣一子质匈奴，一子质汉。后贰师军击大宛，匈奴欲遮之，贰师兵盛不敢当，即遣骑因楼兰候汉使后过者，欲绝勿通。时汉军正任文将兵屯玉门关，为贰师后距，捕得生口，知状以闻。武帝诏文便道引兵捕楼兰王。将诣阙，簿责王，对曰："小国在大国间，不两属无以自安。愿徙国入居汉地。"帝直其言，遣归国，亦因使候司匈奴。匈奴自是不甚亲信楼兰。

征和元年，楼兰王死，国人来请质子在汉者，欲立之。质子常坐汉法，下蚕室宫刑，故不遣。报曰："侍子，天子爱之，不能遣。其更立其次当立者。"楼兰更立王，汉复责其质子，亦遣一子质匈奴。后王又死，匈奴先闻之，遣质子归，得立为王。汉遣使诏新王，令入朝，天子将加厚赏。楼兰王后妻，故继母也，谓王曰："先王遣两子质汉皆不还，奈何欲往朝乎？"王用其计，谢使曰："新立，国未定，愿待后年入见天子。"然楼兰国最在东垂（陲），近汉，当白龙堆，乏水草，常主发导，负水儋粮，送迎汉使，又数为吏卒所寇，惩艾不便与汉通。后复为匈奴反间，数遮杀汉使。其弟尉屠耆降汉，具言状。

初，贰师将军李广利击大宛，还过扜弥，扜弥遣太子赖丹为质于龟兹。广利责龟兹曰："外国皆臣属于汉，龟兹何以得受扜弥质？"即将赖丹入至京师。昭帝乃用桑弘羊前议，以扜弥太子赖丹为校尉，将军田轮台，轮台与渠犁地皆相连也。龟兹贵人姑翼谓其王曰："赖丹本臣属吾国，今佩汉印绶来。迫吾国而田，必为害。"王即杀赖丹，而上书谢汉，汉未能征。

傅介子，北地人也，以从军为官。先是，龟兹、楼兰皆尝杀汉使者，至元凤中，介子以骏马监求使大宛，因诏令楼兰、龟兹国。介子至楼兰，责其王教匈奴遮杀汉使："大兵方至，王苟不教匈奴，匈奴使过至诸国，何为不言？"王谢服，言："匈奴使属过，当至乌孙，道过龟兹。"介子至龟兹，复责其王，王亦服罪。介子从大宛还到龟兹，龟兹言："匈奴使从乌孙还，在此。"介子因率其吏士共诛斩匈奴使者。还奏事，诏拜介子为中郎，迁平乐监。

介子谓大将军霍光曰："楼兰、龟兹数反复而不诛，无所惩艾。介子过龟兹时，其王近就人，易得也，愿往刺之，以威示诸国。"大将军曰："龟兹道远，且验之于楼兰。"元凤四年，大将军霍光白遣平乐监傅介子往刺其王。介子轻将勇敢士，赍金币，扬言以赐外国为名。既至楼兰，楼兰王意不亲介子，介子阳引去，至其西界，使译谓曰："汉使者持黄金、锦绣行赐诸国，王不来受，我去之西国矣。"即出金币以示译。译还报王，王贪汉物，来见使者。介子与坐饮，陈物示之。饮酒皆醉，介子谓王曰："天子使我私报王。"王起随介子入帐中，屏语，壮士二人从后刺之，刃交胸，立死。其贵人左右皆散走。

介子告谕曰："王负汉罪，天子遣我业诛王，当更立前太子质在汉者。汉兵方至，毋敢动，动，灭国矣！"遂持王首还诣阙，公卿将军议者咸嘉其功。上乃下诏曰："楼兰王安归尝为匈奴间，候遮汉使者，发兵杀略卫司马安乐、光禄大夫忠、期门郎遂成等三辈，及安息、大宛使，盗取节印、献物，甚逆天理。平乐监傅介子持节使诛斩楼兰王安归首，县之北阙，以直报怨，不烦师从。其封介子为义阳侯，食邑七百户。士刺王者皆补侍郎。"

乃立尉屠耆为王，更名其国为鄯善，为刻印章，赐以宫女为夫人，备车骑辎重，丞相将军率百官送至横门外，祖而遣之。王自请天子曰："身在汉久，今归，单弱，而前王有子在，恐为所杀。国中有伊循城，其地肥美，愿汉遣一将屯田积谷，令臣得依其威重。"于是汉遣司马一人、吏士四十人，田伊循以填抚之。其后更置都尉。伊循官置始此矣。

宣帝时，长罗侯常惠使乌孙还，便宜发诸国兵，合五万人攻龟兹，责以前杀校尉赖丹。龟兹王谢曰："乃我先王时为贵人姑翼所误，我无罪。"执姑翼诣惠，惠斩之。时乌孙公主遣女来至京师学鼓琴，汉遣侍郎乐奉送主女，过龟兹。龟兹前遣人至乌孙求公主女，未还。会女过龟兹，龟兹王留不遣，复使使报公主，主许之。后公主上书，愿令女比宗室入朝，而龟兹王绛宾亦爱其夫人，上书言得尚汉外孙为昆弟，愿与公主女俱入朝。元康元年，遂来朝贺。王及夫人皆赐印绶。夫人号称公主，赐以车骑旗鼓，歌吹数十人，绮绣杂缯琦珍凡数千万。留且一年，厚赠送之。后数来朝贺，乐汉衣服制度，归其国，治宫室，作檄道周卫，出入传呼，撞钟鼓，如汉家仪。

第二十推

伴食相不终德而薨　持法严择相取老弱

凡政修于内，则交强于外，政事不修，乱逞外略，则国亡不待日。四夷之事不表，续言汉廷之内斗也。燕、盖之乱，桑弘羊子迁亡，过父故吏侯史吴，侯史吴感桑弘羊恩，藏匿之，后迁捕得，伏法。会赦，侯史吴自出系狱。廷尉王平与少府徐仁杂治反事，皆以为"桑迁坐父谋反而侯史吴臧之，非匿反者，乃匿为随者也"，即以赦令除吴罪。自假卫太子之祸，大将军重经术士，朝廷亦多以经术断案。后侍御史治实，以"桑迁通经术，知父谋反而不谏争，与反者身无异。侯史吴故三百石吏，首匿迁，不与庶人匿随从者等，吴不得赦。"奏请覆治，劾廷尉、少府纵反者。

少府徐仁，即丞相田千秋婿也，故千秋数为侯史吴言。然大将军持法严，丞相恐大将军光不听，即召中二千石、博士会公车门，议问吴法，意以众议感大将军。议者知大将军指，皆执吴为不道。明日，千秋封上众议，不敢自专。光于是以千秋擅召中二千石以下，外内异言，遂下廷尉平、少府仁狱。朝廷皆恐丞相坐之。太仆杜延年奏记光曰："吏纵罪人，有常法。今更诋吴为不道，恐于法深。又，丞相素无所守持而为好言于下，尽其素行也。

至擅召中二千石，甚无状。按汉制，汉相尊，得主持廷议，上奏皇帝，若无大故，丞相之奏，靡有不听。"

光曰："丞相此为，与素行不和，于我得无不利乎！"延年曰："愚以为丞相久故及先帝用事，非有大故，不可弃也。间者民颇言狱深，吏为峻诋；今丞相所议，又狱事也，如是以及丞相，恐不合众心，群下讙哗，庶人私议，流言四布。延年窃重将军失此名于天下也。"光以廷尉、少府弄法轻重，卒下之狱，以前左冯翊贾胜胡前纵谋反吏民，心暗怨之，以此案为契机而一并下狱。而不以及丞相，终与相竟。汉制：大臣下狱，靡有全者。夏，四月，仁自杀，平与前左冯翊贾胜胡皆腰斩，光一日害三卿，百官皆惧光之严。

时政事壹决大将军光，千秋居丞相位，谨厚自守而已。每公卿朝会，光谓千秋曰："始与君侯俱受先帝遗诏，今光治内，君侯治外，宜有以教督，使光毋负天下。"千秋曰："唯将军留意，即天下幸甚。"终不肯有所言，光以此重之。每有吉祥嘉应，数褒赏丞相。讫昭帝世，国家少事，百姓稍益充实。

昭帝初年，千秋知辅政四大臣之彼此内在矛盾，依违其间，众辅臣敬丞相之恭谨少言，虽内讧激烈，皆不及丞相，丞相能得无患。然日䃅毒死，上官、盖主、桑以谋反诛，大臣有声望者唯车丞相也，虽于光无害，但位高德重，久任丞相，为百僚所敬仰，故光深忌之，欲中以法，以去逼。少府徐仁之狱，便为光之手段。非杜延年谏，丞相几下狱也。

然丞相无子，少府徐仁便为丞相入赘女婿，丞相视之如亲儿。徐仁为九卿，通经术，善决大狱，与京兆尹隽不疑齐名，于朝廷甚有声望，众卿皆以为不如也，百官皆以三公期许之。丞相甚重徐仁，家国大事，必与徐仁谋之而后定。故徐仁下狱，丞相一改往素之恭谨无为，锐意救之，召中二千石、博士会公车门，议问吴法，以便为徐仁地。

然大将军光虽未下丞相狱，亦欲敲打丞相，知丞相素重少府徐仁，故下徐仁于狱，终致徐仁自杀，以此打击丞相。丞相年尊体弱，丧婿之痛，必不能堪。果如大将军之所料，徐仁自杀后，车丞相终日郁郁，饮食骤减，不久生病。一月后，薨，田千秋为相十二年，谥曰定侯。初，千秋年老，昭帝优之，朝见，得乘小车入宫殿中，故因号曰"车丞相"。

昔日，千秋为诸生时，尝宿人门外。主人妇夜产。有顷，两吏诣门，便辟易却，相谓曰："公在此。"踌躇良久，一吏曰："籍当定，奈何得住？"乃前向千秋拜，相将入。出并行，共语曰："当与几岁？"一人曰："当三岁。"天明，千秋去。后欲验其事，至三岁，故往问儿消息，果已死。千秋乃自知当为公。

千秋上书武帝谏卫太子事，帝立拜千秋为大鸿胪，然千秋不知何时能为公也！千秋初在大鸿胪之位，梦坐大殿，极上有三穗禾，千秋跳取之，得其中穗，辄复失之。以问东海萧望之①，望之离席庆曰："大殿者，宫府之形象也。极而有禾，人臣之上禄也。取中穗，是中台之位也。于字禾失为秩，虽曰失之，乃所以得禄秩也。衮职有阙，君其补之。"旬月而千秋拜相焉，乃辟望之为掾。

望之素与大将军亲吏杜延年善，杜延年荐之大将军。先是，左将军上官桀与盖主谋杀光，光既诛桀等，后出入自备。吏民当见者，露索去刀兵，两吏挟持。望之不肯听，自引出阁曰："不愿见。"吏牵持匈匈。光闻之，告吏勿持。望之既至前，说光曰："将军以功德辅幼主，将以流大化，致于洽平，是以天下之士延颈企踵，争愿自效，以辅高明。今士见者皆先露索挟持，恐非周公相成王躬吐握之礼，致白屋之意。"大将军有不悦色。

望之续言曰："车丞相素恭谨，先帝所敬，丞相召廷议议问吴法，乃真宰相事，君虽为大将军，然为内臣，丞相乃副天子，助天子理万机，为百官之首，大将军亦应听丞相之号令，安能对丞相加罚乎？"大将军大怒，曰："吏，促持此人下狱！"杜延年谏曰："望之为丞相掾，为丞相挺言，乃其职

---

① 萧望之字长倩，东海兰陵人也，徙杜陵。好学，治《齐诗》，事同县后仓且十年。以令诣太常受业，复事同学博士白奇，又从夏侯胜问《论语》《礼服》。京师诸儒称述焉，曾由车千秋辟为掾，千秋卒后免。

第二十推　伴食相不终德而薨　持法严择相取老弱 | 81

也,虽言直,乃激愤而发,非欲诽谤大将军。大将军持刑严,天下人已有私议,于国事不敢进直言,若望之下狱,必当堵塞言论,愿大将军原之以广言路。"大将军素敬杜延年,仓促之间,免望之官而已。后三岁,望之以射策甲科为郎,署小苑东门候。

光尽诛桀、安、弘羊、外人宗族,燕王、盖主皆被迫自杀,后光威震海内。千秋薨后,时大将军专制,所为多侵犯皇权,择丞相重谨守无为,以便己之专权,故大臣凡有廉节者皆不愿为丞相。汉制,御史大夫为丞相副,丞相罢职或病薨,则御史大夫顺升为丞相也。田丞相薨后,时王䜣①为御史大夫。

王䜣与盖主、上官桀素善,颇不满大将军专权,故力辞丞相之任,托以年老枕疾,死在旦夕。大将军以王䜣年老易制,且由御史大夫升任丞相,乃故事也,若他人拜相,未易控制,故诏报不许。王䜣谓所亲曰:"我若为丞相,将为后代所哂,为泉下上官桀父子所嗔,义不敢拜也。"昭帝遣使喻意,自元凤四年春至夏,诏书屡下,王䜣固守所执。秋,复上疏,以疾病乞骸骨,上御史大夫印绶。章表十余上,朝廷不许。昭帝临轩,遣侍中金建、黄门郎丁修征䜣。䜣陈疾笃,使子王谭对曰:"臣䜣不幸有公族穆子之疾,天威不违颜咫尺,不敢奉诏,寝伏待罪。"自旦至申,使者十余反,而䜣不至。

时昭帝年十五岁,甚倦,问左右曰:"所召人何以至今不来?临轩何时当竟?"君臣俱疲弊。大将军怒诏曰:"必不来者,宜罢朝。"使田延年劾奏:"王公傲违上命,无人臣之礼。若人主卑屈于上,大义不行于下,亦不知复所以为政矣。"于是公卿合奏曰:"御史大夫䜣以常疾,久逭王命,皇帝临轩,百僚齐立,俯偻之恭,有望于䜣。若志存止退,自宜致辞阙庭,安有人

---

① 王䜣,济南人也。以郡县吏积功,稍迁为被阳令。武帝时,军旅数发,郡国盗贼群起,绣衣御史暴胜之使持斧逐捕盗贼,以军兴从事,诛二千石以下。胜之过被阳,欲斩䜣,䜣已解衣伏质,仰言曰:"使君颛杀生之柄,威震郡国,今复斩一䜣,不足以增威,不如时有所宽,以明恩贷,令尽死力。"胜之壮其言,贳不诛,因与䜣相结厚。胜之使还,荐䜣,征为右辅都尉,守右扶风。帝数出幸安定、北地,过扶风,宫馆驰道修治,供张办。武帝嘉之,驻车,拜䜣为真,视事十余年。昭帝时为御史大夫。

君卑劳终日而人臣曾无一酬之礼！悖慢傲上，罪同不臣。臣等参议，宜明国宪，请送廷尉以正刑书。"

䜣惧，率子弟素服诣阙稽颡，躬至廷尉待罪，杜延年请之于大将军，大将军意解。大将军诏曰："王䜣先帝所重，若遂致之于理，情所未忍，听其任职。"王䜣不敢再辞，遂代车千秋为丞相，封宜春侯。多称疾不视事，大将军安之。然明年薨，谥曰敬侯，大将军加礼，丧葬赗赠甚厚。生子谭，谭孙女配王莽为夫人，王莽则篡前汉社稷矣。

王䜣薨后，杨敞代为丞相也。杨敞，华阴人也，给事大将军幕府，为军司马，霍光爱厚之，稍迁至大司农。元凤中，稻田使者燕仓知上官桀等反谋，以告敞。敞素谨累事，不敢言，乃移病卧。以告谏大夫杜延年，延年以闻。仓、延年皆封，敞以九卿不辄言，故不得侯。然霍光仍感激其功，后迁御史大夫，以亲吏且易制故，代王䜣为丞相，封安平侯。敞妻司马英，太史公司马迁之女也，贤明而丑，敞始见愕然，交礼毕，无复入意，妻遣婢觇之，云"有客姓霍"，妻曰："是必霍子孟，将劝使入也。"既而，霍果劝之。允入，须臾便起，妻捉裾留之。敞顾妇曰："妇有四德，卿有其几？"妇曰："新妇所乏唯容，士有百行，合有其几？"敞曰："皆备。"妇曰："士有百行。以德为首，君好色不好德，何谓皆备？"敞有惭色，知其非凡，遂雅相亲重。

司马氏颇智，杨家娶妇之夕，有贼来穴壁，已入矣，会其地有大木，贼触木倒，破头死，烛之，乃所识邻人，仓惶间，惧反饵祸。司马氏曰："无妨。"令空一箱，纳贼尸于内，舁至贼家门首，剥啄数下。贼妇开门见箱，谓是夫盗来之物，欣然收纳。数日夫不还，发祝，乃是夫尸，莫知谁杀，圆密瘗之而遁。

司马氏传父司马迁之艺，亦晓家术。司马氏虽贵为丞相夫人，亦亲家务，晨诣爨室，卒有暴风，妇便上堂从姑求归，辞其娘家之亲。姑不许，乃跪而泣曰："家世传术，疾风卒起，先吹灶突及井，此祸为妇女主爨者，妾将亡之应。"因著其亡日。乃听还家，如期病卒，此为后话，作为异闻，言之在先耳。

第二一推

英明帝多责难国事　　强臣辅持权怒弱主

　　霍光任相皆出己之私意，所用多老弱易制或己之亲吏也。长此往之，群议不孚，英主必不能堪也。司马光曾言："以孝昭之明，十四而知上官桀之诈，固可以亲政矣。"刘向言："光亡周公之德，秉政九年，久于周公，上既已冠而不归政，将为国害。"周公上圣，成王至明，然成王尚信谗而致周公东奔。昭帝英锐，察上官、盖、旦等之奸，故大将军得以无患。昭帝冠后，大将军应及时归政也。然恋权不放，昭帝为英主，渐习国政，多所责问，主辅间必多龃龉，终究起冲突也。大将军恋权，因去患而起邪谋，故昭帝不得其死也。

　　昭帝少聪颖，五岁时，武帝病痈，帝亲为吸之。武帝问何感焉，帝答："代亲之感，内切于心。"时巫蛊之祸已作，卫太子父子皆亡，储位悬旷，武帝恃帝聪颖，有传后意，以帝年幼，不便直言，心默之累年，故意持严法以去其逼，李广利与刘丞相私议请立昌邑王，武帝皆族之，群臣不敢言立储事，武帝意在临崩径直立幼子也。

　　武帝病重，私言与帝曰："汝年幼，政事一托宰辅，汝不得措手，汝应用心默学之，渐明治国之道。然宰辅权虽重，大权不可旁落，事事虽皆从宰辅决，然决事之名义皆出自于汝，万事正名为先，让百官吏民皆知汝为至上之尊也。大事虽决于宰辅，汝亦应难问之，一则学习之，二则让宰辅有所畏惧也。"帝领之，又问曰："待宰辅何礼？"武帝曰："公堂之上，待之以臣礼，明君臣之上下尊卑；私会之所，待之以师礼，明重贤之道。"帝问曰："若宰辅有异，当何处之？"武帝曰："今人心向汉，祖宗之德泽深厚，宰辅何与焉？乃受吾顾托也！若其有异，诛之无赦也！决心若下，以雷霆之势而厉行之，迟疑则生变也。"帝涕泪领之。

元凤四年春正月，帝加元服，汉制，加元服则宣告成年，可亲政也。大将军光惧世之舆论，又知汉室祖宗福泽深厚，故帝加元服后，大将军宣称归政。然诸霍及群婿皆盘根错节，据于朝廷，众皆知大将军归政非诚心也，乃慑于公论之虚伪表举。虽如此，大将军虽内决天下之事，然大事须向昭帝外请也！昭帝亲政，于大将军之请事，多所责问，大将军不学无术，往往不能答。

昭帝既益明习国家事，朝而问大将军曰："天下一岁决狱几何？"光谢曰："不知。"问："天下一岁钱谷出入几何？"光又谢不知。帝责曰："君持权多年，钱谷、决狱事竟不知，何以渎职如此？"光汗出沾背，愧不能对。帝又问之："高帝崩，葬毕，群臣即上尊号高皇帝，庙号高祖。文帝崩，景帝元年十月，群臣即上尊号文皇帝，庙号太宗。帝功盖天下，文治武功皆有可称，不逊高祖、太宗，且临御天下五十四年，崩近十载，庙号为何不立？"光唯唯，不敢对而出。

后帝又问之："元凤三年春正月，泰山有大石自起立。上林有柳树枯僵自起生，有虫食其叶成文，曰'公孙病已立。'此为何意？"光对曰："符节令鲁国眭弘上书言：'大石自立，僵柳复起，当有匹庶为天子者。枯树复生，故废之家公孙氏当复兴乎？'"昭帝问之："僵柳、枯树之变，乃公孙氏由布衣升为天子，其况何解？"光谢不知。

帝问："眭弘何在？朕欲亲问之！"光对曰："弘坐设妖言惑众伏诛！"帝

问曰："朕欲亲问之，卿何擅自专诛如此？"光对曰："弘之妖言传播甚快，危害社稷，不暇奏请，臣谨诛之。"帝问："春秋曰：'防民之口甚于防川，为治者导民使言也。'朕忆董仲舒曾言：'汉家尧后，有传国之运。汉帝宜谁差天下，求索贤人，禅以帝位。'先帝用法严，尚且容仲舒，弘之言不如之甚，为何诛之？"光战栗怖惧，无言叩头而退。

光私语太仆杜延年曰："今天子聪慧，加元服后，事事躬亲，多所责问，吾才疏学浅，不能答，汗流浃背，愧疚无比，吾不可多对天子也。卿有何策，可脱吾之危难？"杜延年曰："天子亲政，责问之事不可避免，若要避之，则托以天子须学习，为之选帝太傅，授以经义。"光问曰："此策何解？"杜延年曰："天子专力于学习，则问难之事少矣；再则，经义中多有君臣之义，尤其君待臣以礼，臣事君以忠，暗责太傅讽之，天子聪颖，必当理解，则君无忧矣。"光从之，立荐太常刘德①兼帝太傅，授经义于帝。太常刘德心向帝室，知主、辅间之嫌隙，颇调解之，故主、辅之矛盾得以缓解，政局表面尚为平和也。

光同时荐韦贤②兼帝少傅，韦贤为博士，与太仆杜延年善。时，大将军忧帝与己有隙，知帝聪慧，惧后患，久之，遂得病。韦贤私问杜延年曰："大将军疾，三月不愈。吾闻为下之道，上疾下忧，且大将军遇吾厚，疾之无瘳，惟公卜焉。"杜延年曰："大将军勤劳皇室，功盖天下，必当得汉先宗保佑，定能不死。"韦贤问曰："何以知之？"杜延年曰："以理推之。"韦贤曰："吾颇通药理，子曰'君子不器'，故人不知之也。"杜延年曰："善，吾立言之大将军也。"

杜延年言于大将军曰："今博士韦贤善药理，大将军久疾矣！朝野生异

---

① 刘德字路叔，宗室子，父辟强。修黄、老术，有智略。少时数言事，召见甘泉宫，武帝谓之"千里驹"。昭帝初，为宗正丞，杂治刘泽诏狱。父为宗正，徙大鸿胪丞，迁太中大夫，后复为宗正，杂案上官氏、盖主事。德常持《老子》"知足"之计。妻死，大将军光欲以女妻之，德不敢取，畏盛满也。

② 韦贤字长孺，鲁国邹人也。其先韦孟，自孟至贤五世。贤为人质朴少欲，笃志于学，兼通《礼》《尚书》，以《诗》教授，号称邹鲁大儒。征为博士、给事中，进授昭帝《诗》，稍迁，至大鸿胪。

心，若不时愈，必当得大患。"大将军从之，见韦贤。韦贤入见，适遇大将军之便，杜延年奉溲恶以出，逢户中。韦贤因拜："请尝大将军之溲，以决吉凶。"即以手取其便与恶而尝之。因人曰："下臣贤贺大将军，大将军之疾半月有瘳，至一月病愈。"大将军问曰："何以知之?"韦贤曰："下臣尝事师，闻粪者顺谷味，逆时气者死，顺时气者生。今者臣窃尝大将军之粪，其恶味苦且楚酸。是味也，顺应春夏之气，臣以是知之。"大将军大悦，曰："仁人也。"韦贤得以由博士立迁光禄大夫詹事。

刘旦谋反时，帝鉴刘旦为兄，欲原之而赦为庶人，大将军光执不从。杀盖主时，帝鉴于盖主为长姊，且于己有养育之恩，己幼失父母，长姊如母，涕泪固请于大将军，大将军亦执不从。上官、桑、盖、旦狱后，大将军惧群臣谋己，用法严，屡起大狱，天下人皆畏大将军之威。故帝愤大将军光之专，亦怒大将军杀己之兄姊。

少府徐仁昔兼帝少傅，授帝书于禁中，帝甚亲徐仁，帝幼孤，常自投于徐仁之怀抱。车丞相老，少言，帝敬之，屡私荐其婿徐仁于帝，因大将军秉政，帝私面许亲政后用之为公。大将军知之后甚不平，故以议问"桑弘羊侯史吴"法之事，下徐仁于狱以去逼。汉制，大臣下狱，靡有全者。故徐仁自杀，车丞相感徐仁之死，郁郁而终。此为大将军一石二鸟之计也!

帝素亲近徐仁，以徐仁之死，意殊不平，私下与日䃅二子侍中金赏、金建谋罢大将军。金赏、金建与帝年龄相仿，自幼与帝同长，常共卧起，帝殊为信任之。金赏、金建以霍光、上官桀曾合谋毒杀父，上官桀虽诛死，然霍光在，欲报之。且霍光专权，处处专制帝，裁撤近侍，帝意不满，欲废大将军，两兄弟谋权势兼复仇，私赞成之，暗地与帝时时出筹策。

帝喜戏，颇养侏儒于宫中，大将军闻之，不绝帝欢，意欲帝沉湎于戏，则国事少所上心，便大将军专权也。时大将军专权，侏儒有见帝者曰："臣之梦践矣。"帝曰："何梦?"对曰："梦见灶，为见帝也。"帝怒曰："吾闻见人主者梦见日，奚为见寡人而梦见灶乎?"对曰："夫日兼烛天下，一物不能当也。人君兼烛一国，一人不能壅也，故将见人主者梦见日。夫灶一人炀焉，则后人无从见矣。今或者一人，有炀陛下者乎？则臣虽梦见灶，不亦可乎！"帝知侏儒讽指大将军霍光专权也，不语，心许之。大将军闻之，以他罪私杀侏儒也。

元凤六年冬，大将军颇闻金氏兄弟之谋，知两兄弟与帝幼年同长，情同兄弟，杀之帝必怒，故仅去逼而出之于外，任边远郡守，明迁实远贬也。帝虽不满，奈何权在其家，己虽亲政而未握实权，无如其何，然私信闻讯不断。大将军往往派人私劫之，私信多讨论废大将军辅政事，大将军怒之，专断愈甚，帝渐不能堪。

适三辅奏："北界有堕龙入村，其行重拙，入某绅家。其户仅可容躯，塞而入。家人尽奔。登楼哗噪，铳炮轰然。龙乃出。门外停贮潦水，浅不盈尺。龙入，转侧其中，身尽泥涂，极力腾跃，尺余辄堕。泥蟠三日，蝇集鳞甲，观者如堵。"帝闻而恶之。何哉？帝亦龙也，今龙堕地而不能起，寓意帝不吉乎。

时长安小儿谣言曰："汉兴百有余年，有人不短不长，出自燕之乡，持天下之权政，时有婴儿主昭，却行车，不得前。"传之宫禁，帝闻，知大将军之权势将成，己有名无实，甚怒恶也，思以对之。

北海郡奏："元凤元年，有马生人。"三辅奏："元凤三年，牡马生子而死。"京房易传曰："方伯分威，厥妖牡马生子。上无天子，诸侯相伐，厥妖马生人。"帝闻奏大惊，知权柄在下，己为傀儡也。

元凤六年，齐国奏："齐雍城门外有狗生角。"京房易传曰："执政失下，将害之，厥妖狗生角。"帝遂深感危机，欲有大处分也。

第二二推

不忍愤昭帝伐霍光　恶辅忌帝不得其死

　　帝见威权日去,亲信日离,动辄受制,不胜其忿,乃召丞相杨敞、车骑将军张安世、宗正刘德、博士韦贤等,谓曰:"霍光之心,路人所知也!先帝十六便亲政,吾年已二十,尚被大将军视为孺子。盖主、上官氏等族诛后,大将军光专权自恣,有无上之心,吾不能坐受控制,今日当与卿等谋废之,内事归安世,外政归丞相。"刘德谏曰:"昔鲁昭公不忍季氏,败走失国,为天下笑。今权在其门,为日久矣,朝廷郡国官吏,多出其门,宿卫之将,皆为其子侄姻亲。陛下何所资用?而一旦如此,无乃除疾而更深之邪!祸且不测,宜再思之。"

　　帝怒,出怀中诏书投地曰:"吾为天子十有二年,天下吏民皆信向。正使惧事不成而不敢有为,若吾决意行之,天下人必当景从,大将军又何能有为!"帝于是率领宫中亲近宿卫鼓噪出宫门讨伐大将军光。

　　昭帝率众鼓噪而出,欲讨大将军光,开国以来未曾见也,长安城内局势岌岌。议郎王生与妻子诀曰:"食人之禄者,死人之事,大将军为政多年,百僚畏之,不顾逆顺之道,竟为之尽力。今帝出讨大将军,必败。虽此,吾不可复生，必以尸谏大将军，欲让大将军知天下之公道及吏民所向，不敢轻易废弑人主也。"议郎田启、辇郎刘向①与议郎王生比舍居，刘向与其父刘德同居。昭帝出伐大将军之际，三郎官私聚于刘向家，田启陈说大义，刘向亦奋激慷慨，王生独流涕不言，三人皆同约殉国。

刘向之兄德民言于其父太常德曰："吾弟能死，是大佳事。"德曰："不然，独王生死耳。"语未毕，隔墙闻田启呼："外喧甚，谨视豚。"德顾与其子曰："一豚尚不能舍，肯舍生乎？"

须臾王生舍哭，饮鸩死矣。留遗表曰："周公受托，摄行政当国，南面朝群臣，辅政七年而归政成王，北面拜成王而无愠色，后成王疑之，亦东奔而已，深得君臣之礼。大将军受帝托孤，托者，代理也。昔天子十四岁，独辨大将军之冤，割恩断法，远桀、盖、旦。今天子已冠，聪睿神武，百僚莫不归心。而大将军虽名曰归政，事事皆专之，天子徒有虚名也。今汉家海内一统，四夷归心，凡权臣专政跋扈者，皆未有善终也。惠文际之吕禄、吕产，武帝时之田蚡，结局何如？今大将军专政，欲危天子，大僚皆结舌不敢言，吾小臣明言之，劝大将军诚心归政。特自杀以明吾心！"王生托其子将遗表交由刘德上之。

丞相杨敞、车骑将军张安世等闻昭帝鼓噪出，奔走告大将军光，呼太常刘德从，刘德不从。时光婿未央宫卫尉邓广汉、长乐卫尉范明友执掌宫省宿卫，闻之大惊，立派侍卫阻挡，遇帝于宫省门口，两队僵持，剑拔弩张，但均不敢动也。

大将军光闻之大惧，于府中召群僚、子侄女婿谋之。大将军知天子与己彻底决裂，且天子聪颖，若不废天子，则不便己专权也，大将军曰："少帝荒病昏乱，不可以处大位，承宗庙，诸君有不同者，下异议！"张安世曰："天子已立十二年，英名闻于天下，若废之，恐天下人皆不服也，此举应慎之又慎！"丞相杨敞曰："安世之言，大将军似应细思之。"御史大夫田广明

---

① 刘向字子政，本名更生。年十二时，以父德任为辇郎。

言："武帝临终托孤于大将军，大将军行周公事，若大将军废天子，则大将军诚信丧失，英明毁灭。且百年后无以对武帝，届时武帝若问：'孺子何在？'大将军将何以为答？"

大将军如厕，示意杜延年随之。延年见状，紧随之。大将军私问曰："今天子公然讨伐，吾当立解职归家矣！"延年曰："大将军忘子侄群婿乎？"大将军曰："不能忘。"杜延年曰："大将军处骑虎之势，若解职归家，则家族之祸立至，恐人身亦不能保也。"大将军问："事能至此否？"杜延年曰："事必至此也！"大将军颔之，遂无退却之意。

众人皆不同意废天子，适王生之尸谏遗表至，众人传阅，私下皆叹之。大将军览之意沮，不得已曰："然此事何解？"太仆杜延年曰："天子素号聪颖，今如此，必为小人所惑，今势急，大将军须亲临宫省，嚎哭请罪，则天子必当内惭。今天子圣明，彼得台阶下，事当得已，后续之事，再徐图之。"众曰："善！"

议定，大将军率群臣立赴宫省，只见天子及众随与未央宫卫尉邓广汉、长乐卫尉范明友等皆剑拔弩张，情势岌岌可危。大将军立斥邓广汉、范明友，言不得对天子无礼，两边素畏大将军之威，皆罢弓矢，收剑入鞘。大将军嚎哭长跪请罪曰："陛下，今日事乃老臣之罪，臣请陛下立即回宫，明日，臣将稽首上表归政。"群臣见大将军长跪，亦不敢不跪，见大将哭，亦不得不哭以助其悲。

帝素仁，见此，思："大将军辅政十二年来，虽为政颇专，诛罚甚猛，然皆依汉法而行，君臣之礼始终未怠，海内富庶，大将军之力也。且众臣皆在，若此时公然剥夺大将军权力，则损己德，即使剥夺之，大将军亦恐不从也。大将军威震天下，臣庶不顾顺逆之礼，竟为之用，恐未夺权成功，先于己有害矣。"思此，帝曰："大将军与众臣皆起，吾立即回宫矣。"

事遂得已，然影响巨大。大将军虽恋权，帝、辅对峙时，大将军公然许诺归政。次日，大将军上表稽首归政。亲随、众臣皆知大将军非诚心，乃既出口于众，为取信于众而不得已为之耳。然帝甚怒大将军，大将军表一上，帝便立从之，诏厚待霍家，知太常刘德心向帝室，故派其宣旨于大将军，大将军口虽不言，心大怒，当即掷帝旨于地。

大将军开廷议，佯议归政后之安排。丞相杨敞、车骑将军张安世纷纷劝阻大将军归政，群臣亦知大将军归政非诚心，纷纷应和，群表忠心。大将军悦，上群臣驳大将军归政之议于昭帝，独太常刘德未署名。帝见群议，知大将军之羽翼已成，不可撼动，故顺水人情，勉为下诏挽留大将军，大将军依旧秉政也！

诸多问难事后，大将军颇忌帝之英武，然不敢弑君；对峙事后，大将军于君臣之礼颇懈怠。群臣效之，帝欲有所言，几无人应和，孤天子悬于上，不足为大将军惧。然太常刘德素不附己，大将军思欲去之。刘德为宗室少有之德者，行素洁，为群臣敬仰。刘德兼行帝太傅之职，亦为天子所重。大将军欲中刘德于事，因刘德为太常，掌宗庙祭祀，若渎职，则可去之。大将军素惧高庙神灵，不敢犯，文帝生前仁德，可犯之，故安排其兄孙霍山暗放孝文庙火。大火见于未央宫，孝文为太宗庙，百世不迁，帝闻火大惊，与群臣皆素服，发中二千石将五校作治，费六日重建，乃成。太常及庙令丞、郎、吏，帝之近侍皆被劾大不敬，下狱；大将军欲致众于法。

昭帝患之，思所以救之，周围皆霍光之人，无人能与谋。然帝聪慧，思以宗庙火为由而大赦天下，此亦为汉家故事，大将军必不敢阻断。故帝坚欲下大赦诏，曲赦众官，大将军果不敢驳诏旨。会赦，太常刘德免为庶人，庙令丞、郎、吏及帝之近侍皆远徙，近侍皆换为霍氏亲近者，帝知之而无如其何。然此时侍中尚有金赏、金建之族弟，即日䃅之弟金伦之子金仁，亦为帝所信任。然其私心常在霍光，处处为霍光地，为霍光之耳目，监督帝，帝之言语举止皆一一私闻于霍光，帝不知，亲近之。帝知周围多霍光之党，为之所控，郁郁不欢也。

时帝年已二十，上官皇后年十四，大将军光欲皇后擅宠有子，时帝体小有不安，左右及医皆阿意，言宜禁内，仅能与皇后交。虽宫人使令皆为穷裤，多其带，后宫莫有进者。然帝富于春秋，早通人事，上官后因年幼不能满足帝欲，宫人皆为穹裤，故帝时时欲出宫寻花问柳。此君臣对峙事前，大将军欲皇后有子，苦禁止之，对峙事后，杜延年为霍光谋，纵帝放欲而伤身，终当陨其性命，弑天子于无形。大将军从之。

上文已述，前汉两性开放，上官安之私生活糜烂。安曾向大将军进言："昔管仲治齐，设官妓院七家，天下商旅、行人闻之，纷至齐国，齐因此商业繁荣，民不加赋而国用饶，妓院、妓女感管仲之恩，私祀管仲也。今天下一统，亦应于长安设官妓，西域、匈奴等诸国闻之，生羡慕之心，纷至长安，必将繁荣经济，消除战乱。皇室、官吏欲嫖娼者，限之于官妓院，亦渐免良家妇女被奸。当今既罢盐铁之政，又不多征民间税赋，若设官妓院则民不加赋而国用足。"

霍光从之，于长安尚冠里初设官妓院十家，由上官安掌之，桀、安父子素好淫，流连忘返，桀为次辅，公然倡淫，官吏多应之，四夷闻之，皆慕之，故尚冠里生意火爆，昭帝末年，已成数十家矣。帝长于大内，未经人事，初出宫，便乔装与金仁流连于尚冠里之烟花柳巷中，帝素苦大内生活无趣，喜外间世界之丰富多彩，故流连忘返。侍中金仁承霍光意，时时导帝游乐。帝长期纵欲酗酒，元平元年春，体已大不安，御医皆阿大将军意，曰帝体素壮，无害也，故帝甚不在意。然元平元年夏，帝已如空壳，油尽灯枯，身体极度衰弱，突有一天于宫中倒地，目睁而口不能言。金仁立言于大将军，大将军率群臣急奔往，枕帝股而哭极哀，曰："臣有负于先帝之托，陛下夭折，臣死罪也。"

帝闻大将军语，怒瞪眼，手狂指大将军，大将军甚惧。为存君臣和谐之迹，大将军亲作策，请命于高庙，愿以身代，祝曰："惟尔玄孙某，遘厉虐疾，高祖神灵，是有丕子之责于天，吾虽不才，能事鬼神，而玄孙尚幼，不能事鬼神。请吾贱身代玄孙，玄孙得愈，社稷有依，四方之民，罔不祇畏。我先帝亦永有依归。今我即命于元龟，尔之许我，我其以璧与圭，归俟尔命。尔不许我，我乃屏璧与圭。"藏策金縢，置于前殿，敕诸公卿勿敢言。

然有何效？须臾，帝崩。时元平元年夏四月，帝崩于未央宫，无嗣。太仆杜延年宣言于众曰："帝崩前，眼望大将军，手亦指大将军，意在由大将军确认继嗣，国事皆托付于大将军也。"众臣曰："唯大将军令！"

然天下之私言不已，妄言大将军对峙事后，怀恨在心，害昭帝，故帝夭崩。大将军患之，谋于太仆杜延年曰："今帝中道而崩，天下人皆指吾，吾何以解之？"太仆曰："昔周公摄政，成王年少得病，周公祷河欲代王死，藏祝策于府，敕令史氏秘之。后成王用事，受流言，曰周公不利于孺子，致周公东奔，成王发府，见周公祷书，乃泣，反周公。前帝病，大将军亲为请命，若大将军集群臣，亲发策，传示之于群臣，则众议息矣。"大将军从之，集众臣，亲至高庙前殿，发请命策，涕泪传与群臣观之，群议乃息。

昭帝崩，大将军去掉最大之逼及心病，为显示帝、辅之无隙，大将军召回帝旧日之臣、侍中、亲近，复其等原职。金建、金赏得为侍中，刘德再为宗正。诸旧臣感大将军不计前嫌之恩，反更为大将军所用也。

第一三推

便专权越次立昏帝　群小谋渐夺强辅权

　　国不可一日无君，昭帝崩后，时武帝子独有广陵王胥，王本以行失道，帝所不用，大将军光与群臣议所立，咸推广陵王。胥为昭帝兄，若即位，当嗣武帝后，昭帝之上官后则不能称太后，应为昭帝皇后，光不能以太后之名义发诏令也。且广陵王胥强力，已立三十多年，若为帝，则长君临朝，光之独掌朝政之局必破，广陵王之群臣攀龙附凤，则光之亲党、子婿须让位也，故光内不自安。

　　光私言于太仆杜延年曰："吾受先帝顾托辅政已十三年，今帝崩无后，群臣咸持广陵王，广陵王至，吾便归政，从此处散地，深远权势。"光言时，声音虽厉，而神采内和。杜延年正色责曰："君忘先武帝之重托乎？武帝托孺子予君，望君成就尧舜之世，今孺子中道崩而无嗣，广陵王胥为武帝所不用，若立之，泉下之武帝必不满矣。大将军百年后，何以面对武帝？且君尝与吾言，武帝私昌邑王，临崩前私言，若孺子不幸无嗣而崩，则应立昌邑王之后，亦可见武帝明见万里。"光曰："武帝临崩，确对吾单独有遗言，曰'若嗣帝崩而无后，则应立昌邑王贺'，然此为武帝之私语，大行皇帝在位时，吾未敢将此事倡言于众，虽武帝之言验矣，然众未必信之。"杜延年曰："吾知，君待之。"光会意不言。

杜延年私以美官诱使议郎田启上言："周太王废太伯立王季，文王舍伯邑考立武王，国初周、陈舍齐王立代王，唯在所宜，虽废长立少可也。广陵王为武帝所不用，不可以承宗嗣。"言合光意，即日擢郎为九江太守，杜延年又将光私意暗示群臣，众遂知大将军意之所向。

光遂召丞相、御史、将军、列侯、中二千石、大夫、博士会议未央宫。以其书示丞相敞等，敞等知武帝素爱昌邑王刘髆，广陵王胥多过失而为所弃，武帝威德尚在人间，且大将军持法严，凡逆大将军意者，多不得善终，故丞相敞等从之。宗正刘德谏大将军曰："小臣掌宗正，知贺之为人，在国素狂纵，动作无节。昔武帝之丧，贺游猎不止。尝游方与，不半日驰二百里。无日不游猎，不好书术而乐逸游，如此之人，安能承宗庙社稷乎？大将军不可再思乎？"

光因之而思："若昌邑王尊礼法为贤主，如国朝初，陈、周立文帝，文帝登临不久即发难，周辞职，陈专任丞相。后陈薨，周继任为丞相，不久免相就国，一狱吏便制之。若立贤，吾殆矣！今昌邑王素好游乐而不乐书，若征之至京师，以声色犬马诱之，昌邑王必怠国政，己则可继续专权也。"思至此，坚欲立贺，不用刘德言。即日承皇后诏，遣行大鸿胪事少府乐成、宗正德、光禄大夫吉、中郎将利汉，迎昌邑王贺，乘七乘传诣长安邸。光又白皇后，迁右将军安世为车骑将军。

征书至昌邑国，夜漏未尽一刻，兹事体大，昌邑王以火发玺书，玺书曰："制诏昌邑王：使行大鸿胪事少府乐成，宗正德、光禄大夫吉、中郎将利汉征王，乘七乘传诣长安邸。"王立召群臣议之。舍人金胜曰："王万不能赴征也！"昌邑王曰："何哉？"金胜曰："孝昭之崩，群情哗然，大将军不能无疑，天下皆惑焉！且京师多有为大将军称说天命者，如符节令鲁国眭弘上书，言：'汉家承尧之后，有传国之运，当求贤人禅帝位，退自封百里，以顺天命。'弘虽坐设妖言惑众伏诛。然此为大将军求自解，惧天下人私议也，大将军内心未必不欲之。然如此之言，愈演愈烈，恐大将军暗中推波助澜也，故王不可去，恐如昭帝不得其死也。且大将军专断天下，十有三年，王赴京师，虽立为帝，恐为傀儡，诸事多不得自专，不如为王自在也。"

宾客牟牟曰："大将军用法严，盖主、桑弘羊、上官氏与大将军争权，皆家族诛，燕王旦披诛失国。后大将军威震天下，天子拱手，大将军权制天下之命。王上赴京师，能事事听大将军摆布乎？若不能，必当争权，争权能争过大将军乎？若争不过，恐为布衣而不可得也！"众议哗然，多不愿王赴征。

中尉王吉曰："众人皆误也！大将军仁爱、勇智、忠信，天下莫不闻其德；事孝武皇帝二十余年，未尝有过。先武帝弃群臣，属以天下，寄幼孤焉。大将军抱持幼君襁褓之中，布政施教，海内晏然，虽周公、伊尹无以加也。今帝崩无嗣，大将军惟思可以奉宗庙者，攀援而立大王，其仁厚岂有量哉！"

郎中令龚遂①曰："臣闻高宗谅暗，三年不言。今大王以丧事征，宜日夜哭泣悲哀而已，慎毋有所发！臣愿大王事之，敬之，政事壹听之，大王垂拱南面而已。愿留意，常以为念！"师王式曰："大将军年尊，王忍数年，大将军薨后，则王可亲政，制断国事也，亦可将帝位传之万世。故就征后，大王垂拱无为，事事皆关大将军即可也。"

龚遂、王吉②、王式③齐曰："今征书至，若不就征，汉宗室宜即位者甚

---

① 龚遂字少卿，山阳南平阳人也。以明经为官，至昌邑郎中令，事王贺。贺动作多不正，遂为人忠厚，刚毅有大节。内谏争于王，外责傅相，引经义，陈祸福，至于涕泣，謇謇亡已。面刺王过，王至掩耳起走，曰："郎中令善愧人。"及国中皆畏惮焉。

② 王吉字子阳，琅邪皋虞人也。少好学明经，以郡吏举孝廉为郎，补若卢右丞，迁云阳令。举贤良为昌邑中尉，而王好游猎，驱驰国中，动作亡节，吉上疏谏。王贺虽不遵道，然犹知敬礼吉，乃下令曰："寡人造行不能无惰，中尉甚忠，数辅吾过。使谒者千秋赐中尉牛肉五百斤，酒五石，脯五束。"其后复放从自若。吉辄谏争，甚得辅弼之义，虽不治民，国中莫不敬重焉。王既到，即位二十余日以行淫乱废。昌邑群臣坐在国时不举奏王罪过，令汉朝不闻知，又不能辅道，陷王大恶，皆下狱诛。唯吉与郎中令龚遂以忠直数谏正得减死，髡为城旦。起家复为益州刺史，病去官，复征为博士、谏大夫，以谏宣帝，帝不听而去职。

③ 王式字翁思，东平新桃人也。事免中徐公及许生。式为昌邑王师。

众,大将军意若变,王上错失千载之良机矣。"昌邑王从之,其日中,王发;晡时,至定陶,行百三十五里,侍从者马死相望于道,以速就征,生怕大将军意中变矣。

王至济阳,求长鸣鸡,道买积竹杖。过弘农,使大奴善以衣车载女子。至湖,使者以让相安乐。安乐告龚遂,遂入问王,王曰:"无有。"遂曰:"即无有,何爱一善以毁行义!请收属吏,以湔洒大王。"即捽善属卫士长行法。王三日而至霸上,大鸿胪郊迎,驷奉乘舆车。

王使舍人寿成御,郎中令遂参乘。且至广明、东都门,龚遂曰:"礼,奔丧望见国都哭。此长安东郭门也。"王曰:"我嗌痛,不能多哭,且待之。"至城门,遂复言,王曰:"城门与郭门等耳,吾亦应哭也,汉礼繁,现哭之无益,且再待之。"且至未央宫东阙,遂曰:"昌邑帐在是阙外驰道北,未至帐所,有南北行道,马足未至数步;大王宜下车,乡阙西面伏哭,尽哀止。"

王式曰:"前东郭门、城门不哭,几无人知,于王无害。而未央宫东阙,吏民往来,熙熙攘攘,王应痛哭也。汉家不常曰孝乎?王痛哭则体现孝意,且让臣庶归心也。"王曰:"诺。"至,哭如仪,臣庶颇多之。

元平元年六月丙寅,王受皇帝玺绶,袭尊号为帝,尊皇后曰皇太后。王受玺授时有喜色,全无悲戚之意,识者知其不终也。夏侯胜见之,私叹曰:"昌邑王乃代君主宗庙社稷者也。代君不可以不戚,主国不可以不惧,宜戚而喜,何以能久?昌邑王其不昌乎!"

昌邑王既立,立征昌邑官属至长安,往往超擢拜官。群小为昌邑王谋,应循文帝入驻未央宫故事,先夺军权,保无患,后据政权,图进取。故立拜金胜为卫将军,领南、北军;牵牟为郎中令,相安乐迁长乐卫尉,皆行殿中,共护卫宫省。侍中皆用昌邑旧臣,昭帝故侍皆不用,南北军将领多参用昌邑故将,原旧将多有不满,声闻于大将军光。

先前,大将军兄孙霍云为中郎将,兼领南军,其弟霍山为奉车都尉、侍中,兼领北军,未央宫之护卫由光婿邓广汉、范明友执掌。昌邑王皆剥夺之,大将军内怒。然以兄孙云,云弟山尚领胡、越兵,昆弟、外孙皆为骑都尉、给事中，军权尚暗在掌握，且昌邑王及群小尚未染指国政，故隐忍未发。昌邑王认为南北军在手，殿内安全，则大将军无可奈其何，游乐无异往昔。昌邑王颇愤大将军专权，欲复武帝旧制，渐分大将军权，外廷之事付丞相，且颇礼杨丞相。

杨丞相曾为大将军僚属，虽为丞相，位大将军右。然大将军严，丞相于大将军前恂恂如属吏，大将军以属吏待之，霍家人亦不知敬，杨丞相心中不能无憾。昌邑王尊礼杨丞相，杨丞相感之，颇欲振作，渐与大将军异，以报昌邑知遇恩。然敞夫人明细，阻之，敞夫人曰："昌邑王荒淫无知，身边多群小，恐难事之。昌邑王刚入主未央宫，便安插群小于军队及未央宫守备，前皆为大将军诸子群婿掌之，昌邑王一旦剥夺之，大将军能无怨乎？能无为乎？"

杨敞曰："然吾为大臣，天子尊礼，吾应尽忠。"敞夫人曰："识时务者为俊杰，昌邑王与大将军权斗，能胜乎？大将军制天下之命已十三年，天下人皆畏惧大将军权势。前昭帝英武，大将军暗害之，不留行迹，此君之所亲见，况昌邑王与昭帝比，天壤之别也。"敞曰："昭帝死，吾心戚戚焉。"敞夫人曰："昌邑王受皇帝玺绶时，无悲戚之意，识者知其不终。昌邑王至今尚未拜谒高帝庙，不可称之为天子，昌邑王为何未谒高庙？大将军必当有为也！"杨敞曰："昌邑王尊用吾，若吾不从之，则亦有患矣。"敞夫人曰："何难也！依违其间，两边皆不得罪，奉田丞相故事，谨守其位而已，能有患乎！"敞曰："善！"

第二四推

群霍急说光行大事　昌邑昏燕雀不知惧

大将军之诸儿群婿愤昌邑王之夺权，纷纷言于大将军曰："昌邑王初至，便立夺大将军之兵权、未央宫之守卫权，不久必当夺大将军之行政权矣，此为蔑视大将军，大将军能无视乎？"大将军故作曰："吾秉政久，今年老，天子若不容，吾便归私第也。"群儿婿涕泪固请曰："若大将军熟视无睹，诸权皆夺，大将军及家人能安然无恙乎？今处震主之威，骑虎难之势，大将军不得不奋发有为也！"大将军笑曰："吾前为戏言矣！"群儿婿接曰："大将军不为己计，当为家庭计，亦不当归私第也。"大将军曰："吾将重思之。"

大将军光忧懑，私以问所亲故吏大司农田延年[①]。延年曰："将军为国柱石，审此人不可，何不建白太后，更选贤而立之！"光曰："今欲如是，于古尝有此不？"延年曰："伊尹相殷，废太甲以安宗庙，后世称其忠。国初，周、陈废少帝而立太宗，开文景之治。将军若能行此，亦汉之伊尹也。"光乃引延年给事中，阴与车骑将军张安世图计。

[①] 田延年字子宾，先齐诸田也，徙阳陵。延年以材略给事大将军幕府，霍光重之，迁为长史。出为河东太守，选拔尹翁归等以为爪牙，诛锄豪强，奸邪不敢发。以选入为大司农。

大将军阴谋废天子，情势岌岌，昌邑王却不以为意。世间无不透风之墙，龚遂见昌邑故相安乐，流涕谓曰："王立为天子，日益骄溢，谏之不复听。今哀痛未尽，日与近臣饮酒作乐，斗虎豹，驱驰东西，所为悖道。且遂早已言之大王，政事宜一听大将军，而王却事事与大将军触，先迁用昌邑之小辈，废黜大将军之儿婿，大将军能无怨乎？大将军能无为乎？君，陛下故相，宜极谏争。"

安乐从之，谏于昌邑王曰："陛下尽用昌邑之旧臣，大将军已含怒未发；陛下日益骄溢，多荒淫行，群臣不附，且将作罪状为大将军所持，能无患乎？"昌邑王怒曰："朕为天子，军权、未央宫之守卫权皆在手，大将军能奈朕何？朕一纸诏书下，大将军便立为布衣也！今尚留大将军辅政，乃政事更张当渐而不当骤之意也。"不从。

安乐言之龚遂，龚遂于昌邑王与群小作乐时入谏，涕泣膝行，左右侍御皆出涕。王曰："郎中令何为哭？"遂曰："臣痛社稷危也！愿赐清闲，竭愚！"王辟左右。遂曰："陛下知胶西王所以为无道亡乎？"王曰："不知也。"曰："臣闻胶西王有谀臣侯得，王所为拟于桀、纣也，得以为尧、舜也。王说其谄谀，常与寝处，唯得所言，以至于是。今陛下亲近群小，渐渍邪恶所习，存亡之机，不可不慎也！今大将军已怒，将有大处分，陛下应急与大将军开释，贬黜群小，重新任用大将军之人，否则将有大患。"王阳许之。遂出，王所为如故。

王言遂意于群小，卫将军金胜曰："军权在陛下掌握，大将军何敢？若大将军敢为，适为诛首也！"郎中令牟牟曰："当今军权在手，应步步为营，剥夺大将军余下之权力，安能退乎？"金胜曰："今大汉四海升平，百姓且享受安乐，况天子乎！"牟牟曰："天子者，当以天下养己，无为空自苦也。"昌邑王曰："卫将军、郎中令之言是也。"

王梦青蝇之矢积西阶东，可五六石，以屋版瓦覆之，以问龚遂，遂曰："陛下知《诗》不云乎：'营营青蝇，止于藩。恺悌君子，毋信谗言。'陛下左侧谗人众多，如是青蝇恶矣。宜进先帝大臣子孙，亲近以为左右。如不忍昌邑故人，信用谗谀，必有凶咎。愿诡祸为福，皆放逐之！臣当先逐矣。"王不听。

太仆丞河东张敞①上书谏，曰："孝昭皇帝早崩无嗣，大臣犹惧，选贤圣承宗庙，东迎之日，唯恐属车之行迟。今天子以盛年初即位，天下莫不拭目倾耳，观化听风。国辅大臣未褒，而昌邑小辈先迁，此过之大者也。"王不听。

御史中丞于定国②上书谏曰："陛下虽立，未谒高庙，此为大将军不满陛下矣！大将军功盖天下，抱幼主施政，天下太平，百姓乐业，其功德可估量哉？陛下年幼，政事壹听大将军，垂拱无为，则必安矣！"

师王式谏曰："昔昭帝时，陛下见大白狗，冠'方山冠'而无尾。或见之者，莫不惊怪。所谓'君不正，臣欲篡，厥妖狗冠出朝门'。今陛下登九五，沉湎于戏，不无虑乎？"

王出游，光禄大夫鲁国夏侯胜当乘舆前谏曰："天久阴而不雨，臣下有谋上者。陛下出，欲何之？"王怒，谓胜为妖言，缚以属吏，使人簿责之。吏白霍光，光不举法。光让安世，以为泄语。安世实不言，乃召问胜。胜对言："在《鸿范传》曰：'皇之不极，厥罚常阴，时则有下人伐上者。'恶察察言，故云'臣下有谋'。"光、安世大惊，以此益重经术士。立出胜于狱，复原职，并语己之谋，且诚邀胜参与之。胜鉴昌邑王之昏庸而不可辅，更为霍光所用。侍中傅嘉亦数进直谏，谏昌邑王之淫乐及不应升迁昌邑之小辈，王亦缚嘉系狱。

昭帝师韦贤私上书大将军光与安世曰："臣夜观天象，昌邑王当废也！"光、安世亦大惊，召韦贤问曰："君何以知昌邑王当废？"韦贤对曰："有流星大如月，西行，众星皆从之。臣以为大星如月者，诸大臣之象也。天以东

---

① 张敞字子高，本河东平阳人也。祖父孺为上谷太守，徙茂陵。敞父福事孝武帝，官至光禄大夫。敞后随宣帝徙杜陵。敞本以乡有秩补太守卒史，察廉为甘泉仓长，稍迁太仆丞，杜延年甚奇之。

② 于定国字曼倩，东海郯人也。其父于公为县狱史，决狱平，罗文法者于公所决皆不恨。定国少学法于父，父死，后定国亦为狱史，补廷尉史，以材高举侍御史。

行为顺，西行为逆，此大臣将行权以安社稷。星占曰，太白散为天狗，为卒起，卒起见，祸无时。大臣运柄，将安社稷。"

光问曰："今国朝鼎盛，汉宗强大，人臣废天子，事能行乎？"韦贤对曰："天子者，代天也，其德行配天，故而能养民。今昌邑王造作诸恶，自绝于天，废之乃安天下也！"光问曰："废之，于我有不利乎？"韦贤曰："昌邑王新立，根基未稳，废之易。若迟疑间，昌邑王与群小从容得布置，则事之成败不可知。而今之计，既定废立计，速行之，则无往而不胜也。"光、安世乃定废昌邑王计。

光、安世之定计废昌邑王，自胜之谏后，恐泄露，韦贤又屡催急行之，光、安世乃使大司农田延年报丞相杨敞。延年曰："今大将军与车骑将军定议废天子，然汉家故事，国之大事，牵头者乃丞相，故大将军与车骑将军欲丞相牵头行废立。"敞惊惧，不知所言，汗出洽背，徒唯唯而已。延年坐候，敞悄至更衣，与夫人言："大将军与车骑将军欲行废立，欲以吾为首行之，汉朝有此先例乎？"敞夫人曰："有之，汉初陈平、周勃废少帝而立文帝，即其先例也。"

敞曰："虽有此，与今时异，昔诸吕欲危社稷，陈、周废少帝立文帝乃正义之举，后世皆歌颂之。今吾为丞相，为陛下所重，而大将军为政事，事事颇专，天子与国辅争权。吾等依违其间，守位而已，而大将军欲废天子，吾若与其同恶，后世将谓吾何？若不同心，大将军持法严，吾恐有后患。"

敞夫人怒敞无断，奔东厢，遽从东厢谓敞曰："此国大事，今大将军议已定，使九卿来报君侯，君侯不疾应，与大将军同心，犹与无决，先事诛矣！君侯为大将军故吏，大将军有大举，能不从乎？且君侯认为昌邑王能斗赢大将军乎？大将军诛杀燕王旦、盖、上官、桑，威震天下，不从之，患立至。"敞不语，敞夫人自度能制丞相，更与延年参语许诺："请奉大将军教令！"

第二五推

强辅倡汉廷废昏主　群小诛恨行事不早

　　大将军与杨丞相定议，便将卫将军金胜、郎中令牵牟立出为郡守，秩禄不变，昌邑王不悟。又安排诸儿婿为未央宫守卫及南北军统领，全夺昌邑王之军权、守卫权。昌邑王虽悟，自恃已为天子，大将军能奈其何？

　　布置毕，光召丞相、御史、将军、列侯、中二千石、大夫、博士会议未央宫。光曰："昌邑王行昏乱，恐危社稷，如何？"群臣皆惊愕失色，莫敢发言，唯唯而已。田延年前，离席按剑曰："先武帝属将军以幼孤，寄将军以天下，以将军忠贤，能安刘氏也。今群下鼎沸，社稷将倾，且汉之传谥常为'孝'者，以长有天下，令宗庙血食也。如汉家绝祀，将军虽死，何面目见先帝于地下乎？今日之议，不得旋踵，群臣后应者，臣请剑斩之！"太仆杜延年曰："昔伊尹废太甲以安宗庙，今大将军受先帝顾托，为今之伊尹，亦应废昏以安社稷。"

　　光谢曰："九卿责光是也！天下匈匈不安，光当受难。"于是议者皆叩头曰："万姓之命，在于将军，唯大将军令！"光曰："昌邑王昏乱，吾欲废之以安天下。"议者叩头曰："诺！"宗正刘德谏曰："大将军为国之伊尹，然伊尹废太甲乃迫不得已。昔帝太甲既立三年，不明，暴虐，不遵汤法，乱德，于是伊尹放之于桐宫，仅囚禁之，求其改过迁善，非必欲废之。后帝太甲居桐宫三年，悔过自责，反善，于是伊尹乃迎帝太甲而授之政。终帝太甲修德，诸侯咸归殷，百姓以宁。昌邑王仅立二十七天，罪恶不彰，年尚幼，可仿伊尹之举，放其'桐宫'，以观其改过迁善，若怙恶不悛，再废之亦不晚也。"光不语，田延年大怒，以剑指刘德，刘德不顾，扬长而去。

光即与群臣俱见，白太后，具陈昌邑王不可以承宗庙状。皇太后曰："此举大将军得无再虑乎？"光曰："昌邑之昏聩，众所周知，若昌邑承宗庙，则宗庙必危。"皇太后曰："大将军慎为之，毋让后世非议也。"大将军曰："伊尹废太甲，后世称忠，陈、周废少帝，开文景之治，不有废，何来兴？"太后曰："昌邑王之过，不如甚乎？且即位日浅，尚可容其改过也。伊尹之立太甲，甲之颠覆未著，大壬外丙仲壬已死，而甲嫡孙当立无可择，及其弗狎弗顺而放之桐宫，特使之处仁迁义，未尝欲废之也。"大将军曰："昌邑王之不可承宗庙，非臣个人私意，大臣有其公议，昌邑王即位未二旬，诸过上千，试问此人何以能承宗庙？"太后曰："既如此，当初大将军为何择之？"光曰："此武帝临终之托也，吾不得不为之，然社稷重，君轻，若不废昌邑王，社稷坏，吾有何面见武帝于地下也？"

皇太后不言，乃车驾幸未央承明殿，诏诸禁门毋内昌邑群臣。王入朝太后还，乘辇欲归温室。中黄门宦者各持门扇，王入，门闭，昌邑群臣不得入。王曰："何为？"大将军跪曰："有皇太后诏，毋内昌邑群臣！"王曰："徐之，何乃惊人如是！"光使尽驱出昌邑群臣，置金马门外。车骑将军安世将羽林骑，收缚二百余人，皆送廷尉诏狱。令故昭帝侍中、中臣侍守王。光敕左右："谨宿卫！卒有物故自裁，令我负天下，有杀主名。"王尚未自知当废，谓左右："我故群臣从官安得罪，而大将军尽系之乎！"

顷之，有太后诏召王。王闻召，意恐，乃曰："我安得罪而召我哉！"太后被珠襦，盛服坐武帐中，侍御数百人皆持兵，期门武士陛戟陈列殿下，群臣以次上殿，召昌邑王伏前听诏。光与群臣连名奏王，尚书令读奏曰："丞相臣敞等昧死言皇太后陛下：孝昭皇帝早弃天下，遣使征昌邑王典丧，服斩衰，无悲哀之心，废礼谊，居道上不素食，使从官略女子载衣车，内所居传舍。始至谒见，立为皇太子，常私买鸡豚以食。受皇帝信玺、行玺大行前，就次，发玺不封。从官更持节引内昌邑从官、驺宰、官奴二百余人，常与居禁闼内敖戏。大行在前殿，发乐府乐器，引内昌邑乐人击鼓，歌吹，作俳倡；召内泰壹、宗庙乐人，悉奏众乐。驾法驾驱驰北宫、桂宫，弄彘，斗虎。召皇太后御小马车，使官奴骑乘，游戏掖庭中。与孝昭皇帝宫人蒙等淫乱，诏掖庭令：'敢泄言，腰斩！'……"

太后曰："止！为人臣子，当悖乱如是邪！安能承宗庙社稷！"王离席伏。尚书令复读曰："……取诸侯王、列侯、二千石绶及墨绶、黄绶以并佩昌邑郎官者免奴。发御府金钱、刀剑、玉器、彩缯，赏赐所与游戏者。与从官、官奴夜饮，湛沔于酒。独夜设九宾温室，延见姊夫昌邑关内侯。祖宗庙祠未举，为玺书，使使者持节以三太牢祠昌邑哀王园庙，称'嗣子皇帝'。受玺以来二十七日，使者旁午，持节诏诸官署征发凡一千一百二十七事。荒淫迷惑，失帝王礼谊，乱汉制度。臣敞等数进谏，不变更，日以益甚。恐危社稷，天下不安。臣敞等谨与博士议，皆曰：'今陛下嗣孝昭皇帝后，行淫辟不轨。五辟之属，莫大不孝。周襄王不能事母，《春秋》曰：天王出居于郑。由不孝出之，绝之于天下也。宗庙重于君，陛下不可以承天序，奉祖宗庙，子万姓，当废！'臣请有司以一太牢具告祠高庙。"皇太后诏曰："可。"

光令王起，拜受诏，王曰："闻'天子有争臣七人，虽亡道不失天下'。"光曰："王未谒高庙，祖宗不认，皇太后诏废，安得称天子！且王所作所为，已自绝于天，废王乃所以安天下也。"乃即持其手，解脱其玺组，奉上太后，扶王下殿，出金马门，群臣随送。王西面拜曰："愚戆，不任汉事！"起，就乘舆副车，大将军光亲率群臣送至昌邑邸。光谢曰："王行自绝于天，臣宁负王，不敢负社稷！愿王自爱，臣长不复左右。"光涕泣而去。

群臣奏言："古者废放之人，屏于远方，不及以政。请徙王贺汉中房陵县。"太后诏归贺昌邑，赐汤沐邑二千户，故王家财物皆与贺。及哀王女四人，各赐汤沐邑千户。国除，为山阳郡。

昌邑王被废，侍中傅嘉素服拜送，哀恸左右，而群臣以昌邑王被废，皆欣欣然。时大将军霍光辅政，召群官会议，傅嘉又不到，朝廷以其时望，优容之。于是特诏为光禄大夫，持节使于山阳郡，傅嘉辞不行。大将军甚怒，欲加大处分，杜延年固谏止之。傅嘉闻之，称疾，阖门不出。大将军必欲傅嘉行，傅嘉因阳狂不言，寝所乘车，足不履地，大将军闻之，乃止。子孙恒侍左右，至有婚宦大事，辄密咨焉。合者则色无变，不合则眠寝不安，妻子以此知其旨。以甘露元年卒，时年八十四，不言二十一载，终于所寝之车。

然尚有昌邑群臣未处置也。大将军愤恨昌邑群小乱政，故坐昌邑群臣在国时不举奏王罪过，令汉朝不闻知，又不能辅道，陷王大恶，皆下狱，诛杀二百余人。群小受刑时曰："当断不断，反受其乱，昔日王若从吾等之言，召大将军及其子、侄、婿，立诛之，几老吏之力耳。而王沉湎于游乐，未暇从，今日之诛，甘心焉。"

唯中尉吉、郎中令遂以忠直数谏正，得减死，髡为城旦。师王式系狱当死，治事使者责问曰："师何以无谏书？"式对曰："臣以《诗》三百五篇朝夕授王，至于忠臣、孝子之篇，未尝不为王反复诵之也。至于危亡失道之君，未尝不流涕为王深陈之也。臣以三百五篇谏，是以无谏书。"使者以闻，亦得减死论，赦为庶人。

大将军颇闻其屡谏昌邑王应端拱无为，国事应壹决于大将军，多其节，即授郡守，未及拜也。后昌邑王回迁，王式闻之，即弃印绶，追至山阳郡，为贺家臣，经济其家事，甚有章法。昌邑王死，复事其子。昌邑王子死，国除入汉，式则祭昌邑王父子于家庙也。汉廷颇重其节，屡赏之美官，欲其效力朝廷，式自昌邑王父子死后，固辞不赴任，终于家。

昌邑王已废，天位悬旷，大将军恶人言其专，故请太后暂且临朝听政，己向外有所奏禀，实则专断于内，此为遮人耳目之举。光以群臣奏事东宫，太后省政，宜知经术，白令夏侯胜用《尚书》授太后，迁胜长信少府，赐爵关内侯。太后甚重夏侯胜，以师礼待之。

宋朝李觏曰："然则霍光废昌邑王非欤？曰霍光之罪灭族晚矣，知之不明，行之不慎，视君如玩物，去取在诸掌。卫灵公之无道也，有仲叔圉、祝鮀、王孙贾而不亡，昌邑群臣有王吉、龚遂忠直人也；吉谏游猎而贺加礼，遂猝大奴善属卫士长行法而贺不禁，贺之资朴犹可为也。况大将军秉天下权，其谗陷者举放逐之，如吉、遂者使居左右，若夫汉廷固多士矣，岂无辅弼之益？受皇帝玺绶二十七日而解之，何其暴也！贺之言曰'天子有争臣七人，虽无道不失天下'，光而学也，惭恨死矣。"

第二六推

巫蛊祸曾孙屡危殆　膺天命布衣为天子

太后虽摄政，然国不可无君。天道好还，卫太子因巫蛊之祸而败，上天悯之，皇位终归卫太子之孙也。初，卫太子纳鲁国史良娣①，生子进，号史皇孙。皇孙纳涿郡王夫人②，生子病已，号皇曾孙。皇曾孙生数月，遭巫蛊事，卫太子三男、一女及诸妻、妾皆遇害，独皇曾孙在，亦坐收系郡邸狱。故廷尉监丙吉受诏治巫蛊狱，丙吉字少卿，鲁国人也。治律令，为鲁狱史，积功劳，稍迁至廷尉右监。坐法失官，归为州从事。武帝末，巫蛊事起，吉以故廷尉监征，诏治巫蛊郡邸狱。

吉心知太子巫蛊无事实，亦无谋反意，乃被江充所逼，子盗父兵而已，武帝不察，使丞相将兵伐之，太子兵败，家破人亡。重哀皇曾孙年幼无辜陷图圄，择谨厚女徒渭城胡组、淮阳郭征卿，令乳养曾孙，置邸狱闲燥处，吉

---

① 卫太子史良娣，宣帝祖母也。太子有妃，有良娣，有孺子，妻、妾凡三等，子皆称皇孙。史良娣家本鲁国，有母贞君，兄史恭。以元鼎四年入为良娣，生男进，号史皇孙。

② 史皇孙王夫人，宣帝母也，名翁须，太始中得幸于史皇孙。皇孙妻、妾无号位，皆称家人子。征和二年，生宣帝。帝生数月，卫太子、皇孙败，家人子皆坐诛，唯宣帝得全。即尊位后，追尊母王夫人谥曰悼后，祖母史良娣曰戾后，皆改葬，起园邑，长丞奉守。

日再省视。

巫蛊事连岁不决，武帝疾，来往长杨、五柞宫，望气者言长安狱中有天子气，于是帝遣使者分条中都官，诏狱系者，无轻重，一切皆杀之。内谒者令郭穰夜至郡邸狱，吉闭门拒使者不纳，曰："皇曾孙在。他人无辜死者犹不可，况亲曾孙乎！"郭穰见丙吉情真，故以实吐告也。郭穰曰："丙监，吾曾侍太子于东宫，哀太子父子无辜，今奉赦令诛杀一切涉巫蛊者，吾固知皇曾孙无辜，然今上旨意，一切杀之，吾不敢违抗也。今上用法严，恐君之抗旨，为君万世之祸，望君重思之。"

丙吉曰："吾固知抗旨之重患，非敢故意抗旨也！上天有好生之德，太子仅此血脉，君欲断之乎？且今上为孤孙曾祖，祖孙间无感情乎？皇曾孙系狱经年，疾病缠身，屡欲殆矣，安能再加刑罚乎？况古语曰'刑不上老幼'，曾孙襁褓之幼，安能杀之？"郭穰曰："君言善，然今上用法严，抗此旨者必当诛及九族，吾亦有累矣。"丙吉曰："抗旨乃吾不得已为之，若受罚，吾独坐之，与君无涉也。"郭穰曰："承君之意，谨视曾孙。"相守至天明，不得入。

郭穰还，以闻帝曰："太子之孤孙病已系郡邸狱，太子父子全死，仅剩孤曾孙，曾孙病殆，无需加刑，即可伏天诛。廷尉监丙吉抗拒使者，欲保护病危之曾孙，实乃大逆不道，且曾孙囚禁期间，屡欲危殆，丙吉不识逆顺，屡屡救之，死囚曾孙屡脱重险，丙吉有力焉。丙吉应以窝藏犯与反者同罪，陛下可加重刑惩之，另下严旨，遣派他使，诛杀曾孙。"因虚劾奏吉。帝亦寤，曰："曾孙能全，乃丙吉之力，天使之也。"因赦天下，及巫蛊而系诏狱者。郡邸狱系者，独赖吉得全生。

既而吉谓守丞谁如曰："皇孙不当在官。"使谁如移书京兆尹，遣与胡组俱送。京兆尹不受，复还。及组日满当去，皇孙思慕，吉以私钱雇组令留，与郭征卿并养，养月，乃遣组去。后少内啬夫白吉曰："食皇孙无诏令。"时吉得食米、肉，月月以给皇曾孙。曾孙病，几不全者数焉。

一夕，曾孙重病，有不测之忧，吉赴郊外寻名医，未果。吉从郊还家，见一人卧道侧，问之。云："足病不能行，家远，无所告诉。"吉悯之，车本载物，吉弃以载之。既至市区，此人了无病色，与吉曰："向实不病，聊以戏汝！"吉大怒曰："君何人？敢戏郡法吏？"答曰："吾乃鬼使，来录皇曾孙也。见君长者，曾孙危殆，为其护持，不忍相取，故佯为病卧道侧，感君弃物相载。然被命而来，不自由，奈何！"

吉闻，大惊，请留鬼使，以豚酒祀之，鬼使受之。吉涕泪固请求救。鬼使曰："有曾孙同名同姓否？可替之。"吉思："曾孙刘病已，乃皇室之胄，知与谁同名同姓？情急间，忽虑己之幼子，与曾孙年仿，便思以替之。"吉曰："有。"不便言此为己家儿，便言年岁并其地点。鬼使曰："君可诣之，吾当自往！"

吉归家，不言。鬼使先到，以铁锁索小儿，小儿立死。家中大哭，曰小儿暴夭，吉心早知其异，不暇悲。鬼使出，吉赶上，鬼使方觉其异："君功德无量，将有贵相，然神道幽冥，不可宣泄。"后吉数敕保养乳母加致医药曾孙，视遇甚有恩惠，己则时时守之，一夜十起。

曾孙拘系五年，吉私给衣食，占视甚有厚恩。吉闻皇曾孙之祖母史良娣有母贞君及兄恭，乃载皇曾孙以付之。贞君年老，见孙孤，感其父母、祖父母皆死，甚哀之，自养视焉。故曾孙幼时，得以无患，乃能茁壮成长。

武帝崩时，哀卫太子无辜，临终有照顾曾孙之遗言，故昭帝与大将军后有诏掖庭养视，上属籍宗正。时掖庭令张贺，尝事戾太子，思顾旧恩，哀曾孙，奉养甚谨，以私钱供给，教书。既壮，贺欲以女孙妻之。是时昭帝始冠，长八尺二寸。贺弟安世为右将军，辅政，闻贺称誉皇曾孙，欲妻以女孙，怒曰："曾孙乃卫太子后也，卫太子得罪先帝，幸得以庶人衣食县官足矣，勿复言予女事！"于是贺止。

病已为卫太子孙，时人畏巫蛊之祸，且卫太子得罪武帝，故时人不敢与病已为婚。时暴室啬夫许广汉[①]有女新寡，好音，有殊色，病已欲之，言于

[①] 昌邑人，少时为昌邑王郎。从武帝上甘泉，误取它郎鞍以被其马，发觉，吏劾从行而盗，当死，有诏募下蚕室。后为宦者丞。上官桀谋反时，广汉部索，其殿中庐有索长数尺可以缚人者数千枚，满一箧缄封，广汉索不得，它吏往得之。广汉坐论为鬼薪，输掖庭，后为暴室啬夫。

贺。贺乃置酒请广汉及女许氏，酒酣，为言："曾孙体近，下乃关内侯，可妻也。"广汉许诺。病已弄琴，许氏窃从户窥之，心悦而好之，恐不得当也。

广汉妪父素富无子，招广汉为赘婿，故广汉家饶财。明日，广汉妪闻之，怒，不从，广汉惧内，遂已。病已乃使人重赐许氏侍者通殷勤。许氏夜亡奔病已，病已乃与驰归霸陵旧邑，家居徒四壁立。广汉妪大怒曰："女至不材，我不忍杀，不分一钱也。"人或谓广汉妪，广汉妪终不听。许氏久之不乐，曰："君既为武帝后，从宗室、大臣假贷犹足为生，何至自苦如此！"相与俱之京师，尽卖其车骑，买一酒舍酤酒，而令许氏当垆。病已身自着犊鼻裈，与保庸杂作，涤器于市中，多与世人接触，遂知民间疾苦也。

广汉妪闻而耻之，为杜门不出。广汉更谓妪曰："有三男一女，所不足者非财也。今许氏已失身于病已，病已故宗室，虽贫，其人材足依也，且武帝曾孙，今上孙辈，上能封王，下乃关内侯也，独奈何相辱如此！"广汉妪不得已，分予曾孙僮百人，钱百万，及其嫁时衣被财物。故曾孙饶以财，得以交接霍氏儿孙及诸婿，后丙吉奏记大将军光立曾孙，光犹豫未定，霍氏儿孙及诸婿多受曾孙贿而言于光，曾孙位乃定也。

曾孙因依倚广汉兄弟及祖母家史氏，受《诗》于东海澓中翁，高材好学。然亦喜游侠，斗鸡走狗，以是俱知闾里奸邪，吏治得失。既结婚许氏，衣食无忧，用度无限，数上下诸陵，周遍三辅，尝困于莲勺卤中，尤乐杜、鄠之间，率常在下杜。时会朝请，舍长安尚冠里。尚冠里颇多声乐场所，为国朝官营妓场所在。时大将军专权，昭帝不得志，与侍中金仁微服流连于尚冠里，昭帝化名刘福。

时有金牌歌姬刘诗诗，乃景帝子中山靖王之后，有殊色，倾国倾城，于尚冠里龙阳院为花魁。昭帝常与刘诗诗私通，因此颇废国事，大将军闻之，不绝帝欢，然诗诗知刘福为宗室贵公子，不知其乃今上也。大将军忌帝英武及世间舆论，不敢公然弑或废君，故从刘诗诗着手，诱帝沉湎酒色，长此以往，虽体健者亦不能堪也。

大将军之侄孙霍云为大将军兄霍去病之后，光之权势功德乃霍去病之余庆也。霍云早孤，养于大将军家，大将军视如己出，托之行大计，纵其使金，不限其数也。霍云亦好酒色而流连于尚冠里，与刘诗诗甚善，知帝与刘诗诗私通，霍云时时予刘诗诗重金而无求。霍云阳道壮伟，嫪毐之俦，疏财重情，久之，刘诗诗深感之，欲为死报。霍云问曰："汝是否有客名刘福？"诗诗曰："然也！"霍云曰："吾与刘福有恨，刘福曾伤害吾之叔祖，吾欲私报之，不知愿意配合否？"诗诗曰："诺！"

霍云问曰："汝不问何人？何事？何由乎？"诗诗曰："吾与君情好无贰，君之仇即妾之仇也，妾只知为君赴汤蹈火，不问其他！"霍云曰："先不言此，感汝之意，实不相瞒，吾乃今大将军霍光之侄孙，家富于财，极有权势。大将军行天子权，谁人不惧之？此事若成，吾将赎汝身，且与汝结百年之好，富贵汝之家族也。"诗诗曰："吾与君相好，权势非妾所欲也。"霍云曰："然伤人者违汉法，且刘福位重，何以避之？吾不愿汝陷囹圄矣。"诗诗曰："此易也！刘福至，吾颇灌之酒，醉后云雨时，偷换一染花柳病之妓与交，几番云雨，必得病。轻则不起，重则死亡，若刘福得此病而亡，汉法亦管乎？即欲管之，斯人得斯疾，国朝重脸面，汉廷必讳之，天下之舆论又安敢论乎？"霍云善之。

曾孙亦常与刘诗诗交往，故曾孙因之得以认识昭帝、霍云。曾孙为卫太子孙，霍去病为卫太子表兄，霍云乃霍去病孙，霍云知曾孙因巫蛊之祸而牵连，流落民间，心尝怜之。曾孙知刘诗诗与霍云交好，行千金与诗诗，介之霍云，故曾孙与霍云时时接触也。曾孙自幼长于民间，亲历困苦贫寒，颇能下人，为人仗义，又学诗书，高才美学，故霍云与曾孙甚善。久之，霍云介曾孙于霍氏家族，曾孙有许广汉家之支持，素饶于财，时时馈赠诸霍，故霍家甚重曾孙。

刘诗诗与曾孙交好，知刘福乃宗室贵公子，不知其为帝，介之曾孙。刘福知曾孙乃卫太子孙，己之即位，获利于巫蛊之祸，深知卫太子家族之冤，曾孙为卫太子仅存之血脉，刘福大曾孙三岁，为曾孙之祖辈，刘福时时怜之。曾孙知刘福为宗室贵人，不知其为今上，于其前执子孙礼，颇殷勤伺候之。刘福深感之，自与霍光怼后，思己无嗣，认为帝位本归卫太子，己则暂摄，若己崩，则应传位曾孙。

昭帝崩前，书简牍曰："吾绝嗣无后，若吾崩，立皇曾孙病已为帝。"内侍呈送霍光，霍光令密焚之，无令他人闻也。大将军与昭帝有隙，武帝临终有立昌邑王贺之遗言，且昌邑王好游乐，政事不上心，便于己专权，故不从昭帝意，而立昌邑王贺也。

及昌邑王因争权败而被废，霍光与张安世诸大臣议所立，未定。安世私心虽常在曾孙，素谨慎，不肯为大将军明言。大将军长史丙吉奏记光曰："将军事孝武皇帝，受襁褓之属，任天下之寄。孝昭皇帝早崩亡嗣，海内忧惧，欲亟闻嗣主。发丧之日，以大谊立后，所立非其人，复以大谊废之；天下莫不服焉。方今社稷、宗庙、群生之命在将军之壹举，窃伏听于众庶，察其所言诸侯、宗室在列位者，未有所闻于民间也。而遗诏所养武帝曾孙名病已在掖庭、外家者，吉前使居郡邸时，见其幼少；至今十八九矣，通经术，有美材，行安而节和。愿将军详大义，参以蓍龟岂宜，褒显先使入侍，令天下昭然知之，然后决定大策，天下幸甚！"

宣帝曾养于掖庭，与杜延年中子佗相爱善，佗极言于父，故延年知曾孙德美，私言大将军曰："大将军择立诸侯王，若立幼小，天下人必以为大将军恋权而贪立幼小，将军之威名损矣。若立长大，于理大将军应归政，诸侯王有其群属，必当与大将军争权，昌邑王事则为前戒。若立皇曾孙，曾孙长于民间，今已十八，孤立无党，感大将军之攀立，必诸事皆由大将军，大将军无贪立幼主专权之讥，亦无争权之患。曾孙德美，间间闻名，为武帝曾孙，巫蛊之祸而受难，为天下所怜，立之，天下人必不反对矣，亦感大将军立贤也。"大将军素敬杜延年，延年之言，大将军不能无感！

霍云亦深言于大将军曰："吾与曾孙交好，曾孙颇能下人，且为人谦逊自卑，恭俭有礼，若立之，曾孙感攀立之恩，霍家可长保富贵也。"许广汉家素饶于财，丙吉先以奏记霍光，后杜延年深言，光心不能无动。许家亦欲谋富贵，倾家产而行万金予霍夫人及霍氏诸子孙、女儿女婿，故诸霍群婿日夜誉曾孙于大将军前，霍夫人显亦在霍光前极言之，光素惧内，面许之。

张安世为霍光之副，素来恭谨，极少干请于光，光信任之。安世之兄张贺曾为卫太子僚属，曾孙时时与张贺家来往，贺在时多言曾孙事于安世，故安世亦深知曾孙德美，谦顺，亦悄劝大将军立焉。诸人争欲立曾孙，大将军见众心归于曾孙，思若立曾孙，其孤立无援，己可继续秉政专权；德美谦顺，年已冠，已无贪立幼小之讥；且霍家之富贵可长保也，三全其美，故坚意欲立皇曾孙也。

第二七推

弹冠庆老妪阻赴证　严御史公劾妄废立

元平元年秋七月，光坐庭中，召丞相、御史、将军、列侯、中二千石、大夫、博士会议未央宫，议定所立，光曰："皇曾孙德美，为卫太子后，武帝末怜卫太子，作思子宫，天下悲之。若无巫蛊之祸，社稷本属卫太子，父传子，子传孙，亦当及于曾孙。天道好还，今欲立卫太子之孙病已。然孝昭帝不可无后，且卫太子父子已死，故以皇曾孙嗣孝昭即位。不知群意何如？"众臣皆曰："唯大将军令！"

遂复与丞相敞等上奏曰："《礼》曰：'人道亲亲故尊祖，尊祖故敬宗。'大宗亡嗣，择支子孙贤者为嗣。孝武皇帝曾孙病已，年十八，师受《诗》《论语》《孝经》，躬行节俭，慈仁爱人，可嗣孝昭皇帝后，奉承祖宗庙，子万姓。臣昧死以闻！"皇太后诏曰："可。"

光遣宗正刘德至曾孙家尚冠里，洗沐，赐御衣。许、史氏皆弹冠相庆，而曾孙之外曾祖母贞君却涕泪固挡车阻止，曰："为布衣而享富贵不亦善乎？孤身入皇室，无异独身探虎穴，能无不利乎？汝之父祖之先祸，能不伤乎？昭帝之不得其死，能不感乎？昌邑王被废而被贬发，能不鉴乎？大将军之专断跋扈，能容汝乎？"众许、史颇闻张相之相曾孙，张相曾言："曾孙将为太平天子。"众以为：大将军虽专权，然年高，忍之数年，帝即可亲政，行己意，开太平之盛世，且将帝位传之于万世，众人亦可攀附富贵也。

众人纷纷扶开贞君，贞君怒，以杖击地骂曰："皇宫如地府，冤屈谁做主？一旦陷其中，终身受虐苦！"愤然拄杖而去，曾孙拜而受言。太仆以轺猎车迎曾孙，就斋宗正府。庚申，入未央宫，见皇太后，因布衣袭位故，封为阳武侯。已而群臣奏上玺绶，曾孙奉文帝即位恭让故事，东向让三，西向让二，最后不得已涕泪即位。群臣深喜新天子之谦德，皆欣欣然，光颇多新天子之让，知新天子于己无害，心中释然矣。即位后，命帝谒高庙，尊皇太后为太皇太后。

宣帝即位，初登御床而陷，帝大惊失色，群臣皆慌乱，安世进曰："将由圣德深厚，地不能载。"帝甚悦。帝登基时，所用衣裳皆为昭帝之旧，昭帝高壮，衣服甚为宽大，帝行登基礼时，衣不合体，时时掣衣，意有不悦之色。霍光进劝曰："陛下垂衣裳而天下治。"帝假悦，内心甚为不满，知大将军欲持权不放，以此讽新天子垂拱而已。帝曰："朕虽即位，然生于民间，不悉国政，万机之务皆大将军主之，朕随大将军见习也。"大将军故作推辞，帝固不许，大将军心大悦。

宣帝登阼，探策得一。王者世数，视此多少。帝深惧命同昌邑，惧被废故一世止，帝既不悦，群臣失色，霍光面悦。安世进曰："臣闻天得一以清，地得一以宁，侯王得一以为天下贞。"帝悦，群臣叹服，而霍光独暗不满。

帝初立，谒见高庙，大将军光骖乘，帝内严惮之，若有芒刺在背。后车骑将军张安世代光骖乘，天子从容肆体，甚安近焉。及光身死而宗族竟诛，故俗传霍氏之祸萌于骖乘及帝即位初霍光之举。

王夫之曰："霍光之祸，萌于骖乘。司马温公曰：'光久专大柄，不知避去。'固也。虽然，骖乘于初谒高庙之时，非归政之日也，而祸已伏。虽避去，且有疑其谖者。而谗贼间起，同朝离贰，子弟不谨，窦融所以不免，而奚救于祸？夫骖乘之始，宣帝之疑畏，胡为而使然邪？张安世亦与于废立，而宣帝亡猜。无他，声音笑貌之间，神若相逼，而光不知，帝亦情夺意动而不知所以然也。"

诏有司论定策安宗庙功。大将军光益封万七千户，与故所食凡二万户，赏赐黄金七千斤，钱六千万，杂彩缯三万匹，奴婢百七十人，马三千匹，甲第一区。霍氏子孙及诸婿封侯者五人，此为霍禹、霍云、霍山，及光婿邓广汉、范明友。车骑将军富平侯安世以下益封者十人，封侯者五人，赐爵关内侯者八人。

宣帝之事暂不表，言丞相事。杨敞为丞相数年，守法度，修田丞相故事，诸大事皆由大将军，己所不关预。敞曾给事大将军幕府，为军司马，霍光爱厚之，敞能拜相，皆因大将军。任相后，大将军若有所问，据经法以心所安而对，不希指苟合；如或不从，不敢强谏争，以是久而安。敞惧群臣私言丞相因大将军属吏之故，得以拜相，虽唯大将军之言是从，然时时偶与大将军小异，以取信于群庶，大将军素专断久，一言九鼎，故不能无憾。

自昭帝与大将军对峙时，大将军感杨丞相奔走相告之恩，且杨丞相守君臣之礼，素来恭敬，天下所信，昭帝敬之，故大将军甚礼杨丞相。对峙事后，群臣晓大将军之威，每奏事，但取决于大将军，昭帝有言，或无对者。惟杨丞相奏大将军后，必再禀昭帝；有宣谕，必告诸臣俯伏而听。霍光知之，虽不满，以杨丞相素恭谨，故姑且容之。

对峙事后，大将军贬黜昭帝近侍、亲近大臣，睚眦莫不诛伤。大将军权日盛，威震天下，杨丞相忧惧不知所出，上书乞骸骨，大将军不准。常称疾，不敢与大将军并。后昌邑王立，颇尊礼杨丞相，杨丞相私心常在昌邑王，然大事尚以大将军为转移，大将军内怒。后废昌邑王之际，虽以杨丞相领衔，大将军固知废昌邑王非杨丞相之本意也。

昌邑王废后，上官太后权且摄政，天位悬旷。杨丞相以为依礼法言，次立者乃广陵王胥，私与大将军言之。自昌邑王废后，大将军深不欲立诸王，故甚怒杨丞相。后因皇曾孙病已与丙吉、诸霍儿孙及群婿等善，又因布衣孤立无党之故，大将军立曾孙为帝，虽仍以杨丞相为议首，然因废立事与大将军异，大将军甚憾且怒之。

杨丞相私与侍御史严延年①言大将军废立人主不道，亦颇非大将军专权。严延年父子曾供职相府，其父为丞相掾，延年少于丞相府习法律，归为郡吏，以选除补御史掾，举侍御史。前汉时，君臣关系不限皇帝与臣庶间，属吏与上级间亦有君臣关系，属吏往往周旋上级之难，甚至为之丧命。严延年感杨丞相对其父子知遇恩，欲奋身为报。

宣帝立后，侍御史严延年公然劾奏："大将军擅废立主，无人臣礼，不道。"奏上宣帝及大将军，帝心善之，惧大将军，寝其奏，然朝廷肃然敬惮之。

王夫之曰："严延年劾奏霍光擅废立无人臣礼，其言甚危，其义甚正，若有敢死之气而不畏强御。或曰：光行权，而延年守天下之大经，为万世防。延年安得此不虞之誉哉！其后霍氏鸩皇后，谋大逆，以视光所行为何如，延年何以嗫不复鸣邪？光之必有所顾忌而不怨延年，宣帝有畏于霍氏，必心利延年之说而不责延年，延年皆虑之熟矣。犯天下之至险而固非险也，则乘之以沽直作威，而庸人遂敬惮之。既熟虑诛戮之不加，而抑为庸人之所敬惮，延年之计得矣。"

延年父为丞相掾，延年妄奏后，父大惊，心悸而病，召延年教戒于床下，语至夜半，延年睡，头触屏风。父大怒，欲杖之，曰："乃公教戒汝，汝反睡，不听吾言，何也？"延年叩头谢曰："具晓所言，大要教延年谄也。"延年父乃不复言。

延年有异材，抗直，数言事，刺讥近臣，书数十上，大将军病之，欲加大处分。延年惧，欲去官，谋之于母。延年母曰："不可，汝本庶民，何丞相相拔过重，既数作直谏，而逆自猜嫌，欲避祸而为布衣，则忠直之名何存？何以面见士大夫也？大将军既欲罚汝，虽为布衣安能避祸？"延年曰：

---

① 严延年字次卿，东海下邳人也。

"计何所出？"延年母曰："大将军素好善慕名，今废立天子，天下汹汹，谣言四起，方欲自显于天下，终不以私嫌杀君明矣。可自囚诣狱，表列前失，显求受罪。如此，乃当逆见优饶，非但直活而已。"延年从之。

大将军闻而惊之，遂下诏曰："侍御史严延年，以往事之直谏嫌，自拘司败，甚无所谓。其赐黄金二十斤，秩禄中二千石，勿令自疑。"吏民闻之，莫不多光。延年弹劾大将军后，大将军意杨丞相私使为之，甚怒，故与杨丞相彻底决裂，思所以害之。昔欲废昌邑王时，大将军曾派大司农田延年宣意于丞相，丞相惊惧，不知所言，汗出洽背，致体稍不平。光知杨丞相谨小慎微，惧事，宣帝之立，杨丞相有异议，故宣帝之褒奖拥立功臣无杨丞相之名，杨丞相内惭，体甚不平，乞骸骨，帝以初即位，万事求稳，慎于改作，不从。

光必致杨丞相死地，以帝名义下诏责杨丞相曰："若依君侯之意，朕安能龙飞？君侯尸位素餐，伴食于世，何以对汉宗？"杨丞相得遣甚惧，体愈不平。后帝谒高庙，大将军骖乘，杨丞相扶病率百僚以从。时盛暑，众谒高庙时，大将军光宣读汉之祖制，帝及百官跪伏以听，大将军故意宣读久，百僚年老者多不能堪，踣地者遍是。杨丞相乃百僚之长，为百官表率，强撑病体跪伏听宣久之，终竟，众掖之方能起。归家后，疾立笃，帝亲探望之，已不能起且内惭。元平元年八月，安平敬侯杨敞薨，时宣帝即位仅一月耳。

九月，御史大夫蔡义①为丞相，义为丞相时年八十余，短小无须眉，貌似老妪，行步俯偻，常两吏扶夹乃能行。宣拜相制时，帝临轩，大将军率百僚随，义舞蹈拜伏，屡踣于地，群僚笑之，义不顾也。或曰："今大将军专政，君为儒者，应知廉耻，君若为丞相，有名无实，恐惹天下笑。"义曰：

---

① 蔡义，河内温人也。以明经给事大将军幕府。家贫，常步行，资礼不逮众门下，好事者相合为义买犊车，令乘之。数岁，迁补覆盎城门候。久之，诏求能为《韩诗》者，征义待诏，久不进见。义上疏曰："臣山东草莱之人，行能亡所比，容貌不及众，然而不弃人伦者，窃以闻道于先师，自托于经术也。愿赐清闲之燕，得尽精思于前。"武帝召见义，说《诗》，甚说之，擢为光禄大夫给事中，进授昭帝。数岁，拜为少府，迁御史大夫，代杨敞为丞相，封阳平侯。又以定策安宗庙益封，加赐黄金二百斤。

"君不闻,学好文与武,货与帝王家,我穷儒为丞相,无实权,又何哉?丞相为人臣之极,于祖宗有莫大荣光也。"

或曰:"君拜相时,拜舞屡踣于地,都下之待诏皆笑骂!"蔡义曰:"好官我自做,那管他人言,吾年过八十,以侯印随葬,不优于布衣乎!且后嗣被称为蔡丞相子孙,不亦为重要精神财富乎!"时大将军光秉政,蔡义拜相,议者或言光置宰相不选贤,苟用可专制者。光闻之,谓侍中左右及官属曰:"以为人主师当为宰相,何谓云云?然此语不可使天下闻也。"义为相四岁,子先死,薨,谥曰节侯。无子,国除。为后话,此先叙之。

第二八推

辅臣强续专权摄政　贤主明渐显帝威严

霍光行废立，威震天下，世间多佞人，欲巧取富贵，往往为光称说天命。前汉处封建初期，邹衍之五德始终说甚有影响，汉朝人认为朝代更替乃正常历史现象，尚未有万世一系之帝王思想，统治者亦不禁此异端，与后世迥异。大儒董仲舒言灾异，留有遗言："虽有继体守文之君，不害圣人之受命。汉家尧后，有传国之运。汉帝宜谁差天下，求索贤人，禅以帝位，而退自封百里，如殷、周二王后，以承顺天命。"

孝昭元凤元年，长沙有人姓桓氏，死，棺敛月余，其母闻棺中有声，发之，遂生。占曰："至阴为阳，下人为上。"元凤三年春正月，泰山有大石自起立，上林有柳树枯僵自起生，有虫食其叶成文，曰"公孙病已立"。符节令鲁国眭弘上书言："大石自立，僵柳复起，当有匹庶为天子者。枯树复生，故废之家公孙氏当复兴乎？"孟亦不知其意所在，故民间纷纷言布衣当为天子，虽大将军用法严，亦无法阻断民间汹汹舆论，朝臣亦因此议论纷纷。大将军专政多年，偶有奸臣于大将军前称说天命，大将军虽不应，亦未加大处分，群僚知之，以为眭弘之上书乃大将军将来为己暗地，大将军求自解，故弘坐设妖言惑众伏诛。

病已即位，虽为武帝曾孙，然因巫蛊之祸，贬于民间，长系诏狱，无异匹夫。霍光攀立曾孙之意，非为国求贤，因曾孙长在民间，孤立无党，不如其他王侯，有封地，有群僚，属下攀龙附凤，求升迁，所立之王侯欲亲政而控制国家权力，终与霍光争权。此为恋权之霍光所不能容忍也。

故宣帝之立，合霍光之私意，然不意间亦竟合当时图谶。石自立，柳枯自生，虫成文"公孙病已立"，曾孙养于公孙贺家，由布衣升为天子，谶皆应在曾孙。虽大将军专制国事十多年，然群臣以天命在病已，汉室祖宗德泽深厚，高帝以来，圣贤之君屡作。且病已出生时，名卜张相已预言其将为太平天子，开启盛世，故群僚纷纷归心于宣帝矣。大将军不能无憾。然帝鉴于昭帝之被制控及昌邑王被废之祸，深沉不言，谦恭好学，待朝臣以礼，接士大夫以情，朝臣罕能度其意，大将军心中不能无畏，不敢再兴废立之计。

自昭帝时，光子禹及兄孙云皆为中郎将，云弟山奉车都尉、侍中，领胡、越兵，光两女婿为东、西宫卫尉，昆弟、诸婿、外孙皆奉朝请，为诸曹、大夫、骑都尉、给事中，党亲连体，根据于朝廷，军权为其控制。大将军专断国事，控制政权，故昌邑王之废，系于大将军一言，几无还手之力，只能束手被废。

时霍氏子婿，多骄淫不法，群下苦之，百僚慑于大将军威严，不敢处置之。大将军年老，虽用法严，却溺于慈爱，每霍氏子婿重罪，则终日不怿；群霍互请之，夫人显又主之在内，大将军不得已再思，因愧疚亏先武帝法，故泣而宥之。由是霍氏子婿益横，或白昼杀人，或暮夜公行剽掠，有罪亡命者，匿于霍氏子婿家，有司不敢搜捕。大将军深知其弊，年老而慈爱日甚，不能禁也。宣帝深知其事，心虽不满，然惧大将军之势，己无所关涉，听之任之而已。

昔燕王旦死，国除，为广阳郡，子建免为庶人。宣帝立，刘建行万金于大将军子霍禹。广陵王胥少子弘素有宠于胥，胥行五千金于大将军夫人霍显。显、禹言于大将军曰："今天子新立，燕剌王之子、广陵王胥少子皆有贤名，宜敦亲亲之恩，立之为王，则天下之汉宗归心于将军矣。"霍光从之，本始元年秋七月，诏立燕刺王太子建为广阳王，立广陵王胥少子弘为高密王。

大司农田延年见天命在宣帝，大将军年老，专断，溺于慈爱，放纵霍氏子孙及诸婿，诸霍群婿公然请托受贿，干扰国政，朝野皆有怨言，惧大将军之严，含怒未发。然众僚私下皆指霍氏，知大将军年老，倒行逆施，已无秉政初之操持，霍氏之运不久，特以大将军在而能存。帝德美，谦恭礼下，群僚欲趋利避害，及时归诚于宣帝，以为将来之计。

田延年私言于大将军曰："昔废昏庸骄奢之昌邑王际，天下莫不多大将军；今新天子立，聪颖明睿，天下亦感大将军立贤之公。大将军辅政已十三年，仁义布于天下，若此时归政天子，则天子感大将军之意，必当厚待大将军之家，世世无所比，大将军之家与身，必有磐石之安也。"光曰："此光之素志也。"然心中甚为不满。

大将军鉴夏侯胜废立昌邑王际及时投诚于己，亲近之，特委派其授书于宣帝，为帝少傅。夏侯胜本名儒硕德，遵君臣之道，颇知今上之立，虽于大将军有私心，拥立孤独无党之病已，以便己专权。然反经合道，终归汉家德泽深厚，新天子贤德圣明，宣帝之立深合天地众臣民之心。帝尊师重道，敬礼师傅，夏侯胜归心于帝，时时事事向帝，亦多次力劝大将军归政也。大将军虽面许之，内心深不欲归政也。

为逼大将军归政，夏侯胜言于太皇太后曰："汉制，太后常居长乐宫，太皇太后自昌邑之废，居未央宫听政。今新天子立，贤明达于从政，太皇太后宜归长乐宫，罢听政。权不可恋，吕后则为前车之鉴也。"太皇太后素敬信夏侯胜，立归长乐宫，长乐宫初置屯卫。夏侯胜先后为太后、帝师，颇有朝廷威望，以太皇太后归政感大将军，大将军含怒未发。

田延年为大将军亲吏，夏侯胜本大将军所奖拔，今皆向帝，倡导归政，大将军欲中之于法，以戒言归政者也。田延年、夏侯胜与大将军交好，皆为九卿，二卿倡大将军归政，众臣患大将军之专，惧大将军之威，妒大将军之位，且大将军屡明言欲归政，故纷纷应和之，大将军不能不虑朝野之归政舆论也。

须臾，大将军光稽首归政。然大将军上表归政之前，党亲连体，根据于朝廷，且愈有盘根错节之势。帝知大将军归政非诚心，乃应对汹汹归政舆论之虚伪表举，谦让不受，且驳回之。帝遵循故事，诸事皆先关白光，然后奏御，先断后奏，光之奏请，无论大小，皆从之。

自昌邑王废，光权益重。今上立，每朝见，帝虚己敛容，礼下之已甚，光之上下朝，帝常自迎送之。夏侯胜私进曰："大将军何如人也？"帝曰："社稷臣。"夏侯胜曰："大将军所谓功臣也，非社稷臣也。社稷臣主在与在，主亡与亡。社稷臣能妄自废立，擅决主之存亡乎？"帝曰："不由大将军，朕安能龙飞也？"夏侯胜曰："此乃反经合道也！然大将军制断国事，陛下乃困龙也，何能飞？大将军虽尊，乃臣也，帝虽新立，乃君也。大将军功盖天下，然君臣之礼不可废，大将军谨守臣节，君臣方能始终。"帝曰："君言善。"夏侯胜曰："今上礼大将军太甚，则大将军愈骄断，霍氏愈横，自古骄横未有不败者。若霍氏骄横而败，后世必谓陛下刻薄寡恩。"帝曰："为之奈何？"夏侯胜曰："陛下应严君臣之礼，如此则主势强，臣势卑，则君臣安矣。"帝曰："善！"

后大将军朝，帝益庄，大将军益畏。帝有天命，且谦恭有德，群僚敬仰，国事虽皆由大将军制断，大将军却不敢有异心。已而大将军望夏侯胜曰："吾与汝善，今汝乃毁我！"夏侯胜曰："正因吾与大将军善，正君臣之礼，乃存大将军之身及家也。"大将军不答，深恨之。

第二九推

触强辅能吏不得终　布陷阱两贤堕囹圄

霍光攀立宣帝，帝知己布衣，前又有昌邑王被废之先祸，万机皆由光主之。然立后事，帝坚欲立糟糠妻许氏为后，大将军无可奈何也。初，许广汉女适皇曾孙，一岁，生子奭。数月，曾孙立为帝，许氏为婕妤，夫妻甚为恩爱，誓同生死。是时霍将军有小女成君与太皇太后亲，年龄与太皇太后相仿，乃太皇太后之姨母也。大将军讽公卿，公卿以许婕妤微贱，议更立皇后，皆心拟霍将军女，帝未有示，亦未有言。

群臣私言者不已，帝乃诏求微时故剑，示以不舍之意，故大司农田延年知旨意之所向，夏侯胜以为成君为太皇太后姨母，宫省请安之际，何以为礼？二卿倡于群臣，群臣知旨而景从，纷纷白立许婕妤为皇后。大将军不语，然心中甚怒田延年、夏侯胜。元平元年十一月，立皇后许氏。

霍光思以报负，以后父许广汉刑人，昌言不宜君国，帝不得不从。然田延年心归皇室，屡为广汉言封事，大将军光鉴于田延年功大，不得已从之。然拖宕岁余后，乃封广汉为昌成君，空有称号而无食邑。

侍御史严延年心知大将军恨大司农田延年，自思前以劾大将军废立人主而结怨，虽以权谋解之，而大将军内心实怒也，严延年欲彻底解之。大司农田延年既结好于帝，招怨大将军，与帝出行，忘解兵，为严延年所知。严延年遂劾田延年持兵干属车，奏上，大将军览奏，责大司农，大司农自讼不干属车。事下御史中丞，中丞不知田延年失爱于光，承光旨，谴责严延年何以不移书宫殿门禁止大司农，而令得出入宫。于是复劾严延年阑内罪人，法至死。严延年自恃为大将军劾田延年，大将军必能原之，遂弃官亡命，大将军遂急赦之。赦出，丞相、御史府承大将军之意，征书同日到，延年以御史书先至，诣御史府，复为掾。从此为大将军所知。

后拜为平陵令，坐杀不辜，去官。后为丞相掾，复擢好畤令。严延年与许延寿善，西羌反，强弩将军许延寿请延年为长史，从军败西羌。延寿素有宠于帝，解之于帝，事遂得释，延年还为涿郡太守，后迁河东太守。此为后话，言之在先耳。

须臾，大司农田延年有罪自杀。昭帝之丧，大司农僦民车，延年诈增僦直，盗取钱三千万，后为怨家所告。大将军览奏，心喜，欲以贪污败延年。大将军立怒召问延年，责曰："君为九卿，与国一体，掌国之府库，何以狼藉至此，假借昭帝之丧，贪污国之钱财，君安心乎！"延年抵曰："吾掌大司农多年，素来廉洁，此乃怨家诋毁，无有是事！"光怒曰："即无事，当穷竟！"田延年曰："随大将军意，小臣无所惧也。"帝闻之，言于御史大夫田广明曰："大司农乃国之功臣，非大司农，昌邑王不能废，朕亦不能龙飞，大司农所犯之事微，朕意出国库三千万填补亏空，以赎大司农罪，君言之大将军也。"

田广明谓大将军之亲信太仆杜延年曰："《春秋》之义，以功覆过。当废昌邑王时，非田子宾之言，大事不成。今上出三千万自乞之，何哉？愿以愚言白大将军。"杜延年言之大将军，大将军曰："诚然，大司农实勇士也！当发大议时，震动朝廷。"光因举手自抚心曰："使我至今病悸。谢田大夫晓大司农，通往就狱，得公议之，吾为大将军辅政，当以公议为先，不能私之，否则何以取信于天下。"田大夫使人语田延年，言大将军之意。延年念今上虽请于大将军，大将军却不容己，曰："幸今上宽我耳，何面目入牢狱；大将军却欲公议之，使众人指笑我，卒徒唾吾背乎？"即闭阁独居斋舍，偏袒，持刀东西步。数日，使者召延年诣廷尉。闻鼓声，自刎死。帝闻之，深惜之，对大将军不能无憾也。

初，上官桀与霍光争权，光既诛桀，遂遵武帝法度，以刑罚痛绳群下，由是俗吏皆尚严酷以为能，而河南太守丞淮阳黄霸独用宽和为名。帝在民间时，知百姓苦吏急也，闻霸持法平，乃召以为廷尉正，数决疑狱，庭中称平，大与光异。大将军闻之不悦，欲中之于事。

大将军不学无术，武帝薨后，多年未议武帝之庙乐。群臣惧大将军之严，不敢深言之。光知夏侯胜与黄霸对武帝之征伐颇多微词，且私下多有妄议，世间无不透风之墙，为大将军知，故大将军欲以诽谤先帝中夏侯胜、黄霸以法。

本始二年夏，五月，大将军以宣帝之名下诏曰："孝武皇帝躬仁谊，励威武，功德茂盛，而庙乐未称，朕甚悼焉。其与列侯、二千石、博士议。"于是群臣大议庭中，皆曰："宜如诏书。"长信少府夏侯胜独曰："帝虽有攘四夷、广土境之功，然多杀士众，竭民财力，奢泰无度，天下虚耗，百姓流离，物故者半，蝗虫大起，赤地数千里，或人民相食，畜积至今未复；无德泽于民，不宜为立庙乐。"

公卿共难胜曰："此诏书也。"胜曰："诏书不可用也。人臣之谊，宜直言正论，非苟阿意顺指。议已出口，虽死不悔！"黄霸曰："周公上圣，召公大贤，尚犹有不相说，著于经典，两不相损。今风雨未时，百姓不足，每有一事，群臣同声，得无非其美者。夏少府之言，乃直言也，朝廷上下一同，非国之利也。"时，大臣皆失色。

于是丞相、御史劾奏胜非议诏书，毁先帝，不道，及丞相长史黄霸阿纵胜，不举劾。大将军闻之，立准奏，下夏侯胜、黄霸俱于狱。有司遂请尊孝武帝庙为世宗庙，奏《盛德》《文始五行》之舞。武帝巡狩所幸郡国皆立庙，如高祖、太宗焉。夏侯胜、黄霸既久系，霸欲从胜受《尚书》，胜辞以罪死。霸曰："朝闻道，夕死可矣。"胜贤其言，遂授之。系再更冬，讲论不息。

后本始五年夏四月壬寅，郡国四十九同日地震，或山崩，坏城郭、室屋，杀六千余人。北海、琅邪坏祖宗庙。诏丞相、御史与列侯、中二千石傅问经学之士，有以应变，毋有所讳。大赦天下。帝素服，避正殿五日。经学之士萧望之言："今陛下以圣德居位，思政求贤，尧、舜之用心也。然而善祥未臻，阴阳不和，是大臣任政，一姓擅势之所致也。附枝大者贼本心，私家盛者公室危。唯明主躬万机，选同姓，举贤材，以为腹心，与参政谋，令公卿大臣朝见奏事，明陈其职，以考功能。如是，则庶事理，公道立，奸邪塞，私权废矣。"

太中大夫河东平阳张敞上言曰："大将军决大计，安宗庙，定天下，功亦不细矣。夫周公七年耳，而大将军几二十岁，海内之命，断于掌握。权欲熏天，感动天地，侵迫阴阳，月朓日蚀，昼冥宵光，地大震裂，火生地中，天文失度，妖祥变怪，不可胜记，皆阴类盛长，臣下颛制之所生也。朝臣宜有明言'辅臣颛政，贵戚太盛，君臣之分不明'，请罢大将军就第，则灾异消矣，若罢大将军而灾异不消，请斩臣头悬未央北阙。"

大将军怒之，下萧望之于狱，久之乃得出。贬张敞，出为函谷关都尉。群臣虽不言，但皆非大将军专权也。所谓，众人之所指，不病则死。大地震后，大将军疾，病喑，口不能言，卜者曰："地震乃高祖、武帝之灵，怒大将军专权颛政，制控皇帝，若大将军不归政，必有大殃。"大将军惧，故归政于宣帝，帝始亲万机，然大事大将军尤总之。帝亲政后，以地震故而立释夏侯胜、黄霸，以胜为谏大夫、给事中，霸为扬州刺史。

胜为人，质朴守正，简易无威仪，或时谓帝为君，帝亦以是亲信之。尝见，出道上语，帝闻而让胜，胜曰："陛下所言善，臣故扬之。尧言布于天下，至今见诵。臣以为可传，故传耳。且大将军专政久，威名布于天下，臣扬天子之德，乃渐消大将军之影响也。"帝含之。朝廷每有大议，帝知胜素直，谓曰："先生建正言，无惩前事！"胜复为长信少府，后迁太子太傅。年九十卒，太后赐钱二百万，为胜素服五日，以报师傅之恩。儒者以为荣，此为后话，先行叙之。

第三十推

霍氏狠行毒害许后　宣帝弱立成君为后

霍光下夏侯胜、黄霸狱，以去帝党，便己专权。然患宫内无内应，且思富贵幼女成君。光持此想，光夫人霍显推波助之，故宣帝发妻许氏不得其死也。本始三年春，正月，癸亥，恭哀许皇后崩。许后父广汉，因事下蚕室，长期监禁，母悲伤发疾慌惚。后时年十岁，干理家事，外营经商，敕制僮御，内外咨禀，事同成人，家产由是更为富饶。后尝梦扪天，荡荡正青，若有钟乳状，乃仰嗽饮之。卜者解之，以讯诸占梦，言尧梦攀天而上，吉不可言。又相者见后惊曰："此成汤之法也。"相者又曰："后之富贵不久，当遇大难，若能避之，则富贵持久。若不能避，后或殒命，然家族自是有权有势。"家人窃喜而不敢宣。

时霍光夫人显欲贵其小女成君，道无从，何哉？上官太皇太后为霍光外孙，论辈，成君乃太皇太后之亲姨母。若成君配宣帝，为帝嫔妃，太皇太后乃帝之祖辈，实乃伦属错乱，天下人将私议之。且宫廷请安之际，何以为礼？故太皇太后反对之。

许后为宣帝糟糠妻，帝少历艰辛，举目无亲，倚许、史之家，且许后生子奭，故帝逆大将军而执意立之为后。立许后前，霍夫人知帝亲车骑将军安世，曾托安世言于帝，帝面许立成君为贵妃，位列宫中之二，为许后之副。而霍夫人显以大将军秉政多年，势大，外孙女为太皇太后，位尊，坚欲其女为皇后，掌后宫之政，帝不许，遂立许后。故霍夫人忧闷。

会许后当娠，病，女医淳于衍者，霍氏所爱，尝入宫侍皇后疾。衍夫赏为掖庭户卫，谓衍："大将军素惧内，霍夫人之言，大将军无不从也，可过辞霍夫人，行为我求安池监。"衍如言报显，显因生心，辟左右，谓衍曰："少夫幸报我以事，我亦欲报少夫，可乎？"衍曰："夫人所言，何等不可者！"显曰："今许后乃布衣素族，刑余之徒后，安能配天子？大将军威震天下，我女乃大将军后，配天子乃适宜也。"

衍曰："夫人所言，甚合于理。"显曰："将军素爱小女成君，欲奇贵之，愿以累少夫。"衍曰："吾知夫人之意，然何以去许后？望夫人明示之。"显曰："妇人免乳，大故，十死一生。今皇后当免身，可因投毒药去，成君即为皇后矣。如蒙力，事成，富贵与少夫共之。"衍曰："药杂治，当先尝，安可？"显曰："在少夫为之耳。将军领天下，谁敢言者！缓急相护，但恐少夫无意耳。"衍良久曰："愿尽力！"即捣附子，赍入长定宫。

皇后免身后，衍托皇后须休息，将内外侍从皆隔绝于外，衍取附子并合太医大丸以饮皇后，有顷，许后曰："我头岑岑也，药中得无有毒？"对曰："无有。"遂加烦懑，须臾，崩。衍秘之，对内外侍从皆曰皇后安寝也。衍出，过见显，相劳问，衍私言许后被毒杀，显心喜，为回避，亦未敢重谢衍。

稍久之，内外侍方觉许后崩，急言于帝。帝闻后崩，急奔之，持后之遗体哭极哀，欲下诸侍疾医于狱，拷问之，以明许后暴崩之因，并严追责，以慰许后之灵。中郎将史曾谏曰："今大将军专政，帝垂拱无为，许后暴崩，此国之大事，帝安可主动举劾乎？大将军将嗔！"帝泣曰："许后之崩，甚无状，或有人谋害之。吾心戚戚，安能无为？否则何以对死者？"史曾曰："吾将上奏举劾诸侍疾医者，示之意出于公而非私，大将军不能拒也。"帝哭曰：

"善！速为之。"

中郎将史曾遂上书告诸医侍疾无状者。此案涉及许后之薨，事关重大，大将军闻劾，立下诸侍疾医于狱，皆收系诏狱，劾不道，且严刑拷问之。显恐急，即以状具语光，因曰："既失计为之，无令吏急衍！"光大惊，欲自发举，不忍，犹与。素惧内，夫人之言不敢不从；又夫人所为，乃小女成君为皇后事，大将军素有此心。会廷尉处置之奏上，光署衍勿论，余皆劾侍疾无状而弃市。显因劝光内其女入宫，大将军从之。

大将军言于帝曰："许后之崩，事出突然，乃诸侍从不尽心所致，老臣谨已处置之。然后宫之位不可久阙，老臣有息幼女，愿为陛下箕帚妾，幸请陛下纳之。"帝曰："朕与许后栉风沐雨，许后之崩，时不久也，朕心甚哀，暂不愿闻此，大将军慎毋言之。"说罢，泪如雨下，哀动左右，大将军不忍再言。大将军将帝之意言于夫人，霍显勃然大怒曰："县官①无大将军安有今日？现大将军欲配幼女，且屈尊亲言之，县官却如此不顾恩义，大将军不能再行大事乎？"霍光素惧内，唯唯而已。

大将军长史丙吉颇闻大将军夫妻言，霍夫人知丙吉为帝所信向，使长史丙吉劝谏帝纳大将军女为后。丙吉言于帝曰："许后虽崩，事出突然，死者长已矣，生者当勉励。陛下应往前看，大将军少所请，竟亲言于陛下，欲配其幼女，而陛下拒之。霍夫人怒，竟欲劝大将军再行大事，此为大患，陛下得无所虑乎？"帝大惊曰："朕近来悲伤，未深思其患也。"丙吉曰："吾虽为大将军长史，但私心常在陛下。陛下不知，大将军素惧内，唯夫人之言是从。昔昌邑王之废，皆夫人之主谋也。"

帝曰："何以言此？"丙吉对曰："昌邑王袭帝位，循文帝故事，使群小掌南北军、未央宫，此前为诸霍及群婿掌之。诸霍、群婿纷言于霍夫人，而霍夫人言于大将军，大将军不敢不从，故此有废立之意也。"帝曰："君言善！"丙吉曰："陛下龙飞，亦系霍夫人之言。"帝曰："吾素与霍云善，曾行

---

① 此霍家人对宣帝的鄙称。

千金于诸霍及群婿,诸霍及群婿当言吾于霍夫人,霍夫人亦必当言吾于大将军,故大将军决意立吾也。"丙吉曰:"陛下圣明!明见其事!"

帝曰:"幸矣!君启告吾也!然当何如?"丙吉曰:"陛下应速纳大将军少女成君为后,以宽大将军夫妇之心,则无患矣。"帝曰:"吾素闻成君骄奢,恐不能堪!"丙吉曰:"妇人甚易悦耳,昔武帝纳窦太主之女陈氏为后,陈氏骄奢,帝心虽不悦,却常下之,于窦太主、陈后多施恩义,故帝得以无患。后太皇太后薨,帝无内制,则行己意,废陈皇后,而窦太主自惭也。"帝曰:"君言之善!"

丙吉曰:"帝成婚后,更应无关政事,以恩情结成君,时时馈霍夫人,霍夫人无私言,则无内祸之因;以政事皆付大将军,则大将军意安,不敢起废立之意,则陛下之位愈固。今大将军年尊而恋权,事必躬亲,精力总不济,而大将军不知自节,长此以往,恐殒其命!"帝曰:"君言善。"帝曰:"然何时是尽头?"丙吉曰:"大将军薨后,陛下可行其意,若皇后骄奢,可仿武帝废陈后故事,废之乃一纸诏书而已。"帝曰:"善!"

霍云闻大将军夫妇欲以成君配帝,患之,思大将军专权,帝事事让之,成君素骄奢,帝必下之,长此以往,帝将恨霍氏,大将军在,自当无患,大将军不在,患则立至也。霍云知己非大将军亲孙,大将军夫妇颇刚愎,不可劝,欲深沮其事,只能上表帝。若帝从之,则祸事立息。若帝不从而纳成君,因事先言明,如战国时赵括母故事,可以免祸。云上表曰:"自古一门二后,未有能全其宗者,乞藏此表于宗庙,异日如臣之言,得以免臣之祸。"帝许之。

太皇太后私言于帝曰:"吾为太皇太后,成君为吾之亲姨,若立之为后,与帝同辈,帝系吾孙,实乃伦属错乱,请安之际,何以为礼?此事帝不能再思乎?"帝知太皇太后为霍光之亲外孙,然汉家常曰孝,帝不便违背太后之旨,又不能逆大将军之意,只能默之,故内心甚急。

大夫夏侯胜本反对立霍成君为后,然许后暴崩,霍夫人坚意立成君为后,胜思:"若帝不从,今权在霍家,必有大患,帝敬吾,吾当有以报之。"

帝患夹霍氏与太皇太后间,言夏侯胜己之困境,夏侯胜曰:"无忧也。"昭宣之际,天位悬旷,大将军为遮人耳目,循吕后故事,请上官太后摄政,己则暗中持权。夏侯胜授《尚书》于太后,为太后师,太后信向之。

夏侯胜言于太皇太后曰:"昔日高祖定天下,太公家令说太公曰:'天亡二日,土亡二王。皇帝虽子,人主也;太公虽父,人臣也。奈何令人主拜人臣!'太公不欲乱天下之法,后高祖朝,太公拥篲,迎门却行。太公敬高祖也。后高祖私则朝太公亦家人礼。公私两济也。于公廷,陛下为太皇太后,成君则侍太皇太后以孙礼;于私家,则太皇太后以姨母礼待之。庶几公私两便也!"上官太后曰:"善!"然尚未定从之也。

霍显知立后事,帝从而太皇太后狐疑,知太皇太后幼年守寡,内心戚戚,现凤性初成,若动之欲,太皇太后不得不从也。霍显与冯子都[①]私通,子都有乡人冯寅者,素有嫪毒之能,一夜九发,自言生平未得一快意。曾夜宿孤馆四无邻,忽有奔女扉未启而已入,心知其狐,亦欣然乐就狎之。衿襦甫解,贯革直入。狐惊痛,啼声吱然,如鹰脱韝,穿窗而去。寅犹望窗外作狎昵声,哀唤之,冀其复回,而已寂然矣。霍显言其状于太皇太后,太皇太后果欲得之,遂诈为宦者,假受腐刑,剪眉拔须,潜侍太皇太后,太皇太后绝爱幸之。霍显方言成君为帝皇后事,太后无微词。

本始四年春三月,乙卯,立霍光女为皇后,赦天下,许后崩一年后也。初,许后起微贱,登至尊日浅,从官车服甚节俭。及霍后立,以大将军多年秉政之威及霍家之势,舆驾、侍从益盛,赏赐官属以千万计,与许后时悬绝矣。幸得霍后无专权心,安心物质享受,于政治无所关心。帝喜之,数诏大司农,皇后之费不可限。霍夫人闻之,欣喜异常也。

---

① 光为大将军,冯子都本为光之御夫。一日,光与夫人霍显外出,显从驾间而窥,见子都为大将军御,拥大盖,策骃马,身材高大,容貌甚伟,意气扬言。而顾看光,年老拱背,脸暗无色,举止猥琐,心有好子都之意。既而归,显私招冯子都曰:"大将军高不满七尺,阿衡圣朝,恂恂自下。而君仅为御,长八尺五,洋洋若自足,大将军用法严,群下必嫉妒君,君不以为患乎?"子都闻之,涕泪请于显曰:"夫人救我!若得安生,吾愿挈筋骨报效夫人终身。"显曰:"愿托于吾乎?吾保君富贵也!"子都曰:"敬从命!"其晚遂蒸焉,子都有嫪毒之能,霍显绝爱幸之。

第三一推

强辅病家族多内忧　暮年惨灵蛇为内应

然不久，大将军疾，一则以喜，为傀儡帝之大喜；一则以忧，于不义之家，为大忧也。前文已言，本始五年地震，光病瘖疾，惧高庙、武庙神灵，始允帝亲政，然大事尚由己总之。地节元年春，光瘖疾愈，大会宾客，宴于私第，御史大夫魏相①称疾不往。光与亲昵酣饮极欢，及酒阑倡罢，继以悲歌，坐中闻者，皆为掩涕。丙吉时亦在焉，会还，以事告魏相。魏相叹曰："此所谓哀乐失时，非其所也，殃将及乎！"光至秋果寝疾。光素惧内，夫人霍显暗幸监奴冯子都。光寝疾后，光夫人大与冯子都公然来往，或传霍禹乃霍显与冯子都乱而生。

光妇霍显，性妒忌。古语曰："同姓相婚，其生不蕃。"光本二妇，光未随兄去病赴京前，霍仲孺为光聘大家李氏。光赴京后，方聘霍显。上官安之

---

① 魏相字弱翁，济阴定陶人也，徙平陵。少学《易》，为郡卒史，举贤良，以对策高第，为茂陵令。顷之，御史大夫桑弘羊客诈称御史止传，丞不以时谒，客怒缚丞。相疑其有奸，收捕，案致其罪，论弃客市，茂陵大治。后迁河南太守，禁止奸邪，豪强畏服。后人有告相贼杀不辜，事下有司。久系逾冬，会赦出。复有诏守茂陵令，迁扬州刺史。居部二岁，征为谏大夫，复为河南太守。数年，宣帝即位，征相入为大司农，迁御史大夫。

妻，亦即上官太后母，为李氏之女，乃光赴京前所生也。光聘显后，显妒忌，不许光见李氏。显生光前子，年甫三岁，乳母抱之当阁。子见光入，喜笑，光就而抚之。显望见，谓光私乳母，即鞭杀之。前子恋念，发病而死。后李氏又生子，过期，复为乳母所抱，光以手摩其头。显疑乳母，又杀之，儿亦思慕而死。后显与光终无子，患之，家奴冯子都容貌壮伟，光信任之，使典家事。显见而悦之，私与冯子都时时往来，遂孕而产霍禹，为光之胤嗣，光严而显忌，无人敢为光明言之也。

初，显欲省李氏，光曰："彼有才气，卿往不如不往。"显从之。及幼女成君为后，显乃盛威仪而去。既入户，李氏出迎，显不觉脚屈，因遂再拜。自是光每出行，显辄使人寻之，恐其过李也。初，光父仲孺见古今重节义，竟不知光与废昌邑王事，以张安世不忠，数追骂之。侍者闻之，无不窃笑。及将亡，光问所欲言，光父曰："我教汝迎李新妇尚不肯，安问他事！"遂无言。光惧内，始终不敢迎李也。

某天，光上朝未归，夫人霍显私通于冯子都，正云雨中，光突至，冯子都在内中，不暇躲避，霍显患之，其奴婢曰："令子都裸而解发直出门，吾属佯不见也。"于是显与子都从其计，子都裸而疾走出门，光问曰："是何人也？"家室皆曰："无有。"光问曰："吾见鬼乎？"众人曰："然。"光问："为之奈何？"光夫人曰："大将军疾，恐鬼作祟，应取五姓之矢浴之。"光曰："诺。"乃浴以矢。遂起疾。

光疾初，大事决于私第，帝不措手。光悖甚，异以常态，多以复仇为事。昔光少时，尝与人牵船，见一老妪，在河边采柴，光嘲笑之曰："女子何不调治机杼而傍河采薪？"老妪答曰："丈夫何不跨马挥鞭而牵船乎？"光闻之大怒，思将必报之。光曾与一人于草地共食，见一妪将二儿过，并青衣，光调之曰："青羊将二羔。"妪答曰："两猪共一槽。"光又大怒。及光疾甚，思平生所恨，此两老妪殊为可恶，于是派吏四出，访求两妪，以求报复，后吏回报，两老妪皆已死，有后嗣，光竟族灭其家，挖坟挫骨，方解心头之恨。

帝闻光疾甚，内深喜，然外装忧郁。伪祷求光疾愈，甚至亲祈南北郊、宗庙、社稷，分遣侍臣祷河岳诸祀，靡不周备。光疾未瘳，为大赦殊死以下。诸臣效之，亦为光祈祷于诸神庙，所表奏多为光祈福。光疾，志昏意乱，凡群庶之为光祈福表奏，光多奖励之，或迁美官，或升秩禄。若非之，必得重谴。

郎官李某闻大将军寝疾，亲入霍去病庙，自为牺牲，沐浴伏俎上，涕泪嚎泣，请代大将军命。适逢大将军疾小瘳，厚赏之，迁为郡守。郎官王某素正直，颇非朝野之佞，上奏曰："大将军疾，陛下亲祈南北郊、宗庙、社稷，分遣侍臣祷河岳诸祀，陛下因权臣之命而亏天地之德，开辟已来，未之有也。而群僚亦纷为大将军祈福，害宗庙之威，亏陛下之德，损大将军之名也。"大将军览奏，立黜之为布衣。

故天下争为光祈福，彼此取笑曰："何不上大将军祈福表而求富贵？"帝闻之而不满，以大将军尚在，姑且忍之。光疾甚，因上疏谢恩，并言时政，多所弘益。帝览之流涕，悲恸左右。车驾时时自临问，为之涕泣，问以后事，光曰："国之大事乃法祖用贤，又曰政事与人事，臣所用之人，若无大过，不可废黜；法祖者，法文景之恭俭养民也。"帝涕泪从之，然内心不能善也。光疾甚，帝常使御史大夫魏相问光之起居，虽为问候，实为防察内外也。魏相私奏大将军之疾日沉，有不起之势。帝常习字，专书喜字，遍数简，立亲毁之，恐他人见也。

后光知霍显与冯子都乱，颇闻霍禹非己之亲子，然病不能起。忽梦，行至一府舍，侍卫甚盛，府公南面坐，声色甚厉，谓光曰："将乱吾家事者，必尔妻与外人子也。"光大惊，细看，乃其兄霍去病也。光拜曰："兄何以为府公？"去病曰："吾伐匈奴有重功于天下，未享其富贵，年未及二纪而薨，天帝怜之，故登神位，此为吾神邸也。"光曰："兄何以言外人子？"

去病曰："霍禹乃尔妻与家奴冯子都乱而生也。"光曰："吾本疑此，幸兄告之。"去病曰："汝之暗戆，先害昭帝，后废昌邑王，汝所以延日月而名器若此者，靠吾生前之勋耳。"光叩头流血。去病曰："今天帝怜吾，录汝而使吾亲言之，慎之，慎之，今汝病，不能起，若能约束家属，霍家许能存。若不能，汝之恶行在先，霍家人造孽在后，家族不存矣。"光拜受其言而退。忽醒，如亲临其境。

光立召夫人问之："汝与冯子都乱，可有其事？"显见光疾甚，肆无忌惮，曰："汝之媵妾数人，又有前妻李氏，妾为何不能有私欢？"光曰："信矣！汝与冯子都乱，吾不究也！然霍禹是否为吾与汝之亲子？"霍显曰："外间传言不可信，霍禹真大将军子也。"

光曰："何以为据？可滴血验亲否？"霍显惧曰："何必如此？授世人予柄！"光曰："不如此，吾心怎安？吾旦夕入地，何以汝此时无真言？若祭祀，吾不享非霍氏子孙之献也。死者无知，则已矣；若死者有知，吾必不佑汝！"霍显不应，患之，与冯子都谋，矫霍光旨，隔绝幕僚及家人，托以病人须静息，即太后及帝皆不可至床前探望，只可从窗前遥观。霍显、霍禹二人专侍光疾，他人不得措手，以防突变，冯子都察听内外消息，监防家人及百僚。

光素疾甚，霍显、霍禹此举，乃此地无银三百两。光遂知禹非己之胤嗣，愤恨之下，疾遂笃。初，光父母迷路至一神庙，四无村落，人迹罕至，有庙祝栖止其中。内多大蛇，故游人绝迹。光父母既至，庙祝大惊迎曰："上公父母来，山庙简陋，无以为馈，幸不为儿辈所见！"即命坐，具羹汤。肉汤甚美，而段段皆圆，类鸡项。疑问庙祝："杀鸡何乃得多项？"庙祝曰："此蛇段耳。"光父母大惊。既寝，光母觉胸上蠕蠕，摸之，蛇也，顿起骇呼，庙祝曰："此常事，奚足怪！"因以火照壁间，大小满墙，榻上下皆是也。光父母益惧，终夜不眠。早起欲归，庙祝送之。出屋门见墙上阶下，大如盎盏者，行卧不一。见生人，皆有吞噬状。

后光母产光而并产一蛇，送之林中。光母早卒，及葬未窆，有大蛇自榛草而出，径至丧所，以头击柩，涕血皆流，俯仰蜿屈，若哀泣之容，有顷而去。时人知为霍氏之祥。卜者曰："光与蛇同产，故光乃人中之蛇，蛇未成龙，故光可为国之上公，位极人臣，贵不可言，然无九五之命也。"光之不敢篡位，一方面，汉室祖宗德泽深厚，天下人皆信向；另一方面，光知己蛇命，可为上公，享国之富贵，无真龙之命，不可篡位。

光疾笃，为霍显、霍禹所制，光思母子所为如此，必霍禹非己子，母子惧光临终有大处分，故隔绝光也。光愤懑，然身旁无人，欲上书却无人能达也。突有一天深夜，一大蛇悄钻入大将军府，匍匐至霍光床前。霍光见之，见蛇头有疤，此乃霍母亡时，大蛇撞棺所留。知为同产蛇，蛇立光前，俯仰也。光知之，故裂白衣啃指出血，上书帝谢恩："老臣无状，家门不幸，霍禹非吾子，愿分国邑三千户以封兄孙奉车都尉山为列侯，奉兄去病祀，以延霍氏血脉。"光机深，虽如此，遗书仅言霍禹非己子，却终愿保霍氏后嗣及群婿之富贵也。

大蛇含书于口，匍匐出霍府，钻洞至大内，深夜而至御床前，悄留血书于地，便离去。次日，帝起，发现霍光血书，知霍光恨霍禹。故即日，拜光子禹为右将军，无所统领，明升暗降，剥夺其军权。霍显大怒，思光怒己母子，言之无益也。

光疾革，梦武帝怒曰："吾子弗陵有何罪过？己行不正，听用邪孽，使绝其命，且断其后嗣？吾孙昌邑王贺立二十七天而废之，造罪千条，有如此深文乎？吾之顾托，汝忠于其事否？天地神明，罪在难救。"梦殊明察。光既觉而恐，立薨，时乃地节二年三月庚午。

帝及皇太后亲临光丧，太中大夫任宣与侍御史五人持节护丧事。中二千石治幕府冢上。赐金钱、缯絮、绣被百领，衣五十箧，璧珠玑玉衣，梓宫、便房、黄肠题凑各一具，枞木外臧椁十五具。东园温明，皆如乘舆制度。载光尸柩以辒辌车，黄屋左纛，发材官轻车北军五校士军陈至茂陵，以送其葬。谥曰宣成侯。发三河卒穿复土，置园邑三百家，长、丞奉守。

昔武帝葬茂陵，光好私行，常至茂陵潜祭帝。偶一次，马至茂陵西，止不肯前而悲鸣。大将军异之，使士卒掘之，入三尺，得石。光以烛照之，有铭，以水洗之，文字皆古异，左右莫能知，光不学，问夏侯胜，胜曰："蝌蚪书也！"夏侯胜译之曰："佳城郁郁，两千年见白日，吁嗟子孟居此室。"

霍光曰："嗟乎，天也！吾死即安此乎？"遂经营墓穴于此地，待百年后葬之。

葬毕，帝诏曰："大司马大将军博陆侯宿卫孝武皇帝三十余年，辅孝昭皇帝十有余年，遭大难，躬秉义，率三公、诸侯、九卿、大夫定万世策，以安宗庙。天下蒸庶，咸以康宁，功德茂盛，朕甚嘉之。复其后世，畴其爵邑，世世毋有所与。功如萧相国。"

御史大夫魏相上封事曰："国家新失大将军，宜显明功臣以填藩国，毋空大位，以塞争权。宜以车骑将军安世为大将军，毋令领光禄勋事，以其子延寿为光禄勋。"帝亦欲用之。安世素避让，闻之，入朝固辞，帝素亲安世，不许，然安世请不与大将军光齐，故以安世为大司马、车骑将军，领尚书事。安世小心谨慎，知大将军光专权之弊，事事不敢自专，皆请决于帝，帝始得亲政，励精图治。

第三二推

少历艰难知民疾苦　英主亲政励精图治

　　帝兴于闾阎，知民事之艰难。昭帝末年，帝与史增①微行至边疆，适逢汉廷与匈奴战。大将军修文景之政，天下虽太平，然边疆却疾苦如故。多年汉夷对立，边疆之民厌兵，少壮或死前线，或逃亡，故边兵不足，为补其缺，汉廷于边疆强抓壮丁也。帝与史增暮投叹嗟村，宿于民家，适逢深夜吏捉人，老翁与帝及史增匿于柴房。老妇出门看，吏怒呼应派人行役，老妇啼哭曰："妾之三男戍边疆。一男附书刚至，言二男新战死。存者且偷生，死者长已矣！"

　　吏怒曰："边疆打仗，死人平常，若不就役，砸屋推房！"老妇哀曰："室中更无人，惟有乳下孙。有孙母未去，出入无完裙。"吏怒曰："皇命无常，以战为向，若无兵员，妇孺皆上。"老妇曰："老妪力虽衰，请从吏夜归。急应边疆役，犹得备晨炊。"吏添老妪名于策，天明即发，遂于别家抓壮丁也。老翁家夜久语声绝，如闻泣幽咽。天明登前途，独与老翁别。帝亲见战争之祸，征兵之惨，民生之凋，私祝曰："若得登九五，必当与匈奴和，

---

① 帝母史良娣兄子，为帝表哥。

绥靖边境，养民生息！"

帝亦喜游侠，斗鸡走狗，以是俱知闾里奸邪，吏治得失。数上下诸陵，周遍三辅，时天旱禁酒，酿者有刑。大将军用法严，吏于人家索得酿具，论者欲令与作酒者同罚。帝与史增游，私见之。增见一男女行道，谓帝曰："彼人欲行淫，吏人何以不缚之？"帝曰："卿何以知之？"增对曰："彼有其具，与欲酿者同。"帝大笑，深知大将军用法严，厉民之政甚多，内不能善大将军也。

后帝与史增因私游至左冯翊，黄霸适为左冯翊掾属。卫太子主政时，霸曾为郎官，知宣帝为卫太子孤孙，颇怜之，故甚礼帝。霸好酒，日与帝饮，时时沉醉。大将军尝因巡观奄至左冯翊，见霸众事不理，时又沉醉，大将军大怒，将加罪戮。太仆杜延年请曰："黄霸，社稷之器，非百里之才也。其为政以安民为本，不以修饰为先，愿大将军重加察之。"

大将军雅敬延年，乃不加罪，仓促免官而已。帝颇为黄霸惜，霸曰："大将军用法严，民不得安生，吾故沉湎于酒，诸事不理，故民得休养生息，此乃师曹相国之故智也。"帝曰："然君仕宦多年，仅得为左冯翊掾属，今免为布衣，不亦惜乎？"霸曰："当官以民为先，为民而丢官，心所甘也。"帝善之，私祝，若登九五，必大用之。

丙吉与魏相素善。帝十岁时，魏相为河南太守，任内禁止奸邪，豪强畏服。丙吉私携帝赴太守府做客。会丞相车千秋薨，先是，千秋子为雒阳武库令，自见失父，而相治郡严，恐久获罪，乃自免去。相使掾追呼之，遂不肯还。相谋于丙吉曰："车丞相子为雒阳武库令，惧吾之威严，自免去，吾当何为？"丙吉曰："吾为大将军长史，深知大将军措置，大将军闻此令去官，必以为君用丞相死而不能遇其子，使当世贵人非君，君殆矣！吾当替君善为解释之。"

武库令西至长安，大将军光果责过相曰："幼主新立，以为函谷京师之固，武库精兵所聚，故以丞相弟为关都尉，子为武库令。今河南太守不深惟国家大策，苟见丞相不在而斥逐其子，何浅薄也！"将加大处分，大将军长史丙吉言于大将军曰："魏相慕大将用法严，故治郡严，此乃武库令惧魏相之严而自弃之，非魏相之过也。"事遂得释。

后有人告相贼杀不辜，事下有司。河南卒戍中都官者二三千人，遮大将军，自言愿复留作一年以赎太守罪。河南老弱万余人守关欲入上书，关吏以闻。大将军怒众民为魏相上请，用武库令事，遂下相廷尉狱。久系逾冬，会赦出。复有诏守茂陵令，迁扬州刺史。考案郡国守相，多所贬退。丙吉与相书曰："朝廷已深知弱翁治行，方且大用矣。愿少慎事自重，藏器于身。"相心善其言，为霁威严。丙吉常与帝言魏相之能，帝善之，心许若登九五，必大用之。故大将军薨，相得为丞相九年，薨于位。

后昭帝崩，昌邑立，旋被废，光攀立帝，帝鉴昌邑之祸，万机皆由光主之。霍光既薨，帝始亲政事，励精为治，五日一听事。自丞相以下各奉职奏事，敷奏其言，考试功能。侍中、尚书功劳当迁及有异善，厚加赏赐，至于子孙，终不改易。

魏丞相尝奏请序进郎吏，帝仰视殿屋，丞相再三言之，终不应。丞相惧，趋出。罢朝，萧望之谏曰："陛下新总万机，丞相奏事，当面加可否，奈何一不省察！"帝曰："朕任丞相以庶政，大事当奏闻共议之；郎吏卑秩，乃一一以烦朕邪！"会望之宣事至相府，为丞相道帝语。议者皆服帝识君臣之体。

帝好法家言，多读韩非书，少拜儒家师，暗慕权术势。霍光执国权二十年，朝臣、郡守多出其门，帝患之，欲加淘汰精选也。有上书请去佞臣者，帝问："佞臣为谁？"对曰："臣居草泽，不能知其人，愿陛下与群臣言，或阳怒以试之，彼执理不屈者，直臣也；畏威顺旨者，佞臣也。"帝曰："君言善！"上书者又曰："陛下虽登九五，然大将军持权二十年，故吏遍天下，帝应以韩非帝王术鉴别之，操纵之。直臣存之，佞臣去之，持权、术、势之柄驭使群臣，君势必固，群臣不得不服也。"帝善之。

帝私使中人巡查三辅，中人回报，帝问："何所见也？"中人对曰："无所见也。"帝曰："虽如此，何见？"中人曰："南门外，有黄犊食苗道左也。"

帝谓使者曰："毋敢泄吾所问于人，否则吾将戮汝。"帝下诏曰："当苗时，禁牛马入人田中固有令，而吏不以为事，牛马甚多入人田中，三辅之郡县亟举其数上之，不得，将重其罪。"于是三辅之郡县举而上之，帝曰："未尽也。"复往审之，乃得南门之外黄犊，吏以帝为明察，皆悚惧而不敢为非。

帝患吏多受贿，密使左右试赂之。有司门令史受绢一匹，帝欲杀之，萧望之谏曰："为吏受赂，罪诚当死，但陛下使人遗之而受，乃陷人于法也，恐非所谓道之以德，齐之以礼。"帝悦，从之，免吏职。然群吏自是知帝明照万里，皆战战兢兢也。

帝问萧望之曰："人主何为而明，何为而暗？"对曰："兼听则明，偏信则暗。昔尧清问下民，故直鱼之恶得以上闻；舜明四目，达四聪，故共、鲧、驩兜不能蔽也。秦二世偏信赵高，以成望夷之祸；先武帝偏听江充，巫蛊之祸得作。是故人君兼听广纳，则贵臣不得拥蔽，而下情得以上通也。"帝曰："善！"

帝问萧望之曰："吾朝为国者不及初，何也？"望之对曰："汉初无为而治，与民休息，民得自安，以乡俗自约，故风俗淳厚。武帝后，一改无为而治，设盐铁之政，与民争利，民吸于利而与官竞。官利不行，参以法律，故淳朴之俗日消，此治化之所以益衰也。"帝然之。

帝问萧望之曰："孔子曰：'以能问于不能，以多问于寡，有若无，实若虚。何谓也？'"萧望之对曰："非独匹夫如是，帝王亦然。帝王内蕴神明，外当玄默，故《易》称'以蒙养正'，'以明夷莅众'。若位居尊极，炫聪耀明，以才陵人，饰非拒谏，则下情不通，取亡之道也。"帝深善其言。

帝谓夏侯胜曰："为官择人，不可造次。用一君子，则君子皆至；用一小人，则小人竞进矣。"夏侯胜对曰："诚然！"帝曰："法令不可数变，数变则烦，官长不能尽记，又前后差违，吏得以为奸。自今变法，皆宜详慎而行之。"

及拜刺史、守、相，辄亲见问，观其所由，退而考察所行以质其言，有名实不相应，必知其所必然。常称曰："庶民所以安其田里而亡叹息愁恨之心者，政平讼理也。与我共此者，其唯良二千石乎！"以为太守，吏民之本，数变易则下不安。民知其将久，不可欺罔，乃服从其教化。故二千石有治理效，辄以玺书勉厉，增秩，赐金，或爵至关内侯。公卿缺，则选诸所表，以次用之。是以汉世良吏，于是为盛，称中兴焉。

廷尉史巨鹿路温舒上书曰："臣闻秦有十失，其一尚存，治狱之吏是也。夫狱者，天下之大命也，死者不可复生，绝者不可复属。《书》曰：'与其杀不辜，宁失不经。'今治狱吏则不然，上下相驱，以刻为明，深者获公名，平者多后患，故治狱之吏皆欲人死，非憎人也，自安之道在人之死。是以死人之血流离于市，被刑之徒比肩而立，大辟之计，岁以万数。此仁圣之所以伤也，太平之未洽，凡以此也。唯陛下省法制，宽刑罚，则太平之风可兴于世。"

帝善其言。诏曰："间者吏用法巧文浸深，是朕之不德也。夫决狱不当，使有罪兴邪，不辜蒙戮，父子悲恨，朕甚伤之！今遣廷史与郡鞫狱，任轻禄薄，其为置廷尉平，秩六百石，员四人。其务平之，以称朕意！"于是每季秋后请谳时，帝常幸宣室，斋居而决事，狱刑号为平矣。

涿郡太守郑昌上疏言："今明主躬垂明听，虽不置廷平，狱将自正。若开后嗣，不若删定律令。律令一定，愚民知所避，奸吏无所弄矣。今不正其本，而置廷平以理其末，政衰听怠，则廷平将召权而为乱首矣。"帝不从。

第三三推

霍家愚知进不知退　宣帝明任贤去壅闭

帝外宽内忌，虽亲政，然外议颇非帝之裁夺霍氏，故帝思报大将军德，乃封光兄孙山为乐平侯，使以奉车都尉领尚书事。御史大夫魏相因昌成君许广汉奏封事，言："《春秋》讥世卿，恶宋三世为大夫及鲁季孙之专权，皆危乱国家。自后元以来，禄去王室，政由冢宰。今光死，子复为右将军，兄子秉枢机，昆弟、诸婿据权势，在兵官，光夫人显及诸女皆通籍长信宫，或夜诏门出入，骄奢放纵，恐寖不制，宜有以损夺其权，破散阴谋，以固万世之基，全功臣之世。"

又故事：诸上书者皆为二封，署其一曰"副"，领尚书者先发副封，所言不善，屏去不奏。相复因许广汉白去副封以防壅蔽。帝阴忌霍氏，因念霍光之旧功，姑且包容霍氏，虽渐夺其权，但位遇不改，屡厚赐之，霍家虽怒，却无反谋。霍光在时，帝惧之，大将军后期多病，帝渐掌实权，今大将军薨，帝无所忌惮。帝善魏相议，诏相给事中，掌机要，皆从其议。

大将军晚年，溺于慈爱，诸霍、群婿所为多为不法，公然接受请托，干扰政事，大将军用法严，无人敢为大将军明言之，故霍家之财亿万，富可敌国。诸霍、群婿特以大将军在，不敢大肆显露挥霍，大将军亦不知己之家底厚矣。

大将军既薨，霍氏骄侈纵横。光夫人显改光生时所造茔制，而更奢大之，起出三阙，筑神道，北临昭台，南出承恩。盛饰辇道，通属永巷，而幽良人婢妾以守之。显又广治第室，作乘舆辇，加画，绣绷冯，黄金涂；韦絮荐轮，侍婢以五采丝挽显游戏第中；与监奴冯子都公乱。而禹、山亦并缮治第宅，走马驰逐平乐馆。云当朝请，数称病私出，多从宾客，张围猎黄山苑中，使仓头奴上朝谒，莫敢谴者。显及诸女昼夜出入长信宫殿中，亡期度。

帝自在民间，闻知霍氏尊盛日久，内不能善。既躬亲朝政，御史大夫魏相给事中，与大将军素不善，愤大将军之专权及制控帝，大将军既薨，霍家不改其素行，故时时为上筹策，渐去霍家之势，使权全归天子，政自天子出。显大怒，谓禹、云、山："汝曹不务奉大将军余业，今大夫给事中，他人壹间汝，能复自救邪！"后两家奴争道，霍氏奴入御史大夫府，欲蹋大夫门；御史大夫魏相为叩头谢，乃去。魏相内大怒。汉御史大夫职掌天下之纠劾，魏相潜派御史搜集霍氏违法证据，奏之于帝，帝以大将军功大，置不问。然消息自是走漏，人皆谓霍氏，显等始知忧，方知天下人之不容己也。

初，大将军霍光秉政，京兆尹赵广汉事光，以光旨意为所向而为鹰击，光重之，故得为京兆尹多年。光薨后，广汉心知帝微指，欲自解于霍氏，表明心向帝室之意；且知魏相方为帝所宠幸，将委重任，欲先布功德于魏相，以为将来进取虑。适霍氏奴与御史奴争道，御史大夫魏相为叩头谢，事乃得已，魏相内怒，帝以霍氏有攀立及安天下功，置不问，然心不能善也。

广汉知帝意所向，亲发长安吏自将抓肇事奴，俱至光子博陆侯禹第。肇事奴恃霍家势，未曾闪躲，禹自恃能制广汉，不以为意。广汉率吏来，直突入其门，禹欲云云，广汉不顾，索私屠酤，椎破卢罂，仗杀奴，斧斩其门关而去。大将军虽薨，余威震天下，人不敢惹霍氏。广汉砸霍门杀家奴后，人知霍氏之势已去，渐不畏之。霍氏、诸婿骄奢已久，以东宫太皇太后、正宫皇后皆霍氏亲，尚可倚仗，帝因大将军得立，大将军有重恩于帝，帝不至于辜负之。故不以为意。

时，光女为皇后，闻之，对帝涕泣，言广汉跋扈，帝不言，然心善之，为解于霍后，召问广汉。帝佯怒曰："大将军功盖天下，非大将军，朕不能龙飞。大将军坟土未干，卿便如此，突入霍家门，仗杀人奴，霍氏有言不应，人谓朕薄情寡义！卿何以敢如此？"广汉见帝虽怒而神采内和，广汉对曰："臣为大将军属吏，臣忠事大将军，臣之职也。然大将军在时，严于自我，恪守汉法，约束家人。大将军薨后，霍家人仗大将军多年之势，跋扈嚣张，蔑视汉法，臣惩之，乃尊大将军，为大将军存霍氏也。"

帝问曰："卿为之不亦过乎？"广汉对曰："陛下立，大将军持权多年，天下人畏大将军而不惧陛下，臣所为乃立天子之威，渐消大将军之影响，欲世人知天子乃无上至尊也。仗杀奴并砸其家门，明霍氏不足惧，此乃其末也。若霍氏嚣张跋扈，臣甘为陛下鹰犬，不奏请而立诛杀之。"帝曰："善！卿休矣。"广汉由是敢侵犯贵戚大臣，后诛杀霍氏、群婿之际，乃广汉亲率京兆吏执行。凡帝之所不喜，微示风旨，广汉必击之。此后，世人皆知大将军薨后，霍家之势不足惧也。后大将军家族灭，诛灭者数十家，而广汉无恙，秩禄不变，京兆依旧，与广汉及时投诚于帝关联矣。

然福之所因，祸之所起也。赵广汉恃为帝所知，破霍家门，杀霍家奴，既投诚于帝，又间为御史大夫魏相地，广汉知魏相方为帝所向，不能无望，魏相由御史大夫为丞相，广汉望登御史大夫之位。魏相崇儒，好宽大，而广汉好法，为酷吏，素为魏相所轻。广汉功劳虽大，治京兆政绩卓著，然魏丞相多奏抑之，广汉由是品位不进。广汉不服，欲败魏相，然终于此败也①。

广汉之事不表，言韦贤。昭帝时，征韦贤为博士、给事中，进授帝《诗》。帝亲政，颇所问难大将军，大将军不学无术而不能对，内甚急之。韦贤为大将军地，颇以古之君礼臣讽喻帝，后帝始再礼大将军。帝欲伐大将军之际，韦贤奔走相告，大将军心感激之。对峙事后，大将军虚假归政，韦贤

---

① 详见后文"境险恶许后子为储，陷宠争淮阳兴夺谋"。

亦力劝帝驳回，大将军感韦贤内助之恩。宣帝立，韦贤年尊，为九卿之长信少府。蔡义丞相死时，贤年已七十五，精力不济，耳聋目花，然进取不已。大将军任相不取贤能，但取老弱易制者，按汉法，丞相多顺序而升，由御史大夫升任也。大将军德韦贤相助之恩，又以其老病易制，故越次将韦贤从长信少府升为丞相也。

韦贤无所为，依违于主辅间，奉田丞相故事，故得无患。宣帝立，大将军继续秉政持权，凡有所奏，使亲吏暗讽韦贤，韦贤无不从大将军意。虽为丞相，位大将军之右，恂恂然如大将军属吏，霍家人亦以奴仆视之。后大将军薨，韦贤无所依，而霍家人不知收敛，请托多嘱之韦贤，亦不知礼敬之，韦贤渐不能堪。韦贤知大将军薨，今上贤明，而已老病，不堪驱使，且霍家人所为多非法，大将军在，为之，大将军功盖天下，用法严，世人尚能强忍之；大将军不在，若继续为之，世人皆非之也。进退为难间，不如径直致仕也。地节三年五月，丞相贤以老病乞骸骨，赐黄金百斤，罢归，加赐第一区。丞相致仕自贤始。

韦贤致仕后，御史大夫魏相顺序升为丞相，数燕见言事；平恩侯与侍中金安上等径出入省中。时霍山领尚书，帝令吏民得奏封事，不关尚书，群臣进见独往来，于是霍氏甚恶之。帝去封闭，百官吏民皆得上书达天听，霍氏之诸多阴谋得以上闻。

帝疑霍氏毒杀许后而迟疑未定，魏相私荐沛县朱明能召鬼，帝立召之，语曰："君能使人见鬼，可使形见。不者，便加戮。"明曰："甚易。"借陛下前笔砚书符，因以叩几。须臾，忽见五六鬼，缚二囚于祈前。帝熟视，不识也。二囚叩头曰："小儿无状，分当万死。"帝大惊，何来父母之魂也？魏相睹之，乃史皇孙夫妇也，立跪，奏曰："此乃陛下之父母也！"帝方拜，语之久也，后明方放二囚还。后帝语明曰："可否见许后？"明曰："何难？"遂画符而再招之，许后魂果至，帝悲喜，相问如生平。帝问许后死，许后魂曰："乃霍显暗使女医淳于衍下毒也。"言罢则魂退，帝领之，坚欲为许后报仇也。

时度辽将军范明友为未央卫尉，中郎将任胜为羽林监，长乐卫尉邓广汉、光禄大夫散骑常侍赵平，皆为霍光诸婿，光禄大夫给事中张朔系光姊婿，中郎将王汉系光孙婿，皆握兵权。帝与魏相谋降霍氏势力，魏相劝帝升其秩禄渐出之于外，夺其兵权，以所亲代之，帝从之。

帝乃徙光婿度辽将军、未央卫尉、平陵侯范明友为光禄勋，出次婿诸吏、中郎将、羽林监任胜为安定太守。数月，复出光姊婿给事中、光禄大夫张朔为蜀郡太守，群孙婿中郎将王汉为武威太守。顷之，复徙光婿长乐卫尉邓广汉为少府。更以张安世为卫将军，两宫卫尉、城门、北军兵属焉。以霍禹为大司马，冠小冠，亡印绶；罢其屯兵官属，特使禹官名与光俱大司马者。又收范明友度辽将军印绶，但为光禄勋；及光婿赵平为散骑、骑都尉、光禄大夫，将屯兵，又收平骑都尉印绶。为防安世，诸领胡、越骑、羽林及两宫卫将屯兵，悉易以所亲信许、史子弟代之。

霍禹为大司马，怒帝夺霍家权，称病不朝不视事。禹故长史任宣候问，禹曰："我何病？县官非我家将军不得至是，今将军坟墓未干，尽外我家，反任许、史，夺我印绶，令人不省死。"宣见禹恨望深，乃谓曰："大将军时何可复行！持国权柄，杀生在手中。廷尉李种、王平、左冯翊贾胜胡及车丞相女婿少府徐仁皆坐逆将军意下狱死。废立人主，昌邑王被废，今上立，大将军权柄可震天。至九卿封侯，大将军一言以定之，大将军素宠幸家奴冯子都，百官以下但事冯子都，视丞相亡如也。各自有时，今许、史自天子骨肉，贵正宜耳。大司马欲用是怨恨，愚以为不可。"禹默然。数日，起视事。

霍显及禹、山、云自见日侵削，数相对涕泣自怨。山曰："今丞相用事，县官信之，尽变易大将军时法令，发扬大将军过失。又，诸儒生多窭人子，远客饥寒，喜妄说狂言，不避忌讳，大将军常雠之。今陛下好与诸儒生语，人人自书对事，多言我家者。尝有上书言我家昆弟骄恣，其言绝痛；山屏不奏。后上书者益黠，尽奏封事，县官辄使中书令出取之，不关尚书，益不信人。又闻民间谨言'霍氏毒杀许皇后'，宁有是邪？"显恐急，即具以实告禹、山、云。禹、山、云惊曰："如是，何不早告禹等！县官离散、斥逐诸婿，用是故也。此大事，诛罚不小，奈何？"于是始有邪谋矣。

第三四推

诸霍失势渐起邪谋　众告发霍家被族灭

霍家纷扰，诸霍群婿屡议废帝，云居家亦常私议废帝。云舅李竟善张赦，见云家卒卒，谓竟曰："今丞相与平恩侯用事，可令太夫人言太后，先诛此两人，翦去宫廷羽翼，天子自然势孤。移徙陛下，在太后耳。"

不意属垣有耳，竟为霍氏家马夫所闻，适值长安亭长张章，与马夫素相识，落魄无聊，前来探望。马夫宴之，大醉，不胜酒力，突兀吐露霍家谋反事，张章牢记在心，佯装不胜酒力，倒床假寐。心中不禁暗喜，知帝素忌霍氏，思借此上变，希图富贵。天明便起床与马夫别，以听闻所言，写成急变书，诣阙呈入。前宣帝本欲除壅蔽，使中书令传诏，百官吏民皆得上书言事，以除壅蔽。中书令取变书，帝亲自披览，大惊，立发廷尉查办，廷尉使执金吾往捕张赦等人。已而，帝突然又饬令止捕。山等闻之，愈恐，相谓曰："此县官重太后，故不竟也。然恶端已见，久之犹发，发即族矣，不如先也。"遂令诸女各归报其夫，皆曰："安所相避！"

霍去病薨久矣。一夕，忽有人扣霍云家门曰："大司马至！"家人莫不怪之，及入门升堂，霍云本以为大司马禹，见之乃其祖也。大惊。去病历历分付家事，及去，索笔书遗嘱，既而竟去。遗嘱曰："雨一住三年！"人莫不怪之，久思不得其理。后大将军薨三年，霍家族灭，乃知"雨一住三年"寓意"霍三年"也！

会李竟坐与诸侯王交通而下狱，辞语及霍氏，有诏："云、山不宜宿卫，免就第。"山阳太守张敞上封事曰："臣闻公子季友有功于鲁，赵衰有功于晋，田完有功于齐，皆畴其庸，延及子孙。终后田氏篡齐，赵氏分晋，季氏颛鲁。故仲尼作《春秋》，迹盛衰，讥世卿最甚。乃者大将军决大计，安宗庙，定天下，功亦不细矣。夫周公七年耳，而大将军二十岁，海内之命断于掌握。方其隆盛时，感动天地，侵迫阴阳。朝臣宜有明言曰：'陛下褒宠故大将军以报功德足矣。间者辅臣颛政，贵戚太盛，君臣之分不明，请罢霍氏三侯皆就第；及卫将军张安世，宜赐几杖归休，归存问召见，以列侯为天子师。'明诏以恩不听，群臣以义固争而后许之，天下必以陛下为不忘功德而朝臣为知礼，霍氏世世无所患苦。今朝廷不闻直声，而令明诏自亲其文，非策之得者也。今两侯已出，人情不相远，以臣心度之，大司马及其枝属必有畏惧之心。夫近臣自危，非完计也。臣敞愿于广朝白发其端，直守远郡，其路无由。唯陛下省察。"帝甚善其计，然不召也。

霍氏愈失势。山、云为布衣，霍家诸婿皆出之于外，只霍禹一人任大司马虚衔，无所统领，权力尽在许、史子弟。虽入朝办事，百官多趋炎附势，知霍氏失势，对霍禹已不若前之礼敬。宣帝自霍光薨后亲政，用法严，曾当面责问霍禹："霍家女入谒长信宫，何故无礼？霍家奴冯子都等，何故不法？"禹惊惧，头汗直淋，免冠谢罪。

退朝归来，语母霍显，显志忑不安，夜梦光与语道："汝私通冯子都，断霍氏之祭，罪可通天，知汝母子将被捕否？"霍禹亦梦羽林军集，车马声啸，前来拿人。母子清晨起，互述梦境，并皆担忧。又见白昼多鼠，曳尾画地；庭树集鹗，恶声惊人；宅门无故自坏，屋瓦无风自飞，种种怪异，不可究诘。

地节四年春月，宣帝求得外祖母王媪①，及母舅无故与武，当即封王媪为博平君，封无故为平昌侯，武为乐昌侯。许、史外戚外，又多王门贵戚，而霍家西山日落，顿使霍家相形见绌，诸霍日夜愁烦。魏相素与大将军光不睦，大将军在时，惧大将军之严，不敢有为，大将军薨后，霍氏之诸多裁抑处断皆出魏相之谋，故霍山尤怨恨魏相，佟然语众曰："丞相擅减宗庙羔、菟、蛙，可以此罪斩杀之。"按高后时定法，擅减宗庙供品者，弃世罪也。诸霍谋令太后为博平君置酒，召丞相、平恩侯以下，使范明友、邓广汉承太后制引斩之，因废天子而立禹，以云为三公，改旗易帜。

时，神算张相尚在，云请之，禹在场，二霍皆知张相之算术精湛无失，而霍家既有邪谋，不可明言，故托卜霍云位当为三公否而测知吉凶。云曰："闻君蓍爻神妙，试为作一卦，知位当至三公不？"又问："连梦见青蝇数十头，来在鼻上，驱之不肯去，有何意故？"相曰："昔君侯位重，势若雷电，而怀德者鲜，畏威者众，殆非小心翼翼多福之仁。又鼻者艮，此天中之山，高而不危，所以长守贵。今青蝇臭恶，而集之焉。位峻者颠，轻豪者亡，不可不思害盈之数，盛衰之期。"禹曰："此老生之常谭。"相答曰："夫老生者见不生，常谭者见不谭。"云曰："过岁更当相见。"

---

① 初，宣帝即位，数遣使者求外家。久远，多似类而非是。既得王媪，令太中大夫任宣与丞相御史属杂考问乡里识知者，皆曰王妪。妪言名妄人，家本涿郡蠡吾平乡。年十四嫁为同乡王更得妻。更得死，嫁为广望王乃始妇，产子男无故、武，女翁须。翁须年八九岁时，寄居广望节侯子刘仲卿宅，仲卿谓乃始曰："予我翁须，自养长之。"

媪为翁须作缣单衣，送仲卿家。仲卿教翁须歌舞，往来归取冬夏衣。居四五岁，翁须来言："邯郸贾长儿妻歌舞者，仲卿欲以我与之。"媪即与翁须逃走，之平乡。仲卿载乃始共求媪，媪惶急，将翁须归，曰："儿居君家，非受一钱也，奈何欲予它人？"仲卿诈曰："不也。"后数日，翁须乘长儿车马过门，呼曰："我果见行，当之柳宿。"媪与乃始之柳宿，见翁须相对涕泣，谓曰："我欲为汝自言。"翁须曰："母置之，何家不可以居？自言无益也。"

媪与乃始还求钱用，随逐至中山卢奴，见翁须与歌舞等比五人同处，媪与翁须共宿。明日，乃始视翁须，媪还求钱，欲随至邯郸。媪归，粲买未具，乃始来归曰："翁须已去，我无钱用随也。"因绝至今，不闻其问。贾长儿妻贞及从者师遂辞："往二十岁，太子舍人侯明从长安来求歌舞者，请翁须等五人。长儿使遂送至长安，皆入太子家。"

及广望三老更始、刘仲卿妻其等四十五人辞，皆验。宣奏王媪悼后母明白，帝皆召见，赐无故、武爵关内侯，旬月间，赏赐以巨万计。顷之，制诏御史赐外祖母号为博平君，以博平、蠡吾两县户万一千为汤沐邑。封舅无故为平昌侯，武为乐昌侯，食邑各六千户。

相还邑舍，具以此言语夫人，夫人责言太切至而不惧患。相曰："与死人语，何所畏邪？"夫人大怒，谓相狂悖，不为子孙计。岁朝，西北大风，尘埃蔽天，十余日，闻云、禹皆伏诛，然后夫人乃服。

约定，未发，云拜为玄菟太守，太中大夫任宣为代郡太守。天下人皆知宣帝阴忌霍氏，纷纷上书言霍氏阴事，以谋富贵。时发觉霍山过恶，系擅写秘书，应坐罪。霍显替山解免，愿献城西第宅，并马千匹，为山赎罪，书入不报。张章探得霍禹等逆谋，往告期门董忠，忠转告左曹杨恽①，恽转达侍中金安上。安上系前车骑将军金日磾从子，方得主宠，立奏闻帝。帝嘉之，金安上与侍中史高同时献议，请先禁霍氏家族出入宫廷，后行追捕。侍中金赏，为金日磾次子，曾娶霍光女为妻，闻此信，立入奏，愿与霍女离婚。

帝从之，当即令广汉派吏四出，凡霍氏家族亲戚，皆捉拿之。范明友先得闻风，驰至霍山、霍云家内，报知祸事。山与云魂胆飞扬，正欲设法摆布，便有家奴抢曰："太夫人第宅，已被吏人围住！"山知不能免，取毒先服，明友次第服下，待捕役至门，已毒发毙命。霍显母子，未得预闻，竟被拘至狱中，讯出实情，所有霍氏诸女，及女婿、孙婿，悉数处死。甚至近戚疏亲，辗转连坐，诛灭数十家。冯子都亦牵连受死。

帝尤恨霍显、霍禹，何哉？以显主谋害许后，禹竟欲自立为天子。禹具五刑，先黥、劓，斩左右趾，笞杀之，枭其首，菹其骨肉于市。以显为霍后母，本欲亦具五刑，加恩而腰斩之。

初，禹与张安世长子千秋俱为郎中，将兵从击匈奴还，霍光问千秋战斗方略、山川形势，千秋口对兵事，画地成图，无所忘失。光复问禹，禹不能对，光由是贤千秋，以禹为不才。乃叹曰：霍氏世衰，而张氏兴矣。

惟金赏已去妻，幸免株连，诛罚霍氏之际，亲斩霍妻之头，献有司，故得无罪。霍后有姿色，素专宠，帝欲以上官太后之故事原谅之。霍氏谋反，

---

① 杨恽，杨敞丞相子，字子幼，以忠任为郎，补常侍骑，恽母，司马迁女也。恽始读外祖《太史公记》，颇为《春秋》。以材能称，好交英俊诸儒，名显朝廷，擢为左曹。

诛罚之策，帝壹以委魏相。魏相恐留霍后有后患，言于帝曰："霍后母显毒杀许后，母女又屡欲毒太子，为人刚狠如此，且帝诛其亲属殆尽，其人无怨乎？能不思报复乎？故曰'斩草须除根'也！"帝低回，不忍杀，霍后坐废，徙居昭台宫，时时通问，后十二年才自杀也。

霍云临刑，告行刑官曰："昔霍后之立，吾深沮之，曾上一门二后免祸表，帝亲许之，表在石函，可问魏丞相。"众谓宜依战国之赵括母之例为之申理。行刑官不听，云号叫不已，刑者以刀破其头。

帝诏曰："乃者，东织室令史张赦使魏郡豪李竟报冠阳侯霍云谋为大逆，朕以大将军故，抑而不扬，冀其自新。今大司马博陆侯禹与母宣成侯夫人显及从昆弟冠阳侯云、乐平侯山、诸姊妹婿度辽将军范明友、长信少府邓广汉、中郎将任胜、骑都尉赵平、长安男子冯殷等谋为大逆。显前又使女侍医淳于衍进药杀共哀后，谋毒太子，欲危宗庙。逆乱不道，咸伏其辜。诸为霍氏所诖误未发觉在吏者，皆赦除之。"

太仆杜延年以霍氏旧人，坐免官。诏封告霍氏反谋者男子张章、期门董忠、左曹杨恽、侍中金安上、史高皆为列侯。恽，丞相敞子；安上，车骑将军金日磾弟子；高，史良娣兄子也。

初，霍氏奢侈，茂陵徐生曰："霍氏必亡。夫奢则不逊，不逊必侮上。侮上者，逆道也，在人之右，众必害之。霍氏秉权日久，害之者多矣。天下害之，而又行以逆道，不亡何待！"乃上疏言："霍氏泰盛，陛下即爱厚之，宜以时抑制，无使至亡。"书三上，辄报闻。

其后霍氏诛灭，而告霍氏者皆封，人为徐生上书曰："臣闻客有过主人者，见其灶直突，傍有积薪，客谓主人：'更为曲突，远徙其薪，不者且有火患。'主人嘿然不应。俄而家果失火，邻里共救之，幸而得息。于是杀牛置酒，谢其邻人，灼烂者在于上行，余各以功次坐，而不录言曲突者。人谓主人曰：'乡使听客之言，不费牛酒，终亡火患。今论功而请宾，曲突徙薪无恩泽，焦头烂额为上客邪？'主人乃寤而请之。今茂陵徐福，数上书言霍氏且有变，宜防绝之。乡使福说得行，则国无裂土出爵之费，臣无逆乱诛灭之败。往事既已,而福独不蒙其功,唯陛下察之,贵徙薪曲突之策,使居焦发灼烂之右。"帝乃赐福帛十匹,后以为郎。

　　班固赞曰:霍光受襁褓之托,任汉室之寄,匡国家,安社稷,拥昭立宣,虽周公、阿衡何以加此!然光不学亡术,闇于大理;阴妻邪谋,立女为后,湛溺盈溢之欲,以增颠覆之祸,死财(才)三年,宗族诛夷,哀哉!

第三五推

遭异遇家累获万金　鉴先祸贤臣避权势

　　霍家族灭，张家累世富贵，有内在焉。昔上官、燕、盖之逆案后，霍光以朝无旧臣，特以安世谨饬，以之任车骑将军而为己副。安世鉴父汤死于争权，内心常戚戚，见霍光专权日久，将必有大患，已虽位极人臣，处处与人谦恭，深远权势。故帝亲之，大将军不忌之，群僚敬之，终家族能存，甚至长富贵也，而霍家以强权而族灭。故大臣作为不同而致家族命运不同，可为为人、为臣之鉴也。

　　安世之父汤，为武帝所信任，汤常以御史大夫行丞相事，天下事皆决于汤，为帝语司法行政、用人诸事，帝常忘膳。汤终因凌责三长史朱买臣、王朝、边通，及与丞相翟青争权而败。汤死，昆弟诸子欲厚葬汤，汤母曰："汤为天子大臣，被评恶言死，何厚葬乎！"载以牛车，有棺无椁，天子闻之，曰："非此母不能生此子。"乃尽案诛三长史，丞相翟青自杀。汤临死上表荐安世曰："臣有弱子安世，为人谨慎，可供陛下驱使！"帝惜汤，稍迁其子安世为郎吏。

　　汤死，家产直不过五百金，皆所得奉赐，无他业。安世以父死，至孝其母，腊日晨炊而灶神形见，安世再拜受庆。家有黄牛，因以祀之。自是以后，暴至巨富，田有千顷，奴仆千人，家产万金也。安世曰："吾虽享富贵，然所积功德甚高，故子孙必将强大。"

安世尝从三辅归，未达家数十里，路傍见一妇人，从安世求寄载。行可数里，妇谢去，谓安世曰："我天使也，当往烧安世家，感君见载，故以相语。"安世因私请之，妇曰："不可得不烧。如此，君可驰去，我当缓行，日中火当发。"安世乃驰还家，遽出财物，日中而火大发。

安世曾暴卒，随鬼使去，见冥王。王稽簿，怒鬼使误捉，责令送归。张下，私浼鬼使，求观冥狱。鬼导历九幽，刀山、剑树，一一指点。末至一处，有一吏扎股穿绳而倒悬之，号痛欲绝。近视，则其父汤也。安世见之惊哀，问："何罪至此？"汤曰："我为官，禁言论，以腹诽杀公卿，广立严法，吸天下民脂膏，供武帝淫乐，故阎君罚之。欲脱此厄，须其自忏。"安世问曰："吾何能渡父厄？"汤曰："吾厄难度，汝渡已也。"安世问曰："怎渡？"汤曰："为官自当与众人善，不可标新立异，以君上为导向，不逢君恶！切记！"

安世醒，遂从棺中出，时已暴卒三日矣。妻子见其具喜。安世鉴其先父之祸，及暴卒之经历，故为人婉约，与廷臣交好，唾面自干也。昭帝即位，大将军光秉政，以安世笃行，亲重之。会左将军上官桀父子及御史大夫桑弘羊皆与燕王、盖主谋反诛，光以朝无旧臣，白用安世为右将军光禄勋，以自副焉。久之，昭帝下诏曰："右将军光禄勋安世辅政宿卫，肃敬不怠，十有三年，咸以康宁。夫亲亲任贤，唐、虞之道也，其封安世为富平侯。"

昭帝崩，未葬，大将军光白太后，徙安世为车骑将军，与共征立昌邑王。王行淫乱，光复与安世谋，废王，尊立宣帝。安世私言于大将军曰："臣兄掖庭令贺前以武帝曾孙幼孤，恩养备至。曾孙少习《诗》《书》，德美谦让，卫太子之死，天下人皆悯焉。天道好还，故昭帝早崩而无嗣，昌邑虽立而旋废。曾孙生有异相，下诏狱时，望气者言狱中有天子气，后养于掖庭令，亦有诸多征怪。社稷本属卫太子，天命在曾孙，唯大将军裁之。"故帝之立，安世有大力焉。

宣帝初即位，褒赏大臣，下诏曰："夫褒有德，赏有功，古今之通义也。车骑将军光禄勋富平侯安世，宿卫忠正，宣德明恩，勤劳国家，守职秉义，以安宗庙，其益封万六百户，功次大将军光。"安世子千秋、延寿、彭祖，皆中郎将侍中。

大将军光薨后数月，御史大夫魏相上封事曰："圣王褒有德以怀万方，显有功以劝百寮，是以朝廷尊荣，天下乡风。国家承祖宗之业，制诸侯之重，新失大将军，宜宣章盛德以示天下，显明功臣以填藩国。毋空大位，以塞争权，所以安社稷绝未萌也。车骑将军安世事孝武皇帝三十余年，忠信谨厚，勤劳政事，夙夜不怠，与大将军定策，天下受其福，国家重臣也，宜尊其位，以为大将军，毋令领光禄勋事，使专精神，忧念天下，思惟得失。安世子延寿重厚，可以为光禄勋，领宿卫臣。"

帝亦欲用之。安世闻指，惧不敢当。请闻求见，免冠顿首曰："老臣耳妄闻，言之为先事，不言情不达，诚自量不足以居大位，继大将军后，唯天子财哀，以全老臣之命。"帝笑曰："君言过谦。君而不可，尚谁可者！"安世深辞弗能得。后数日，竟拜为大司马车骑将军，领尚书事。数月，罢车骑将军屯兵，更为卫将军，两宫卫尉，城门、北军兵属焉。

时，霍光子禹为右将军，帝亦以禹为大司马，罢其右将军屯兵，以虚尊加之，而实夺其众。后岁余，禹谋反，夷宗族，安世素小心畏忌，已内忧矣。其女孙敬为霍氏外属妇，当相坐，安世瘦惧，形于颜色，帝怪而怜之，以问左右，乃赦敬，以慰其意。安世浸恐。职典枢机，以谨慎周密自著，外内无间。每定大政，已决，辄移病出；闻有诏令，乃惊，使吏之丞相府问焉。自朝廷大臣莫知其与议也。

尝有所荐，其人来谢，安世大恨，以为举贤达能，岂有私谢邪？绝弗复为通。有郎功高不调，自言，安世应曰："君之功高，明主所知。人臣执事，何长短而自言乎！"绝不许。已而郎果迁。幕府长史迁，辞去之官，安世问以过失。长史曰："将军为明主股肱，而士无所进，论者以为讥。"安世曰：

"明主在上,贤不肖较然,臣下自修而已,何知士而荐之?"其欲匿名迹远权势如此。

为光禄勋,郎有醉小便殿上,主事白行法,安世曰:"何以知其不反水浆邪?如何以小过成罪!"郎淫官婢,婢兄自言,安世曰:"奴以恚怒,诬污衣冠。"告署适奴。其隐人过失,皆此类也。

安世自见父子尊显,怀不自安,为子延寿求出补吏,帝以为北地太守。岁余,帝悯安世年老,复征延寿为左曹、太仆。

初,安世兄贺幸于卫太子,太子败,宾客皆诛,安世为贺上书,得下蚕室。后为掖庭令,而帝以皇曾孙收养掖庭。贺内伤太子无辜,而曾孙孤幼,所以视养抚循,恩甚密焉。及曾孙壮大,贺教书,令受《诗》,为娶许妃,以家财聘之。曾孙数有征怪。贺闻知,为安世道之,称其材美。安世辄绝止,以为少主在上,不宜称述曾孙。及帝即位,而贺已死。帝谓安世曰:"掖庭令平生称我,将军止之,是也。"

帝追思贺恩,欲封其冢为恩德侯,置家冢二百家。贺有一子蚤(早)死,无子,子安世小男彭祖。彭祖又小与帝同席研书,指欲封之,先赐爵关内侯。故安世深辞贺封,又求损守冢户数,稍减至三十户。帝曰:"吾自为掖庭令,非为将军也。"安世乃止,不敢复言。遂下诏曰:"其为故掖庭令张贺置守冢三十家。"帝自处置其里,居冢西斗鸡翁舍南,帝少时所尝游处也。

明年,复下诏曰:"朕微眇时,故掖庭令张贺辅道朕躬,修文学经术,恩惠卓异,厥功茂焉。《诗》云:'无言不仇,无德不报。'其封贺弟子侍中关内侯彭祖为阳都侯,赐贺谥曰阳都哀侯。"时,贺有孤孙霸,年七岁,拜为散骑、中郎将,赐爵关内侯,食邑三百户。安世以父子封侯,在位大盛,乃辞禄。诏都内别臧张氏无名钱以百万数。

安世尊为公侯,与时沉浮,不敢有言,以帝之旨意为依托,故帝久安之,亲之。虽位总鼎司,而委事僚采。间乘小马,从便门而出游,见者不知其三公也。故吏多至大官,道路相遇辄避之。性好兴利,广收八方园田水碓,周遍天下。积实聚钱,不知纪极,每自执牙筹,昼夜算计,恒若不足,而又俭啬，不自奉养，天下人谓之"膏肓之疾"。

女孙适霍家，贷钱数万，久而未还。女孙后归宁，安世色不悦，女孙遽还值，然后乃欢。后从子将婚，安世遗其一单衣，婚讫而更责取。家有好李，常出货之，恐人得种，恒钻其核。以此获讥于世。食邑万户，然身衣弋绨，夫人自纺绩，家童七百人，皆有手技作事，内治产业，累织纤微，是以能殖其货，富于大将军光。天子甚尊惮大将军，然内亲安世，心密于光焉。

元康四年春，安世病，上疏归侯，乞骸骨。天子报曰："将军年老被病，朕甚悯之。虽不能视事，折冲万里，君先帝大臣，明于治乱，朕所不及，得数问焉，何感而上书归卫将军富平侯印？薄朕忘故，非所望也！愿将军强餐食，近医药，专精神，以辅天年。"安世复强起视事，至秋薨。天子赠印绶，送以轻车介士，谥曰敬侯。赐茔杜东，将作穿复土，起冢祠堂。子延寿嗣。

延寿已历位九卿，既嗣侯，国在陈留，别邑在魏郡，租入岁千余万。延寿自以身无功德，何以能久堪先人大国，数上书让减户邑，又因弟阳都侯彭祖口陈至诚，天子以为有让，乃徙封平原，并一国，户口如故，而租税减半。薨，谥曰爱侯。子勃嗣。为散骑、谏大夫。

安世之谨饬为朝廷所称道，虽谦让，帝皆知其功。然丙吉为人深厚，不伐善，朝廷不能明其功德。自曾孙遭巫蛊之祸下狱，非丙吉，曾孙几殆矣，然吉绝口不道前恩，故朝廷莫能明其功也。会掖庭宫婢则令民夫上书，自陈尝有阿保今上之功，章下掖庭令考问，则辞引丙吉知状。掖庭令将则诣御史府以视吉，吉识之，谓则曰："汝尝坐养皇曾孙不谨，督笞汝，吾亦罢汝不用，汝安得有功！独渭城胡组、淮阳郭征卿有恩耳。"分别奏组等共养劳苦状。

帝览奏大感，欲报当年救助养育之恩，前国事为大将军所制，故帝不得有为，今大将军族灭，天子亲政，故诏吉求组、征卿；已死，有子孙，皆受厚赏。诏免则为庶人，赐钱十万。帝亲见问，皆曰丙吉功最大，然后知吉有旧恩而终不言，帝大贤之，欲有大用之意。

后诏曰："朕微眇时，御史大夫丙吉，中郎将史曾、史玄，长乐卫尉许舜，侍中、光禄大夫许延寿，皆与朕有旧恩，及故掖庭令张贺，辅导朕躬，修文学经术，恩惠卓异，厥功茂焉。《诗》不云乎：'无德不报。'封贺所子弟子侍中、中郎将彭祖为阳都侯，追赐贺谥曰阳都哀侯，吉为博阳侯，曾为将陵侯，玄为平台侯，舜为博望侯，延寿为乐成侯。"故人下至郡邸狱复作尝有阿保之功者，皆受官禄、田宅、财物，各以恩深浅报之。

第三六推

余党狂欲兴兵作乱　占卜明刺客落法网

上文已言，谨慎者存，专断者亡。然专断者多党徒，人虽死，党徒可起余波也。大将军初亡，渤海郡以屡受大将军厚恩，求为立庙，朝议以礼秩不听，渤海郡百姓遂因时节私祭之于道上。言事者或以为可听立庙于郡治者，宣帝不从。太仆杜延年、度辽将军范明友等共上表曰："臣闻周人怀召伯之德，甘棠为之不伐；越王思范蠡之功，铸金以存其像。自汉兴以来，小善小德而图形立庙者多矣。况大将军光德范遐迩，勋盖季世，废昌邑而龙飞陛下，王室之不坏，实斯人是赖。而蒸尝止于私门，庙像阙而莫立，使百姓巷祭，戎夷野祀，非所以存德念功，述追在昔者也。今若尽顺民尽心，则渎而无典，建之京师，又逼宗庙，此圣怀所以惟疑也。臣愚以为宜顺渤海百姓之请，立庙于渤海郡治，使所亲以时赐祭，凡其臣故吏欲奉祠者，皆限至庙。断其私祀，以崇正礼。"帝始从之。

帝诛霍氏，与霍氏相连坐诛灭者数十家。太中大夫任宣为霍光亲吏，霍光薨时，持汉节护丧事。后为大司马霍禹长史，霍氏族灭，任宣坐诛杀，其子任章、任复逃脱。霍光婿范明友被逼自杀，其子范阮亦崩逃，以渤海郡崇祀大将军，故皆至渤海郡。三人合计："渤海郡为大将军祖籍所在，后大将军父祖迁河东郡。大将军光多布恩德于渤海郡，大将军薨，渤海郡吏民感大将军之恩，又因为大将军祖籍地，故求为大将军立庙。现大将军家无罪族灭，渤海郡人多怜悯之，若倡之，可依托起事，为大将军复仇也。"三人力薄，须有所结盟也。

清河王刘年之立，大将军有大力焉，然其为人志大才疏。清河王雅善大将军长婿度辽将军范明友，昔初入朝，明友迎之霸上，与私语曰："今上乃昌邑王之俦，王亲帝孙，今上之叔父，行仁义，天下莫不闻。宫车一日晏驾，非王尚谁立者！"清河王大喜，厚遗范明友宝赂。大将军薨后，帝亲政，颇裁夺霍氏，霍家儿婿皆不满。后荧惑守心，清河王心怪之。或说王曰："昔荧惑守心，昌邑王废，今荧惑守心，合帝应被废。"卜者亦言于年曰："汉廷有大变！"

清河王自思，己为先武帝亲孙，帝乃卫太子之孙，卫太子得罪武帝，故帝乃罪人之后，不应袭帝位。荧惑守心，则为当废之兆。清河王又占卜，卜文曰："大横庚庚，余为天王，夏启以光。"清河王问曰："寡人固已为王矣，又何王？"卜人曰："所谓天王者，乃天子。"故心存非分之想。

为三奸所窥，范阮为大将军外孙，与清河王素善，潜至清河国，劝清河王起大事。范阮曰："若无大将军君，今天子安得立？今上刻薄寡恩，大将军坟土未干，便族灭其家；且得位不正，乃罪人戾太子之后，先武帝威名至今披天下，戾太子得罪先帝，其后安能得立？大将军掌权二十年，故吏遍天下，大将军施惠天下，民人皆感其德，霍家无辜族灭，民人皆悯之。大王以为大将军复仇而起，天下人莫不箪食壶浆以迎乎？"清河王曰："事既不成，便族灭矣，不如为王自在也！"范阮曰："今汉法严，汉廷轻易以罪夺王爵，国初之封王，今存多少？且不言国初，先帝所封王，其存有几？虽名为王，实则入桎梏也。且荧惑守心，天下必有变，大丈夫为富贵起而索之，安能郁郁乎？"清河王从之，欲号令清河国全起。

于是王锐欲发，乃令官奴入王宫中，作皇帝玺，丞相、御史大夫、将军、吏中二千石、都官令、丞印,及旁近郡太守、都尉印,汉使节法冠等。欲倾国之力,支持任章、任复、范阮邪谋。

时渤海郡岁饥,任复、范阮、任章复受清河王重金,摇动渤海郡,故渤海盗贼并起,二千石不能擒制,三奸大收盗贼,私编为清河国兵将。汉廷不知,以为饥寒起盗。帝以岁饥民起,选能治者,丞相、御史举故昌邑臣龚遂可用,帝以为渤海太守。时,遂年七十余,召见,形貌短小,帝望见,不副所闻,心内轻焉,谓遂曰:"渤海废乱,朕甚忧之。君欲何以息其盗贼,以称朕意?"遂对曰:"海濒遐远,不沾圣化,其民困于饥寒而吏不恤,故使陛下赤子盗弄陛下之兵于潢池中耳。今欲使臣胜之邪,将安之也?"

帝闻遂对,甚悦,答曰:"选用贤良,固欲安之也。"遂曰:"臣闻治乱民犹治乱绳,不可急也;唯缓之,然后可治。臣愿丞相、御史且无拘臣以文法,得一切便宜从事。"帝许焉,加赐黄金,赠遣乘传。至渤海界,郡闻新太守至,发兵以迎,遂皆遣还,移书敕属县悉罢逐捕盗贼吏。诸持锄钩田器者皆为良民,吏毋得问,持兵者乃为盗贼。遂单车独行至府,郡中翕然,盗贼亦皆罢。渤海又多劫略相随,闻遂教令,即时解散,弃其兵弩而持钩锄。然此皆良民,以岁饥而起为盗贼,若得生计,则重为良民也。而狡桀者未从良,欲趁乱取栗也。然良民者众,恶民者少,故局势大体安定。

遂既视事,知良民、恶民之别,欲以机巧取恶民也。遂求问渤海父老,父老言盗贼酋长数人,居皆温厚,出从童骑,闾里以为长者,外人皆不知也。遂皆召见责问,因贳其罪,把其宿负,令致盗贼以自赎。盗贼长曰:"今一旦召诣府,恐诸盗贼惊骇,愿壹切受署。"遂皆以为吏,遣归休。置酒,盗贼悉来贺,且饮醉,盗贼酋长以赭污其衣裾。吏坐里间阅出者,污赭辄收缚之,一日捕得千余人。穷治所犯,捕盗贼数万人,尽行法罚。盗贼于是悉平,民安土乐业。

遂乃开仓廪假贫民,选用良吏,尉安牧养焉。遂并擒获任复、范明,拷问之,辞连清河王年也。遂私奏宣帝,言清河王之逆谋,帝下任复、范明之廷尉,廷尉深探其狱,穷尽党羽,得其与清河王谋逆之罪。吏因围王宫,尽捕王宾客在国中者，索得反具以闻。帝下公卿治，所连引与清河王谋反列侯、二千石、豪桀数千人，皆以罪轻重受诛，诸百僚、郡守与霍光善者，皆托以与清河王谋反而诛杀之。然辞未及任章。至此逆案，帝方全掌朝政之权，为无上之尊，帝之令，郡县无不奉从。

帝以太平之世难造，皇家脸面至要，讳宗室内叛，托以清河王年坐内乱，废之，迁房陵，途中私诛杀之。帝既族灭霍党，乃下诏肆赦，然大将军掌权二十年，党羽布天下，一时不易尽去之。愤帝之无情，思报复之。任章私逃，以力小，遂思暗杀也。

霍家及霍党既灭，帝欲诣昭帝陵庙行秋祭礼以告成功也。望之谏曰："陛下身系万姓安危，霍家虽灭，党羽并亡，然余党潜伏，皆思报复，陛下不可轻出，可遣人代祭也。"帝不从，行至途中，前驱旄头骑士，佩剑忽无故出鞘，剑柄坠地，插入泥中，锋头上向乘舆，顿致御马惊跃，不敢前行。帝心知有异，召郎官梁邱贺问之何兆，嘱令卜易。贺为琅琊人氏，曾从太中大夫京房受教易学。房出为齐郡太守，帝求房门人，得贺为郎，留侍左右。贺正随驾祠庙，演蓍布卦，卜得将有兵谋窃发，车驾不宜前行。

帝从之，乃派有司代祭，命驾折回。有司至庙中，留心察验，果查获刺客任章，其混入都中，乘帝出祠，伪扮郎官，执戟立庙门外，意图帝经过时行刺。上天显异，帝警醒，又经有司查出，当然枭首市曹。帝嘉梁邱贺之卜卦功，得免不测，因擢贺为大中大夫给事中；帝又思望之先见，迁望之少府。嗣后帝知霍氏余羽众多，欲求报复，故格外谨慎。

第三七推

废王久冤案多同情　迁昌邑卑湿速其死

大将军既死，帝又族灭其家，诛者数十家，帝彻底铲除霍氏之党，遂全掌握国之权力也。帝忧己之立乃昌邑王之废所致，颇忌之，虽昌邑王被废久，然帝多内忌，思欲处之，故昌邑王不得其死也。昔霍光废昌邑王，亲率群臣送王之昌邑邸，涕泪而去。京兆尹赵广汉率强吏驻扎，昌邑王及侍从不得进出，且防察内外也。霍光言于广汉曰："贺废为布衣，不堪其愤，恐其自杀，君谨视之。"广汉笑曰："贺享乐为本，素懦无断，既已被废，终日戚戚，必不能自引决。"

贺知汉开国初，二少帝被废，皆不得全，故终日戚戚，唯恐汉廷之鸩毒至。贺停昌邑邸十余日，汉廷处分已下，贺尚未知，见太后奉辞，太后唯对之恸哭，余无所言。贺欲见大将军，欲说如此，广汉力持不可。贺问广汉："吾命存否？"广汉曰："若欲杀君，废立之际便应动手，安待之今日！"贺方知己之命能存，拖宕日久，遂更有富贵之望也。

大将军遣杜延年视之，贺问曰："吾仍王否？"杜延年曰："君即位二十七天，造恶千条，自绝于天，获罪于宗庙，安可再为王？"贺问曰："吾有居京师之理不？"延年曰："太后诏废，君之失行公之于天下，人皆唾之，安有再居京师之理？"贺问曰："吾其被放逐远方乎？"延年曰："群臣本拟奏远贬君于房陵，太后省奏，开恩而驳之，恩归于昌邑故地。然君失行，王爵已废，国除入汉。"贺问曰："虽不任汉事，何至于此？"延年曰："恨君不读数百卷书！"

昌邑王贺被废后，处故地，食邑二千，故师王式弃官随之，仍授诗书于贺。贺读《尚书》，见伊尹废太甲故事，废书叹曰："自古有此，我乃不知，得罪为宜也。"贺赖有式，诸事方顺，贺叹用之晚矣。

后大将军薨，贺私问式曰："昔太甲昏乱，不遵汤法，伊尹虽废之，然仅处之桐宫，待其改过迁善，仍迎回为国君。太甲迁善，致力于政，殷商大治，崩后尊为太宗。吾之过不如之，为何大将军必欲废吾而不予改过之机会也？"式曰："此伊尹之忠，而大将军之奸也。"贺曰："今大将军薨，吾其能复王乎？"式曰："今上为卫太子孙，虽高学美材，然外宽内忌，恐君之境遇反不如大将军时！大将军在时，愧疚兴废立，且惧天下之言，故善待君。今上得位不正，君之废乃大将军之私，今上知之，故必欲害君以去患也。然吾为君之家奴，必当力争复君之王爵，王爵若得复，令今上知天下人之所向，必不敢害君也。"

大将军薨后，光禄大夫傅嘉为故昌邑王鸣冤曰："今上龙兴，乃故昌邑王贺被废所致，不有废，何来兴？王贺之废乃合天地人心也！然二十七天却罪孽上千，无乃过之矣。故王贺本无登帝位之心，乃大将军贪贺年幼便已专权而立之。后贺之群臣与大将军争权，贺不从群臣之计，大将军惧后患而废之，贺之无辜可见矣！望陛下正之，则贺之幸也。"帝览奏而置之。

贺之家臣王式上言："臣为贺之故师，辅导贺多年，贺之不足为帝，天下人皆知之。大将军贪权而不知，违众而强立贺，旋即废之，此大将军之过也。贺生性好游乐，臣每欲正之，以《诗》三百五篇朝夕授贺，至于忠臣、孝子之篇，未尝不为贺反复诵之，贺亦时时应之。纣之恶不如甚乎！君子恶居下流，故天下之恶亦归焉。贺之恶亦非如此，望陛下裁之，复其故爵。"

帝素忌贺，置之。

王式见上表无效，诣京师，大哭于未央宫北阙，北阙人流如织，百僚亦多路过。式哭曰："臣曾为故昌邑王贺师，知故王性本中质，可为善，亦可为恶，在所辅也。大将军专权跋扈，以贺不便其专权，受玺二十七天，罗织千条罪状而废之，自古有如此之大恶人乎？今大将军家族灭，亦可见大将军之人也。辅强主弱，终无着落，陛下当初受制于大将军，战战兢兢，陛下同病相怜，应恤故主贺也。臣为贺家奴，敢为陛下泣血陈之。"立依于庭墙而哭，日夜不绝声，勺饮不入口者七日，先以涕泪，后继之以血。御史以闻宣帝，帝心稍动。

帝岳父许广汉曾为昌邑郎，早年侍奉昌邑王髆，为贺上书曰："夫王之罪恶暴著有年，而昌邑去京师亦不甚远，大将军平日岂不闻？何待学而知其不可？君者既立而行淫乱，复不一进谏争，而遂议易位，何哉？大将军不学无术，暗于大理也。大将军惟不能博稽详察于始，而创为废立，故其妻显遂敢于弑陛下矣，其子禹遂敢于谋篡矣。彼以为汉之天子，吾家得而废之，则汉之天下亦吾家得而取之。然则显、禹之事，光为之嚆矢也。贺之无辜，亦可深见也！然贺既废，则已矣。如今政治上仍废之，经济上善待之，亦可见陛下之仁德，且无患也。"

贺之废，众冤之。大将军薨后，朝臣方稍敢言之。帝心常忌贺，览朝臣奏，多置之，及岳父许广汉上书，帝心不能无动。元康二年，帝遣使者赐山阳太守张敞玺书曰："制诏山阳太守：其谨备盗贼，察往来过客。毋下所赐书！"意在让张敞察贺之举止，若实在昏聩，于己无害，则稍稍平反之。

张敞知帝忌意，又知贺之不足以有为也。故查实而奏之，于是条奏贺居处，著其废亡之效曰："故昌邑王为人，青黑色，小目，鼻末锐卑，少须眉，身体长大，疾痿，行步不便。臣敞尝与之言，欲动观其意，即以恶鸟感之曰：'昌邑多枭。'故王应曰：'然。前贺西至长安，殊无枭；复来，东至济阳，乃复闻枭声。'察故王衣服、言语、跪起，清狂不惠。臣敞前言：'哀王歌舞者张修等十人无子，留守哀王园，请罢归。'故王闻之曰：'中人守园，疾者当勿治，相杀伤者当勿法，欲令亟死。太守奈何而欲罢之？'其天资喜由乱亡，终不见仁义如此。"帝乃知贺不足忌也。

先贺师王式诣阙大哭请愿，后群僚多有应之者。元康三年春，帝乃下诏曰："盖闻象有罪，舜封之，骨肉之亲，析而不殊。其封故昌邑王贺为海昏侯，食邑四千户。"以汉制而言，侯可奉朝请，谒宗庙，帝虽封贺，然忌贺为故主，虑朝臣尚有归心者、同情者、附会者，故不便之。时侍中卫尉金安上窥帝意而上书言："贺，天之所弃，陛下至仁，复封为列侯。贺乃顽放废之人，不宜得奉宗庙朝聘之礼。""奏可。"贺就国豫章。

帝虽知贺不足忌，然为杜绝后患，又欲堵天下悠悠之口，便思毒计。昔高祖六年，豫章设海昏县，以贺昏聩而被大将军废，故处之豫章海昏县，封其海昏侯，使其名副其实也。贺若复侯，众人则无词也。帝阴知贺疾瘘，不便卑湿之地，迁其南方沼泽处，时日久之，天即可杀之也。此则为帝暗藏之心机，众人皆不察也。

帝施恩，特诏贺之妻、妾、子女、随从皆可随之赴海昏县也。昔贺父髆为武帝爱子，帝倾府库而多赐财物，京师号髆家为"金穴"。髆薨后，贺独子袭位，财物皆归贺，故贺素饶于财。临行，帝又厚赐之，车辆千盛，随从甚众，浩浩荡荡至海昏县。贺既至，县临彭泽，其地广阔而卑湿，少居民，才三千余户，多以打渔为生，少从事农业也。贺北方人，不习南方水土及饮食，素疾瘘，至南方疾甚而不能行，须两人掖之方可缓步。南方水土卑湿，天常阴暗多雨，贺心常郁郁，后读书，知贾谊贬至长沙，以长沙卑湿，心常郁郁，觉己命不久矣，贾谊年三十三便早夭，贺亦觉己寿运将与贾谊相仿也。

贺既觉命不久，便欲营万年吉地，以为身后之虑。以海昏县民少力薄，难营大圹，遂哀词上书，求朝廷助力，且明己安于海昏县，无意回京师，彻底打消帝之顾虑也：

"南海海昏侯臣贺昧死再拜皇帝陛下：臣至豫章，南方暑湿，近夏瘴热，暴露水居，蝮蛇蟊生，疾疠多作。臣本疾瘘，行步不便，至豫章，疾甚厉。

昔贾谊贬长沙，曰'南方卑湿，命不久矣'！臣不敢有怨，然妻子侍从随臣至此，道路颠沛，途中物故者甚众，妻妾子女亦有亡者。臣沐皇恩除远郡，与京师绝远，不敢求归。南方卑湿，海昏国毗邻鄱阳湖，湿气尤重。臣知天年将尽，望帝哀之，许臣生营墓圹，并敕郡县助之，臣死即葬此，尸在海昏，魂回京师也。"

帝览奏叹息，哀贺，下诏曰："贺故主，素昏狂，昔大将军废之以安社稷。贺被废后，颇诵诗书，渐习礼容。朕本欲还其故邑，复其旧爵，然汉法有度，朕不得自专，又欲复王他地，众臣以礼法争之，朕不得不循群意而迁其豫章海昏县。以豫章远，免其朝贺。今贺言豫章卑湿，已有疾瘘，朕甚悯之。又言昔贾谊迁长沙觉命不久，此言则非也。贾谊乃忧郁致死，死在长安，其与卑湿无关明矣。朕望贺善保其体，谨食慎饮，必能长寿，享今盛世。然贺既欲营墓圹，朕甚不以为然，贺有此请，朕不得不从之，特诏豫章太守为贺营昌邑城、紫金城，为贺居，又营地下宫殿、侯墓，为百年之所。昌邑县百姓欲迁往昌邑城、紫金城者不禁。"

数年，扬州刺史柯奏贺与故太守卒史孙万世交通。万世问曰："昔王处昌邑，为何不辞大将军之征？"贺曰："此失计较也！"万世问曰："大将军之废王，无先兆乎？"贺曰："有之，然吾不信也，汉朝有被废之九叶天子乎？"万世曰："国初吕后废杀前少帝恭，周、陈废杀后少帝弘，即其事也！"贺曰："二少帝虽立，权在外戚吕氏，且年幼未冠，万机不自主，与吾之废不同也。"万世又问贺："前见废时，何不坚守毋出宫，斩大将军，而听人夺玺绶乎？"贺曰："然！失之，万世之恨也。"万世又以贺已为列候，不久且王豫章。贺曰："且然，非所宜言，然今上外宽内忌，未必施恩也。"有司案验，请逮捕。制曰："削户三千。"

昌邑城初成，贺徙居之，时有鹏鸟飞入其舍，止于坐隅，良久，乃去。贺言于师王式，式曰："昔贾谊为长沙王太傅，亦有鹏鸟飞入，谊发书占之，曰：'野鸟入室，主人将去。'臣以为王诸事应谨慎，方可万安也。"

神爵三年夏，昌邑王与众随从行船鄱阳湖，欲于湖上行酒作乐。入夜，还野水边，有一女子，容色甚美，自乘小船来投贺，云："日暮，畏虎，不敢夜行。"随从问曰："汝何人？作此轻行。"女子曰："吾乃昌邑城女，新迁入也，今雨，无笠。"随从见女子美，知昌邑王好色，遂曰："可入船就避雨。"

引至贺前，贺悦其美色，因共相调，遂入就贺船寝。女以所乘小舟，系贺船边，三更许，雨晴，月照，贺视妇人，乃是一大鼍枕臂而卧。贺惊起，呼众人，欲执之，遽走入水。向小舟是一枯槎段，长丈余。遂疾，不能起，亦不能食，仅嗑瓜子而已。医者诊断，须服食猿子心汤，方可痊愈。

贺于是派随从四出寻之，有随从入山，得猿子，便将归贺，猿母自后逐至贺家。随从缚猿子于庭中树上以取心。其母便抟颊向人欲乞哀，状直谓口不能言耳。随从为邀功竟不能放，竟击杀而取心。猿母悲唤，自掷而死。随从破肠视之，寸寸断裂。未三天，贺遂死，半年内，其二子亦死焉，贺遂绝后。

神爵三年，海昏侯薨，群臣表："贺以罪废，陛下开恩，封其海昏侯，今其薨，请以侯礼葬之。"帝加恩，特许以王礼葬于豫章，陪葬之器，参用天子之制，帝赐赠甚厚，亦许其厚葬。海昏侯墓仿长安城，三堵悬乐，陪葬200万枚铜钱，金饼285枚，马蹄金48枚，麟趾金25枚，金板20块，3000漆木器，500陶瓷器。其余珍宝，不可胜数。王式以海昏素不学，事死如生，以孔子屏风及《论语》《易经》《礼记》等典籍随葬。

贺就封海昏侯，不久薨，子充国嗣位，充国死，无后，弟奉亲嗣位，奉亲死，无后。时豫章太守廖奏言："舜封象于有鼻，死不为置后，以为暴乱之人不宜为太祖。海昏侯贺死，上当为后者子充国；充国死，复上弟奉亲；奉亲复死，是天绝之也。陛下圣仁，于贺甚厚，虽舜于象无以加也。宜以礼绝贺，以奉天意。愿下有司议。"议皆以为不宜为立嗣，国除。

后东晋元帝太兴元年（318年）十二月，崶、豫章、武昌、西陵地震，涌水出，山崩，海昏侯墓遂被水淹，与湖泊同体。昔东晋元帝时，海昏县下有一媪，家贫，孤独，每食，辄有小蛇，头上戴角，在床间，媪怜而食之。

食后稍长大，遂长丈余。县令有骏马，蛇遂吸杀之，令因大忿恨，责媪出蛇。姥云："在床下。"令即掘地，愈深愈大，而无所见。令又迁怒，杀姥。蛇乃感人以灵言，嗔令："何杀我母？当为母报仇。"此后每夜辄闻若雷若风，四十许日，百姓相见，咸惊语："汝头那忽戴鱼？"是夜，方四百里地震，县城一时俱陷为湖，海昏墓遂被淹，与湖泊同体。

第三八推

感阴阳诸相有天命　群贤聚魏丙先后相

昌邑王何足惧？帝素外宽内忌，故昌邑王之死乃必然也。帝素有天命，何须忌昌邑王？然恋权者狠毒异常，不能容忍对其权力之任何微小威胁。

自古英帝配贤臣，故能成就盛世。宣帝朝多贤臣，不可一一数也。韦贤以病求致仕，魏相代为丞相，丙吉为御史大夫，同心辅政，帝甚重之。丙吉素与魏相善，以魏相年长，兄事之。昔，长信少府韦贤初为丞相，御史大夫田广明下狱死，御史大夫缺。宣帝之立，丙吉有大力焉，且多施恩于帝幼时，故丙吉为帝所重。霍后之立，丙吉出大力，故丙吉亦为大将军所重。丙吉为大将军长史，主辅间若有曲误，必为顺畅之。韦贤以佞事大将军而得为丞相，群僚多议御史大夫应归大将军长史丙吉，丙吉深辞之，魏相遂为御史大夫。然其中尚有曲委，下文将述之。

丙吉为人内敛，谦让，好退，且深知魏相之能，自叹弗如也。昔魏相为扬州刺史时，丙吉私书曰："朝廷已深知弱翁治行，方且大用矣。愿少慎事自重，臧器于身。"心许魏相先柄用也。魏相昔为河南太守，宣帝与丙吉做客太守府，多所异见也。

时，蝗生旁郡，渐集于河南，魏相忧之，焚香祷告。退卧署幕，梦一秀才来谒，峨冠绿衣，状貌修伟，自言御蝗有策。询之，答云："明日西南道上有妇跨硕腹牝驴子，蝗神也。哀之，可免。"魏相异之，言于帝及丙吉。次日，与帝、丙吉治具出邑南。伺良久，果有妇高髻褐帔，独控老苍卫，缓塞北度。即爇香，捧卮酒，迎拜道左，捉驴不令去。妇问："大夫将何为？"魏相便哀求："区区小治，幸悯脱蝗口。"妇曰："可恨柳秀才饶舌，泄我密机！当即以其身受，不损禾稼可耳。"乃尽三卮，瞥不复见。

后蝗来飞蔽天日，竟不落禾田，尽集杨柳，过处柳叶都尽。方悟秀才柳神也。人皆云："是郡守忧民所感。"帝与丙吉异之，知魏相非常人也。汉不曰三公调和阴阳乎？丙吉能却蝗灾，乃三公之俦，故丙吉誉之，帝心许若登鼎必大用之。

韦贤初为丞相时，朝议御史大夫之选，大将军私心在亲吏太仆杜延年。韦贤以佞事大将军得为丞相，若御史大夫再为大将军之党，则天子如虚设矣，帝内心不安，百僚亦多不满。适逢杜延年受大将军托巡行三辅，至一山洞，深不可测，乡人传阎罗署，众庶惧之，祭祀上供。杜延年欲破其迷信，坚入洞以决其惑，众皆云不可。

延年弗听，乃秉烛入，以二役从。入里许，烛暴灭。视之，阶道阔朗，有广殿十余间，列坐尊官，袍笏俨然。惟东首虚一座。尊官见延年至，降阶而迎，笑问曰："至矣乎？别来无恙否？"延年问："此何处所？"尊官曰："此冥府也。"延年愕然告退。尊官指虚座曰："此为君坐，那可复还。"延年益惧，固请宽宥，尊官曰："定数何可逃也！"遂检一卷示延年，上注云："某月日，太仆杜延年以肉身归阴。"延年览之，战栗如濯冰水，念母老子未取，泫然流涕。

俄有金甲神人，捧黄帛书至，群拜舞启读已，乃贺延年曰："君有回阳之机矣。"延年喜致问。曰："适接帝诏，大赦幽冥，可为君委折原例耳。"乃示延年途而出，数武之外，冥黑如漆，不辨行路，延年甚窘苦。忽一神将，轩然而入，赤面长髯，光射数尺。延年迎拜而哀之，神人曰："魏相乃星宿下凡，功德远在君上，君力辞御史大夫任，荐魏相，方可无恙！"延年许之，眼前复明，乃始得出。其二役，则不可问矣。后杜延年固辞御史大夫任于大将军，且力荐魏相。杜延年为大将军亲吏，所言大将军无不从也。魏相遂由大司农升御史大夫也。

魏相为相后，好观汉故事及章奏，数条汉兴已来国家便宜行事及贤臣贾谊、晁错、董仲舒等所言，奏请施行之。曰："窃伏观先帝圣德仁恩之厚，勤劳天下，垂意黎庶，忧水旱之灾，为民贫穷发仓廪，赈乏馁；遣谏大夫博士巡行天下，察风俗，举贤良，平冤狱，冠盖交道；省诸用，宽租赋，弛山泽波池，禁秣马酤酒贮积，所以周急继困，慰安元元，便利百姓之道甚备。臣相不能悉陈，昧死奏故事诏书凡二十三事。"上施行其策。

相敕掾史按事郡国，及休告，从家还至府，辄白四方异闻。或有逆贼、风雨灾变，郡不上，相辄奏言之。

神爵三年春，魏相子魏弘客于泰安。闻有术人工星命之学，诣问休咎。术人推之曰："近日君有大丧，运数大恶，可速归。"魏弘惧，囊资北下。途中遇一短衣人，似是隶胥，渐渍与语，遂相知悦，屡市餐饮，呼与共啜。短衣人甚德之，魏弘问所营干，答曰："将适京师，有所勾致。"问为何人。短衣人出牒，示令自审，第一即己父魏相姓名。骇曰："何事见勾？"短衣人曰："我乃蒿里人，东四司隶役，魏相拜相九年，位极人臣，富贵已足，年过七旬，寿数尽矣，此乃轮回所致，非人力也。"魏弘出涕求救。鬼曰："不能。然牒上名多，拘集尚需时日。子速归与汝父言之，处置后事，我最后相招，此即所以报交好耳。"

魏弘立归，言于父曰："吾赴泰安，遇勾魂鬼差，言父将死，速处置后事。"魏相素信鬼神，知己命将尽，速为身后之备。遂上表于宣帝曰："臣体素强无疾，今天命将至，非人力所能强。相位本属丙吉，丙吉以吾年长，故先正臣之相位。臣死后，丙吉宜为丞相。臣于政事无所言，丙吉必能萧规曹随。"

魏相上表后，理事不异于平日，帝虽素信鬼神，然对此将信将疑。然，三月丙辰，魏相于禁内理事毕，忽听车马喧闹声，问侍从听何音？侍从曰未闻，以为相年老耳鸣也。魏相知此来迎己，遂速归家，交代后事毕，便薨。魏弘表言于帝，帝于方士、鬼神深信矣。

魏相既薨，遗表荐丙吉，丙吉有大恩于帝，且为御史大夫，故丙吉代魏相为丞相也。吉本起狱法小吏，后学《诗》《礼》，皆通大义。帝以吉有大功而不居，贤之，故封之。吉临当封，大病；帝迎置内殿，所以治护者万方。募京师有能愈吉疾者，赐千金。时有针加，帝为之惨戚。欲数见其颜色，又恐劳动，常穿壁瞻之，见小能下食，则喜，顾左右言笑，不然则咄嗟，夜不能寐。病中瘳，为下赦令，群臣毕贺。后更增笃，帝自临视，自于星辰下为之请命。

帝忧其不起，为免遗憾，将使人就加印绂而封之，及其生存也，如金日䃅之故事。帝问太子太傅夏侯胜吉之吉凶，夏侯胜对曰："此未死也！臣闻有阴德者必飨其乐，以及子孙。丙吉之阴德乃救天子，帝之立，丙吉又有重功，此旷世之功，为鬼神所庇佑，今吉未获报而疾甚，非其死疾也，必当起而受封，享富贵而成重臣。"帝忧虑方稍止。

夏侯胜曾学《易》，与名卜张相同师，荐张相丙吉家。丙吉之幼子高求延父命，张曰："子归，觅清酒鹿脯一斤，卯日，刈麦地南大桑树下，有二人围棋，次但酌酒置脯，饮尽更斟，以尽为度。若问汝，汝但拜之，勿言。必合有人救汝父。"高依言而往，果见二人围棋，频置脯，斟酒于前。其人贪戏，但饮酒食脯。不顾数巡，北边坐者忽见高在，叱曰："何故在此？"高惟拜之。南面坐者语曰："适来饮他酒脯，宁无情乎？"北坐者曰："文书已定。"南坐者曰："借文书看之。"见丙吉寿可七十岁，乃取笔挑上语曰："救汝父至七十四。"

高拜而曰："不可多添寿乎？"南坐者曰："汝不知，所谓为官一天，胜似为民千载。加汝父四年寿，此四年汝父任丞相，位极人臣，终于丞相之位。汝等亦受其荫，不亦可乎！"丙高回，言此意于张相，张相曰："且喜得增寿。北边坐人是北斗，南边坐人是南斗。南斗主生，北斗主死。凡人受胎，皆从南斗过北斗；所有祈求，皆向北斗。虽增四岁，然有丞相命，终丞相位，亦为大功德，大富贵也。"须臾，丙吉病果愈，后为丞相。

及居相位，尚宽大，好礼让。掾史有罪臧，不称职，辄予长休告，终无所案验。客或谓吉曰："君侯为汉相，奸吏成其私，然无所惩艾。"吉曰："夫以三公之府有案吏之名，吾窃陋焉。"客曰："汉制，丞相无所不统，亦可监察宫廷。昔文帝宠臣邓通于丞相申屠嘉前傲慢，申丞相拟斩之，文帝从而请之，事乃得释。丞相可斩天子之佞臣，况案吏乎！此真丞相之事也！"吉曰："君不闻曹相国乎？见人有细过，专掩匿覆盖之，府中无事，天下遂治。"

客曰："此小过而不案也！非不案吏也！"吉曰："昔曹相国相舍后园近吏舍，吏舍日饮歌呼。从吏恶之，无如之何，乃请相国游园中，闻吏醉歌呼，从吏幸相国召按之。乃反取酒张坐饮，亦歌呼与相应和。"客曰："如此，则法纪堕矣！天子勿责乎？"吉曰："今圣明天子在上，丞相何须多言？昔卿、大夫以下吏及宾客见曹相国不事事，来者皆欲有言，参辄饮以醇酒；间欲有所言，复饮之，醉而后去，终莫得开说，以为常。吾窃慕之也。"后人代吉，因以为故事，公府不案吏，自吉始。

于官属掾史，务掩过扬善。吉驭吏嗜酒，数逋荡，尝从吉出，醉呕丞相车上。西曹主吏白欲斥之，吉曰："以醉饱之失去士，使此人将复何所容？西曹地忍之，此不过污丞相车茵耳。"遂不去也。此驭吏边郡人，习知边塞发奔命警备事，尝出，适见驿骑持赤白囊，边郡发奔命书驰来至。驭吏因随驿骑至公车刺取，知虏入云中、代郡，遽归府见吉白状，因曰："恐虏所入边郡，二千石长吏有老病不任兵马者，宜可豫视。"

吉善其言，召东曹案边长吏，琐科条其人。未已，诏召丞相、御史，问以虏所入郡吏，吉具对。御史大夫卒遽不能详知，以得谴让。而吉见谓忧边思职，驭吏力也。吉乃叹曰："士亡不可容，能各有所长。向使丞相不先闻驭吏言，何见劳勉之有？"掾史繇是益贤吉。

吉又尝出，逢清道群斗者，死伤横道，吉过之不问，掾史独怪之。吉前行，逢人逐牛，牛喘吐舌，吉止驻，使骑吏问："逐牛行几里矣？"掾史独谓丞相前后失问，或以讥吉，吉曰："民斗相杀伤，长安令、京兆尹职所当禁备逐捕，岁竟丞相课其殿最，奏行赏罚而已。宰相不亲小事，非所当于道路问也。方春少阳用事，未可大热，恐牛近行，用暑故喘，此时气失节，恐有所伤害也。三公典调和阴阳，职当忧，是以问之。"掾史乃服，以吉知大体。

五凤三年春，吉病笃。宣帝游皇苑，传骑从中来谒曰："吉疾甚，且死，恐陛下后之。"帝遽起，传骑又至。帝曰："趋驾烦且之乘，使马夫御之。"行数百步，以马夫为不疾，夺辔代之，御可数百步，以马为不进，尽释车而走。虽如此，帝会其临终，自临问吉，曰："君即有不讳，谁可以自代者？"吉辞谢曰："群臣行能，明主所知，愚臣无所能识。"帝固问，吉顿首曰："西河太守杜延年明于法度，晓国家故事，前为九卿十余年，今在郡治有能名。廷尉于定国执宪详平，天下自以不冤。太仆陈万年①事后母孝，惇厚备于行止。此三人能皆在臣右，唯帝察之。"帝以吉言皆是而许焉。

丙吉为相四年，年七十四，五凤三年卒。初丙吉疾微时，帝令医者黄泉视之，拜其少子高为中垒校尉。丙吉闻，悲曰："黄泉善别生死，吾必不起，故帝欲及吾目见高拜也。"

及吉薨，御史大夫黄霸为丞相，征西河太守杜延年为御史大夫，会其年老，乞骸骨。病免。以廷尉于定国代为御史大夫。黄霸薨，而定国为丞相，太仆陈万年代定国为御史大夫，居位皆称职，帝称吉为知人。

吉薨，谥曰定侯。子显嗣，甘露中有罪削爵为关内侯，官至卫尉、太仆。始显少为诸曹，尝从祠高庙，至夕牲日，乃使出取斋衣。丞相吉大怒，谓其夫人曰："宗庙至重，而显不敬慎，亡吾爵者必显也。"夫人为言，然后乃已。吉中子禹为水衡都尉，少子高为中垒校尉。

---

① 万年廉平，内行修，然善事人。赂遗外戚许、史，倾家自尽，尤事乐陵侯史高。丞相丙吉病，中二千石上谒问疾。遣家丞出谢，谢已皆去，万年独留，昏夜乃归。及吉病甚，帝自临，问以大臣行能。吉荐于定国、杜延年及万年，万年竟代定国为御史大夫。

第三九推

多阴德布衣至阿衡　习法津狱吏为公辅

丙吉薨，黄霸为相。黄霸字次公，淮阳阳夏人也，以豪杰徙云陵。始，霸少为阳夏游徼，与善相人者共载出，见一妇人，相者言："此妇人当富贵，不然，相书不可用也。"霸推问之，乃其乡里巫家女也。霸即娶为妻，与之终身，亦不纳妾。霸为官清廉，家用不足，业余捕鱼，好夜携酒河上，饮且渔。饮则酹酒于地，祝云："河中溺鬼得饮。"以为常。他人渔，迄无所获，而霸独满筐，由是财用得足也。

一夕，方独酌，有少年来，徘徊其侧。询其姓字，曰："姓王，无字，相见可呼王六郎。"遂别。明日晚至河干，少年已先在，遂与欢饮。饮数杯，辄为霸驱鱼。如是半载，忽告霸曰："拜识清扬，情逾骨肉。然相别有日矣。"语甚凄楚。惊问之。欲言而止者再，乃曰："今将别，无妨明告：我实鬼也。素嗜酒，沉醉溺死，数年于此矣。前君之获鱼，独胜于他人者，皆仆之暗驱，以报酹奠耳。明日业满，当有代者，将往投生。相聚只今夕，故不能无感。"

霸初闻甚骇。然亲狎既久，不复恐怖。因亦欷歔，酹而言曰："六郎饮此，勿戚也。然业满劫脱，正宜相贺，悲乃不伦。"遂与畅饮。因问："代者何人？"曰："兄于河畔视之，亭午，有女子渡河而溺者，是也。"明日，霸敬伺河，边以觇其异。

果有妇人抱婴儿来，及河而堕。儿抛岸上，扬手掷足而啼。妇沉浮者屡矣，忽淋淋攀岸以出，藉地少息，抱儿径去。当妇溺时，霸意良不忍，思欲奔救。转念是所以代六郎者，故止不救。及妇自出，疑其言不验。抵暮，渔旧处，少年复至，曰："今又聚首，且不言别矣。"问其故。曰："女子已相代矣。仆怜其抱中儿，代弟一人，遂残二命，故舍之。更代不知何期。或吾两人之缘未尽耶？"霸感叹曰："此仁鬼之心，可以通上帝矣。"由此相聚如初。数日，又来告别。霸疑其复有代者。曰："非也。前一念恻隐，果达帝矣。今授为京师长安土地，来日赴任也。"

霸不舍，问己之前途，少年曰："君之前途本止于郡守，然君与吾善，吾将运作，致君公卿也。虽如此，君之仕途艰险，屡起屡落，然不应气馁，君终至公辅也。"霸牢记之。

霸少学律令，喜为吏，武帝末以待诏入钱赏官，补侍郎谒者，坐同产有罪劾免。后复入谷沈黎郡，补左冯翊二百石卒史。冯翊以霸入财为官，不署右职，使领郡钱谷计。簿书正，以廉称，察补河东均输长，复察廉为河南太守丞。霸为人明察内敏，又习文法，然温良有让，足知，善御众。为丞，处议当于法，合人心，太守甚任之，吏民爱敬焉。

自武帝末，用法深。昭帝立，幼，大将军霍光秉政，大臣争权，上官桀等与燕王谋作乱，光既诛之，遂遵武帝法度，以刑罚痛绳群下，由是俗吏上严酷以为能，而霸独用宽和为名。

会宣帝即位，在民间时知百姓苦吏急也，闻霸持法平，召以为廷尉正，数决疑狱，庭中称平。守丞相长史，坐公卿大议廷中知长信少府夏侯胜非议诏书大不敬，霸阿从不举劾，皆下廷尉，系狱当死。霸因从胜受《尚书》狱中，再逾冬，积三岁乃出。胜出，复为谏大夫，令左冯翊宋畸举霸贤良。胜又口荐霸于上，上擢霸为扬州刺史。三岁，帝下诏曰："制诏御史：其以贤良高第扬州刺史霸为颍川太守，秩比二千石居，官赐车盖，特高一丈，别驾主簿车，缇油屏泥于轼前，以章有德。"

霸以外宽内明得吏民心，户口岁增，治为天下第一。征守京兆尹，秩二千石。坐发民治驰道不先闻，又发骑士诣北军马不适士，劾乏军兴，连贬秩。有诏归颍川太守官，以八百石居治如其前。前后八年，郡中愈治。

是时，凤皇神爵数集郡国，颍川尤多。天子以霸治行终长者，而颍川孝悌有行义民、三老、力田，皆以差赐爵及帛。后数月，征霸为太子太傅，迁御史大夫。五凤三年，代丙吉为丞相，封建成侯，食邑六百户。霸材长于治民，及为丞相，总纲纪号令，风采不及丙、魏，功名损于治郡。

又乐陵侯史高以外属旧恩侍中贵重，霸荐高可太尉。天子使尚书召问霸："太尉官罢久矣，丞相兼之，所以偃武兴文也。如国家不虞，边境有事，左右之臣皆将率也。夫宣明教化，通达幽隐，使狱无冤刑，邑无盗贼，君之职也。将相之官，朕之任焉。侍中乐陵侯高帷幄近臣，朕之所自亲，君何越职而举之？"尚书令受丞相对，霸免冠谢罪，数日乃决。自是后不敢复有所请。然自汉兴，言治民吏，以霸为首。为相五岁，甘露三年薨，谥曰定侯。

霸薨后，乐陵侯高竟为大司马。霸子思侯赏嗣，为关都尉。薨，子忠侯辅嗣，至卫尉九卿。薨，子忠嗣侯，讫王莽乃绝。子孙为吏二千石者五六人。

霸薨，于定国为相。于定国字曼倩，东海郯人也。其父于公为县狱吏、郡决曹，决狱平，罗文法者于公所决皆不恨。郡中为之生立祠，号曰于公祠。

东海有孝妇，少寡，亡子，养姑甚谨，姑欲嫁之，终不肯。姑谓邻人曰："孝妇事我勤苦，哀其亡子守寡。我老，久累丁壮，奈何？"其后姑自经死，姑女告吏："妇杀我母。"吏捕孝妇，孝妇辞不杀姑。吏验治，孝妇自诬服。具狱上府，于公以为此妇养姑十余年，以孝闻，必不杀也。太守不听，于公争之，弗能得，乃抱其具狱，哭于府上，因辞疾去。太守竟论杀孝妇。郡中枯旱三年。后太守至，卜筮其故，于公曰："孝妇不当死，前太守强断之，咎党在是乎？"于是太守杀牛自祭孝妇冢，因表其墓，天立大雨，岁熟。

郡中以此大敬重于公。

定国少学法于父，父死，后定国亦为狱中、郡决曹。定国晨出，过街市，闻妇人哭，定国闻哭声而异之，有顷，遣吏执而问之，则手绞其夫者。吏问曰："决曹何以知之？"定国曰："其声惧。凡人于其亲爱也，始病而忧，临死而惧，已死而哀。今哭已死不哀而惧，是以知其有奸也。"

后有寡妇告其子不孝，其子不自理，但云"得罪于母，死所甘心"。定国察其状，非不孝子。谓寡妇曰："汝寡居，唯有一子。今告之，罪至死，得无悔乎？"寡妇曰："子无赖，不顺母，宁复惜乎？"定国曰："审如此，可买棺来取儿尸。"因使人觇其后。寡妇既出，谓一男子曰："事了矣。"俄而棺至，定国尚冀其有悔，再三喻之，寡妇执意如初。男子立于门外，定国密令擒之，一问承伏："某与寡妇邻，有私，尝苦为儿所制，故欲除之。"定国放其子，斩杀男子与寡妇，便同棺盛之。

补廷尉史，以选与御史中丞从事治反者狱，以材高举侍御史，迁御史中丞。会昭帝崩，昌邑王征即位，行淫乱，定国上书谏。后王废，帝立，大将军光领尚书事，条奏群臣谏昌邑王者皆超迁。定国由是为光禄大夫，平尚书事，甚见任用。数年，迁水衡都尉，超迁廷尉。

定国乃迎师学《春秋》，身执经，北面备弟子礼。为人廉恭，尤重经术士，虽卑贱徒步往过，定国皆与钧礼，恩敬甚备，学士咸称焉。其决疑平法，务在哀鳏寡，罪疑从轻。加审慎之心。朝廷称之曰："张释之为廷尉，天下无冤民；于定国为廷尉，民自以不冤。"定国食酒至数石不乱，冬月治请谳，饮酒益精明。为廷尉十八岁，迁御史大夫。甘露中，代黄霸为丞相，封西平侯。三年，帝崩，定国侍元帝[①]。

[①] 元帝立，以定国任职旧臣，敬重之。时陈万年为御史大夫，与定国并位八年，论议无所拂。后贡禹代为御史大夫，数处驳议，定国明习政事，率常丞相议可。然元帝始即位，关东连年被灾害，民流入关，言事者归咎于大臣。元帝于是数以朝日引见丞相、御史，入受诏，条责以职事，定国上书谢罪。永光元年，春霜夏寒，日青亡光，元帝复以诏条责，定国惶恐，上书自劾，归侯印，乞骸骨。国遂称笃，固辞。帝乃赐安车驷马、黄金六十斤，罢就第。数岁，七十余薨。谥曰安侯。

第四十推

境险恶许后子为储　陷宠争淮阳兴夺谋

诸贤先后为相，佐帝而成就盛世。虽处盛世，嫡庶之争亦存，然盛世多贤臣，抵死进谏，不纵君欲，不逢君恶，故储位能存，政局能稳也。本始元年春，诏有司论定策安宗庙功。与此同时，有司循文帝故事，请早建太子，所以尊宗庙也。有司请曰："豫建太子，所以重宗庙、社稷，不忘天下也。立嗣必子，所从来远矣。高帝始平天下，建诸侯，为帝者太祖。诸侯王、列侯始受国者亦皆为其国祖。子孙继嗣，世世不绝，天下之大义也。子奭最长，敦厚慈仁，请建以为太子。"

大将军光以帝子奭所出微贱，乃许广汉女所出，广汉乃暴室啬夫，刑余之人。大将军欲富贵其幼女成君，欲以成君配帝为后而生嫡子，而己则能以外戚之尊秉政持权。故大将军深不欲立太子。大将军以天子新登基，太子尚幼为辞，欲缓之。国政在大将军，大将军以宣帝之名义下诏曰："朕既不德，上帝神明未歆飨也，天下人民未有悇志。而曰豫建太子，是重吾不德也。谓天下何？朕心何安？且子奭方一岁，尚在襁褓中，安知其贤否？且缓之。"

缓立太子后，大将军讽群臣立己小女成君为后，而公卿知帝微旨，白立许广汉女为后，奭则为嫡长子，按汉制应立为太子。大将军本欲顺其事，夫人霍显坚阻之，与大将军言："帝富于春秋，何以操之过急！"后霍显私起邪谋，毒害许后，大将军知之而无可奈何，然霍成君被立为后。

初，许后起微贱，登至尊日浅，从官车服甚节俭，五日一朝皇太后于长乐宫，亲奉案上食，以妇道共养。及霍后立，亦修许后故事。而皇太后亲霍后姊子，故常竦体，敬而礼之。皇后驾侍从甚盛，赏赐官属以千万计，与许后时悬绝矣。帝亦宠之，颛房燕。霍后求子万方，终不能孕，立三岁而光薨。光薨次年，帝得行己意，立许后男为太子，昌成君许广汉为平恩侯。显怒恚不食，呕血，曰："此乃民间时子，安得立？即后有子，反为王邪！"复教皇后令毒太子。皇后数召太子赐食，保、阿辄先尝之，后挟毒不得行。

显又为后谋，诈为有娠，内藥物、产具，取兄禹之子养之，欲以代太子。于时朝野咸知霍后有害太子之意，幸得昌成君时时护卫太子，得以无患。

后杀许后事颇泄，显遂与诸婿昆弟谋反，发觉，谐诛灭。使有司赐皇后策曰："皇后荧惑失道，怀不德，挟毒与母博陆宣成侯夫人显谋欲危太子，无人母之恩，又欲诈有孕，不宜奉宗庙衣服，不可以承天命。呜呼伤哉！其退避宫，上玺绶有司。"霍后立五年，废处昭台宫。后十二岁，徙云林馆，乃自杀，葬昆吾亭东。

地节三年夏四月，立子奭为皇太子。太子外祖父平恩侯许伯，以为太子少，白使其弟中郎将舜监护太子家。帝以问太中大夫疏广，广对曰："太子，国储副君，师友必于天下英俊，不宜独亲外家许氏。且太子官属已备，今复使舜护太子家，示陋，非所以广太子德于天下也。"帝善其言，以语丞相魏相，相免冠谢曰："此非臣等所能及。"广由是见器重。

后大会群臣，帝问："谁可傅太子者？"群臣承望帝意，皆言太子祖昌成君许广汉可。博士疏受正色曰："今陛下立太子，为许氏乎，为天下乎？即为许氏，则昌成君可；为天下，则固宜用天下之贤才！"帝称善，曰："欲置傅者，以辅太子也；今博士不难正朕，况太子乎！前太中大夫言太子之师友必于天下英俊，其言至哉，其人便为英俊！"即拜太中大夫疏广为太子太傅，广兄子受为少傅①，赐以辎车、乘马。广、受大会诸生，陈其车马、印绶，曰："今日所蒙，稽古之力也，可不勉哉！"

后孝元壮大，柔仁好儒。而宣帝所用多文法吏，以刑名绳下，虽外儒，实则内法也。见帝大臣多有坐刺讥辞语为罪而诛，尝侍宴，三公九卿等大臣皆在坐，从容言："陛下持刑太深，宜用儒生。"帝作色曰："汉家自有制度，本以霸王道杂之，奈何纯任德教，用周政乎！且俗儒不达时宜，好是古非今，使人眩于名实，不知所守，何足委任？"乃叹曰："乱我家者，太子也！"内心不能善太子，由是疏太子而爱淮阳王，曰："淮阳王明察好法，宜为吾子。"而王母张婕妤尤幸，因尤幸之故，爱屋及乌，张婕妤之兄给事中张博有宠，用事于内，所言于帝，帝无不从。

淮阳宪王钦，元康三年立，母张婕妤有宠于帝。霍皇后废，帝欲立张婕妤为后。然外戚许、史用权，与帝有恩，亲善，纷言于帝。久之，帝惩艾霍氏欲害皇太子，乃更选后宫无子而谨慎者，乃立长陵王婕妤②为后，令母养太子。后无宠，希御见，唯张婕妤最幸。而宪王壮大，好经书、法律，聪达有材，帝甚爱之。太子宽仁，喜儒术，帝数嗟叹宪王曰："真我子也！"心中暗藏废立之意。以太子起微贱，太子母许后无端被毒死，外戚许、史时时阻扰之，故沉吟者累年。

初，卫太子与武帝于治国思想有冲突，卫太子崇儒术，帝重法吏，用法大臣多不依附太子，朝廷因而纷争，终卫太子因此而败也。故汉宣廷之群臣攀延附会求富贵者，亦欲师故智而动太子之位。张博密言于帝曰："淮阳王

---

① 疏广字仲翁，东海兰陵人也。少好学，明《春秋》，家居教授，学者自远方至。征为博士、太中大夫。地节三年，立皇太子，选丙吉为太傅，广为少傅。数月，吉迁御史大夫，广徙为太傅。广兄子受字公子，亦以贤良举为太子家令。受好礼恭谨，敏而有辞。宣帝幸太子宫，受迎谒应对，及置酒宴，奉觞上寿，辞礼闲雅，帝甚欢说。顷之，拜受为少傅。

② 其先高祖时有功，赐爵关内侯，自沛徙长陵，传爵至后父奉光。奉光少时好斗鸡，宣帝在民间数与奉光会，相识。奉光有女年十余岁，每当适人，所当适辄死，故久不行。及宣帝即位，召入后宫，稍进为婕妤。是时，馆陶王母华婕妤及淮阳宪王母张婕妤、楚孝王母卫婕妤皆爱幸。

好法律，其贤能与先武帝同迹。景帝时不有栗太子为长乎？然终得立者武帝也！今不可贸然兴废立，恐朝野有言，今可先使淮阳王之礼秩与太子同，同等与群僚接触，若谁得百僚之心，谁终得立，优胜劣汰，择贤而立，则物议息矣。"

帝惑张博言，因淮阳王有宠而太子无宠，于是淮阳王与太子同宫，礼秩如一，嫡庶不分。太子太傅疏广上书谏曰："太子正统，宜有盘石之固，淮阳王藩臣，当使宠佚有差。彼此得所，上下获安。"太子少傅疏受上书谏曰："臣闻有国有家者，必明嫡庶之端，异尊卑之礼，使高下有差，等级逾邈，如此，则骨肉之恩全，觊觎之望绝。昔贾谊陈治安之计，论诸侯之势，以为势重虽亲，必有逆节之累，势轻虽疏，必有保全之祚。故淮南亲弟，不终飨国，失之于势重也；吴芮疏臣，传祚长沙，得之于势轻也。昔文帝使慎夫人与皇后同席，袁盎退夫人之位，帝有怒色；及盎辨上下之义，陈人彘之戒，帝既悦怿，夫人亦悟。今臣所陈，非有所偏，诚欲以安太子而便淮阳王也。"

张博闻疏广、疏受之谏，大怒，言于帝曰："太子太傅疏广、太子少傅疏受离间太子、淮阳王兄弟，其意不可测也。"帝不答。因帝有易储心，自后，张博时时于帝前进太子太傅、少傅之逸言，帝心不能无动。皇太子私言张博之逸言于疏广，广知张博为人刚狠，为家族及身计，有乞骸骨之意，主动退出纷争。太傅疏广谓少傅受曰："吾闻'知足不辱，知止不殆'。今仕宦至二千石，官成名立，如此不去，惧有后悔。"即日，父子俱移病，上疏乞骸骨。帝知其因，皆许之，加赐黄金二十斤，皇太子赠以五十斤。公卿故人设祖道供张东都门外，送者车数百辆。道路观者皆曰："贤哉二大夫！"或叹息为之下泣。

太傅广、少傅受致仕，百僚欢送，观者赞叹，张博闻而怒之，思欲致广、受于法。广、受归乡里，日令其家卖金共具，请族人、故旧、宾客，与相娱乐。或劝广以其金为子孙颇立产业者，广曰："吾岂老悖不念子孙哉！顾自有旧田庐，令子孙勤力其中，足以共衣食，与凡人齐。今复增益之以为赢余，但教子孙怠堕耳。贤而多财，则损其志；愚而多财，则益其过。且夫

第四十推　境险恶许后子为储　陷宠争淮阳兴夺谋

富者众之怨也，吾既无以教化子孙，不欲益其过而生怨。又此金者，圣主所以惠养老臣也，故乐与乡党、宗族共飨其赐，以尽吾余日，不亦可乎！"于是族人悦服。张博闻之，知广、受无意于太子与淮阳王争端，诚意致仕，安于乡里，故置之不问也。

张博为淮阳王谋，欲其曲意结交当时名士。苏武陷身匈奴，执汉节十九年，为国人所敬，后其汉子元涉桀、安事而被诛死，胡子苏文得以嗣位，颇有金日䃅之风，时人亦以金日䃅许之。因母为胡人故，汉大臣颇轻之，苏文怒，淮阳王招之，遂投淮阳王以谋进取。

韩延寿字长公，燕人也，少为郡文学，有能名，仕郡县，不入三公九卿。少与萧望之善，后萧望之为宣帝所重，先为九卿，后为三公，因生不满而彼此有隙。韩延寿知帝宠爱淮阳王，王母张婕妤有盛宠而主之在内，王舅张博用事于外，帝信向之，张博招之，故投靠淮阳王，为淮阳王鹰犬。

太仆戴长乐与张博素善，张博令淮阳王下之，长乐感淮阳王之礼敬，甘为淮阳王驱使。刘向字子政，以父宗正刘德之任为辇郎，是时，宣帝循武帝故事，招选名儒俊材置左右，向为谏大夫而伴驾。向见帝宠爱淮阳王，淮阳王有取代太子之势，向仕位低贱，故及时投诚淮阳王以谋富贵也。

赵广汉前已述，积劳至京兆尹。然人心不足，位为公卿望帝王，身为帝王盼成仙。广汉已为名卿，然望三公也。广汉素为大将军所重，为大将军私党，大将军薨后及时投诚于帝，虽以破霍家为帝所向，然帝用人之旨，大将军之党多勿用，魏相又暗中沮之，故广汉品位不进。广汉既望三公，张博知之，令淮阳王深交之，广汉遂为淮阳王亲党。

韦贤以老病致仕，魏相素与丙吉善，且帝少即知魏相之能，魏相素与大将军不睦，大将军薨后，魏相得以为丞相。魏相拜相后，处处侵夺霍氏，霍氏不能堪，故欲谋反也。霍氏谋反，为人所发，帝遂族灭霍氏，诛罚处分皆出自魏相，帝皆从之。魏相为霍家奴所欺，广汉为之砸霍家，魏相入为丞相，广汉因此望为御史大夫，而丙吉先得之，广汉不能无憾。广汉思："魏相虽为丞相，若己能持丞相阴事，逼其退位，又有淮阳王及张博主之在内，己政绩天下第一,则三公可期也。"故广汉坚欲与丞相争也。

初,广汉客私酤酒长安市,丞相吏逐去,客疑男子苏贤言之,以语广汉。广汉使长安丞按贤,尉史禹故劾贤为骑士屯霸上,不诣屯所,乏军兴。贤父上书讼罪,告广汉,事下有司复治,禹坐腰斩,请逮捕广汉。有诏即讯,辞服,会赦,贬秩一等。广汉疑其邑子荣畜教令,后以他法论杀畜。人上书言之,事下丞相御史,案验甚急。广汉使所亲信长安人为丞相府门卒,令微司丞相门内不法事。

地节三年七月中,丞相傅婢有过,自绞死。广汉闻之,疑丞相夫人妒杀之府舍。而丞相奉斋酎入庙祠,广汉得此,使中郎赵奉寿风晓丞相,欲以胁之,毋令穷正己事。丞相不听,按验愈急。广汉欲告之。先问太史知星气者,言今年当有戮死大臣,广汉即上书告丞相罪。制曰:"下京兆尹治。"

广汉知事迫切,遂自将吏卒突入丞相府,召其夫人跪庭下受辞,收奴婢十余人去,责以杀婢事。丞相魏相上书自陈:"妻实不杀婢。广汉数犯罪法不伏辜,以诈巧迫胁臣相,幸臣相宽不奏。愿下明使者治广汉所验臣相家事。"事下廷尉治,实丞相自以过谴笞傅婢,出至外弟乃死,不如广汉言。司直萧望之劾奏:"广汉摧辱大臣,欲以劫持奉公,逆节伤化,不道。"宣帝恶之。下广汉廷尉狱,又坐贼杀不辜,鞫狱故不以实,擅斥除骑士乏军兴数罪。天子可其奏。吏民守阙号泣者数万人,或言:"臣生无益县官,愿代赵京兆死,使得牧养小民。"广汉竟坐腰斩。

第四一推

群贤正奸邪多害之　乱人死太子位终稳

广汉虽死，邪臣多党羽，嫡庶相争之祸未息也。然宣帝时，处中兴之治，群臣多有持正者。萧望之、杨恽、诸葛丰①等皆为太子言，处处维护，又有外戚长乐卫尉许舜，侍中、光禄大夫许延寿②，素有宠于帝，主之在内，故太子之位得以不动。

张博患之，欲渐去持正大臣，先剪太子羽翼，后方可动太子之位。司隶校尉魏郡盖宽饶③，刚直公清，为朝野所重，平恩侯许伯入第，百官附之者辐辏。帝问何需，许伯顿首对曰："臣万事已备，但未得客。"帝曰："魏相、

---

① 诸葛丰字少季，琅邪人也。以明经为郡文学，名特立刚直。贡禹为御史大夫，除丰为属，举侍御史。宣帝擢为司隶校尉，刺举无所避，京师为之语曰："间何阔，逢诸葛。"帝嘉其节，加丰秩光禄大夫。时，侍中许章以外属贵幸，奢淫不奉法度，宾客犯事，与章相连。丰案劾章，欲奉其事，适逢许侍中私出，丰驻车举节诏章曰："下！"欲收之。章迫窘，驰车去，丰追之。许侍中因得入宫门，自归上。丰亦上奏，于是收丰节。司隶去节自丰始。诸葛亮为丰之后人。

② 许舜、许延寿皆为许广汉之弟也。

③ 盖宽饶字次公，魏郡人也。明经为郡文学，以孝廉为郎。举方正，对策高第，迁谏大夫，行郎中户将事。劾奏卫将军张安世子侍中阳都侯彭祖不下殿门，并连及安世居位无补。彭祖时实下门，宽饶坐举奏大臣非是，左迁为卫司马。后迁为太中大夫，使行风俗，多所称举贬黜，奉使称意。擢为司隶校尉，刺举无所回避，小大辄举，所劾奏众多，廷尉处其法，半用半不用，公卿贵戚及郡国吏繇使至长安，皆恐惧莫敢犯禁，京师为清。

丙吉辈岂不可呼邪？"对曰："此则得之。"帝曰："知汝所不能致者一人耳，必盖宽饶也。"对曰："然。丞相、御史、将军、中二千石皆欲来贺，宽饶不行。"帝笑曰："朕明日为汝召客。"明日，帝谓公卿："朕岳父许伯有乔迁事，卿等宜与诸达官悉诣其第。"既而日中，众客未敢举箸，待宽饶，久之，方至，从西阶上，东向特坐。许伯自酌曰："盖君后至。"宽饶曰："无多酌我，我乃酒狂。"

丞相魏侯笑曰："次公醒而狂，何必酒也？"坐者毕属目卑下之。酒酣乐作，长信少府檀长卿素与淮阳王舅张博善，以许伯有宠，执子弟礼，依违太子党与淮阳王党间，起舞，为沐猴与狗斗，坐皆大笑。宽饶不说，仰视屋而叹曰："美哉！然富贵无常，忽则易人，此如传舍，所阅多矣。唯谨慎为得久，君侯可不戒哉！"先执酒西向拜谢，饮不尽卮，遽称腹痛起趋出，劾奏长信少府以列卿而沐猴舞，失礼不敬。上欲罪少府，许伯为谢，良久，上乃解。

淮阳王党患之。宽饶数干犯帝意，时帝方用刑法，任中书官，宽饶奏封事曰："方今圣道浸微，儒术不行，以刑余为周、召，以法律为《诗》《书》。"宽饶以帝宠幸淮阳王，太子之位不稳，而大臣干进者，多依附淮阳王，朝廷因此而纷争。故怒而引《易传》言："五帝官天下，三王家天下。家以传子孙，官以传贤圣，何必立太子而传位乎？"

书奏，帝以为宽饶怨谤，下其书中二千石。时执金吾议，以为："宽饶旨意欲求禅，大逆不道！"给事中张博曰："陛下受命于天，前有泰山之石自立，后则柳树枯僵自生，虫食其叶成文，曰陛下应立，故孝昭早死，昌邑立废，大将军因而攀立陛下。且陛下励精图治，国家中兴，百姓安居乐业，天下归心，盖宽饶之意乃在诽谤，不重惩无以塞群议。"上下宽饶吏。宽饶素刚，不屈，引佩刀自刭北阙下，众莫不怜之。

张博思帝之侍从多持正为太子，思所以去之，为帝谋，迁博士、谏大夫通政事者补郡国守相，以轮岗，历练之，有能声者，或增秩，或入为三公九卿。以萧望之为平原太守。望之辞而上疏曰："陛下哀愍百姓，恐德之不究，悉出谏官以补郡吏。朝无争臣，则不知过，所谓忧其末而忘其本者也。"帝乃征望之入守少府，后迁御史大夫。

光禄勋平通侯杨恽，廉洁无私，然伐其行能，又性刻害，好发人阴伏，由是多怨于朝廷。与淮阳王党太仆戴长乐相失。人有上书告长乐罪，长乐疑恽教人告之。给事中张博私言戴长乐为杨恽所告，长乐大怒，故上书告恽罪曰："恽语长乐曰：'正月以来，天阴不雨，此《春秋》所记，夏侯君所言。'恽意淮阳王有异谋，欲害太子而谋大位。恽离间陛下骨肉，大逆不道，应重惩。"事下廷尉。廷尉定国奏恽怨望，为妖恶言，大逆不道。然长乐被告之罪颇多有验，帝皆不忍加诛，有诏皆免恽、长乐为庶人。

昔日，恽之外祖司马迁著《太史公书》。宣帝即位后，恽献其书，故《太史公书》得出，为世人所喜，洛阳纸贵。恽为庶人后，时时读《太史公书》，尤读侠客、志士，未尝不兴叹。兄子安平侯谭为典属国，私下谓恽曰："西河太守建平杜侯前以罪过出，今征为御史大夫。侯罪薄，又有功，且复用。"恽曰："有功何益？县官不足为尽力。"恽素与盖宽饶善，谭即曰："县官实然，盖司隶尽力吏也，坐事诛。"恽曰："帝宠幸淮阳王，嫡庶不分，朝局将有变也。"

会有日食变，驺马猥佐成上书告恽"骄奢不悔过，妄议朝廷，日食之咎，此人所致"。章下廷尉案验，得所予会宗书，宣帝见而恶之。廷尉当恽大逆无道，腰斩。妻子徙酒泉郡。谭坐不谏正恽，与相应，有怨望语，免为庶人。召拜成为郎，诸在位与恽厚善者，未央卫尉韦玄成[①]、京兆尹张敞及

---

① 韦玄成字少翁，以父任为郎，常侍骑。少好学，修父业，尤谦逊下士。出遇知识步行，辄下从者，与载送之，以为常。其接人，贫贱者益加敬，繇是名誉日广。以明经擢为谏大夫，迁大河都尉。

初，玄成兄弘为太常丞，职奉宗庙，典诸陵邑，烦剧多罪过。父贤以弘当为嗣，故敕令自免。弘怀谦，不去官。及贤病笃，弘竟坐宗庙事系狱，罪未决。室家问贤当为后者，贤恚恨不肯言。于是贤门下生博士义倩等与宗家计议，共矫贤令，使家丞上书言大行，以大河都尉玄成为后。贤薨，玄成在官闻丧，又言当为嗣，玄成深知其非贤雅意，即阳为病狂，卧便利，妄笑语昏乱。征至长安，既葬，当袭爵，以病狂不应召。

大鸿胪奏状，章下丞相御史案验。玄成素有名声，士大夫多疑其欲让爵辟兄者。案事丞相史乃与玄成书曰："古之辞让，必有文义可观，故能垂荣于后。今子独坏容貌，蒙耻辱，为狂痴，光曜晻而不宣。微哉！子之所托名也。仆素愚陋，过为宰相执事，愿少闻风声。不然，恐子伤高而仆为小人也。"

玄成友人侍郎章亦上疏言："圣王贵以礼让为国，宜优养玄成，勿枉其志，使得自安衡门之下。"而丞相御史遂以玄成实不病，劾奏之。有诏勿劾，引拜。玄成不得已受爵。宣帝高其节，以玄成为河南太守。兄弘太山都尉，迁东海太守。

孙会宗等，皆为正臣，护持太子，因此狱而免官，太子之党，几乎一网打尽也。

淮阳王之党韩延寿代萧望之为左冯翊。左冯翊临近京师，韩延寿时时与张博私谋，意图动太子之位。望之患之，闻延寿在东郡时放散官钱千余万，使御史案之。延寿闻知，即部吏案校望之在冯翊时廪牺官钱放散百余万。望之自奏："职在总领天下，闻事不敢不问，而为延寿所拘持。"帝由是不直延寿，各令穷竟所考。望之卒无事实。而望之遣御史案东郡者，得其试骑士日车服侍卫奢僭逾制；又取官铜物，候月食铸刀，效尚方事。及取官钱帛私假徭使吏，及治饰车甲三百万以上。延寿竟坐狡猾不道，弃市。张博怒，思考所以中之。

丞相丙吉年老，于帝有大恩，帝重之。御史大夫萧望之以吉无大才能，纯因与帝有重恩而拜相，且出身法吏。望之本儒生，儒生素轻法吏，故望之意常轻吉，帝由是不悦。张博闻之，私使丞相司直奏望之遇丞相礼倨慢，又使吏买卖，私所附益凡十万三千，请逮捕系治。帝怒，念望之曾不屈于大将军，仗义为己直言，故未加大处分，诏左迁望之为太子太傅，然尚为太子官属。张博以萧望之不得外放，反专为太子官属，时时能为太子筹策，故愈失望。

后宣帝突病，疾来之甚急，有不讳之忧。张婕妤、淮阳王、给事中张博，常在左右侍疾，而皇后、太子希得进见。张博见帝疾甚，日夜与张婕妤、淮阳王谋，欲鼓动帝废太子而立淮阳王。太子闻之，甚忧之。帝思虑太子柔仁好儒，不类己，而淮阳王好法律，聪达有材，类己。王母张婕妤尤幸。意忽忽不平，数问尚书以景帝时立胶东王故事。皇后、太子皆忧，不知所出。

博望侯许舜为太子外祖父亲弟，以亲密臣得侍视疾，候帝间独寝时，舜直入卧内，顿首伏青蒲上，涕泣而言曰："皇太子以嫡长立，积十余年，名号系于百姓，天下莫不归心。臣子见淮阳王雅素爱幸，今者道路流言，为国生意，以为太子有动摇之议。审若此，公卿以下必以死争，不奉诏。臣愿先赐死以示群臣！"天子大惊曰："何以至此！"许舜曰："陛下微时与许后恩爱，含辛茹苦。后立为帝，许后竟为霍氏所毒死，霍成君被立为后，太子少失母，霍氏屡欲毒太子，奈阿、保尽责，吾兄平恩侯竭力护持，故邪谋不行。后霍后诈为有娠，欲以兄子替之，幸霍氏之邪谋发，太子得以无恙。太子少历艰险，后失母，陛下废之何忍？而陛下宠幸淮阳王母子，有易储心，太子不安也。"

帝见许舜涕泣，言又切至，意大感寤，思太子起于微细，帝少依倚许氏，及即位而许后无辜毒死，故弗忍也。喟然太息曰："吾日困劣，而太子、淮阳王皆为吾之爱子。且先许后谨慎，太子为其亲子，太子素仁德无大过，吾安能负许后而废之。"

萧望之上书曰："近日，有内蛇与外蛇斗未央宫南门中，外蛇死，此乃蛇孽也。京房易传曰：'立嗣子疑，厥妖蛇居国门斗。'外蛇死，应藩王夺位失败也。"帝大惊。后帝疾愈，拜韦玄成为淮阳中尉，以玄成尝让爵于兄，欲以感谕宪王，明帝无废太子之意。淮阳王知帝之意，知帝不欲明言其事，主动退却，退守藩王位，请降礼秩。由是太子遂安。

张博知宣帝无意废太子，思以处太子，知先朝巫蛊之威，故使齐巫诅咒太子，其后太子体不安，苦忽忽善忘，不乐。许舜言状于帝，帝诏使王褒①等皆之太子宫虞侍太子，朝夕诵读奇文及所自造作。太子疾平复，褒等乃归。太子喜褒所为《甘泉》及《洞箫》颂，令后宫贵人及左右皆诵读之。

张博怒之，一计不成，又生一计，以太子宠爱司马良娣，誓同生死。太子诸娣妾、良人甚多，彼此争宠内斗，张博故使齐巫结交诸娣妾、良人，诸

---

① 王褒字子渊，蜀人也，宣帝时修武帝故事，讲论六艺群书，博尽奇异之好，征能为《楚辞》九江被公，召见诵读。帝颇作歌诗，欲兴协律之事，丞相魏相奏言知音善鼓雅琴者渤海赵定、梁国龚德，皆召见侍诏。于是益州刺史王襄欲宣风化于众庶，闻王褒有俊材，请与相见，使褒作《中和》《乐职》《宣布诗》，选好事者令依《鹿鸣》之声习而歌之。时汜乡侯何武为僮子，选在歌中，久之，武等学长安，歌太学下，转而上闻，宣帝召见武等观之，皆赐帛，谓曰："此盛德之事，吾何足以当之！"褒既为刺史作颂，又作其传，益州刺史因奏褒有异材，帝乃征褒，既至，诏褒为圣主得贤臣颂其意。

娣妾、良人害司马良娣之宠，使齐巫诅咒之。司马良娣病，太子亲侍疾，朝夕不离。司马良娣且死，谓太子曰："妾死非天命，乃诸娣妾、良人更祝诅杀我。"太子以为然。及死，太子悲恚发病，忽忽不乐，大废寝食，人渐消瘦。

帝乃令皇后择后宫家人子可以娱侍太子者，得元城王政君①，送太子宫。政君，故绣衣御史贺之孙女也，见于丙殿。壹幸，有身。生成帝于甲馆画堂，为世嫡皇孙。帝爱之，自名曰骛，字大孙，常置左右，帝常曰"吾与汝成三世也"。自大孙出生后，太子位愈稳。张博屡出奇谋害而太子无果，而太子位愈稳。

后张婕妤病死，淮阳王无奸人主之于内，博望侯许舜言于帝，请遣诸王就国。宣帝从之，以宪王为宠子之故，以汉初梁王之故事，封宪王大国，予天子旌旗，赠乘舆之副，珍宝无数。张博遂随宪王就国。自淮阳王遣就国后，帝旁无奸邪，无宠子，无宠妃，天下人皆知帝传位太子之意，故太子储位得以岿然不动也。

---

① 孝元皇后，王莽姑也。父王禁，本始三年，生女政君，即元后也。母，嫡妻，魏郡李氏女也。初，李亲任政君在身，梦月入其怀。及壮大，婉顺得妇人道。尝许嫁未行，所许者死。后东平王聘政君为姬，未入，王薨。禁独怪之，使卜数者相政君，当大贵，不可言。禁心以为然，乃教书，学鼓琴。五凤中，献政君，年十八矣，入掖庭为家人子。

宣帝闻太子恨过诸娣妾，欲顺适其意，乃令皇后择后宫家人子可以虞侍太子者，政君与在其中。及太子朝，皇后乃见政君等五人，微令旁长御问知太子所欲，太子殊无意于五人者，不得已于皇后，强应曰："此中一人可。"是时政君坐近太子，又独衣绛缘诸于，长御即以为是。皇后使侍中杜辅、掖庭令浊贤交送政君太子宫，见丙殿。得御幸，有身。先是者，太子后宫娣妾以十数，御幸久者七八年，莫有子，及王妃壹幸而有身。甘露三年，生成帝。

及王莽之兴，由孝元后历汉四世为天下母，飨国六十余载，群弟世权，更持国柄，五将十侯，卒成新都。

第四二推

帝少孤欲追尊父祖　　辅强愎折明主孝思

嫡庶相争，太子遭其难，终究朝廷清明，持正大臣甚众，奸邪虽兴风浪，却不能为患。自古外藩入主中枢，必追尊己之先祖也，汉宣朝因议尊礼事，朝廷汹汹。总因宣帝即位初，帝不得自主，大将军主贬谥，群臣争之；大将军薨后，帝无内控，反逾其制，群臣亦争之。

帝即位初，念己幼时遭遇巫蛊之祸，父史皇孙、母王夫人及大父卫太子、大母史良娣皆遭不幸。唯己存，陷诏狱，屡危殆，终死里逃生，幸得大将军攀立为天子。定策功已录，拥立之功臣皆得封侯食邑，而己父祖之尊号不显，陵寝未享祭祀，帝时时念在心，常私下暗泣。大父卫太子得罪先武帝，大将军为武帝幸臣及托孤大臣，不负武帝，不欲追尊之。又因己即位日浅，未亲政，帝位未固，由大将军秉政，制断国事，帝难以有言。

帝欲推尊父母及大父母，因己嗣孝昭后而得袭位，不便直言于大将军，以长信少府夏侯胜名儒硕德，知大义，大将军信向之，从容赐茶慰谕，表明心志，使之言于大将军。夏侯胜言与大将军曰："今上已录大将军以下定策功，而卫太子、史皇孙夫妇尊号未定，死者不录，则生者戚戚。"大将军从之，以帝之名义下诏曰："故皇太子父子在湖，未有号谥，岁时祠，其议谥，置园邑。"

帝私言于夏侯胜曰："吾祖非有谋反之心，然不幸受难，其冤未伸。吾祖本为汉室储贰，若无巫蛊之祸，必当荣登九五，父传子，子传孙，亦当及帝位于吾也。故朕望卿言于大将军，似应尊卫太子、史皇孙皆为皇，卫太子为皇祖考，史皇孙为皇考。"夏侯胜正色曰："陛下之嗣位，乃嗣孝昭后，为人后者，不得顾私亲，卫太子、史皇孙安能尊称为皇？且大将军受武帝顾托，用法严，若尊之为皇，大将军必嗔怒，恐卫太子、史皇孙良谥未易得也！愿陛下三思！"帝曰："朕极知卿忠贞，虽如此，敬请卿请之于大将军。"夏侯胜辞曰："臣儒者，悖礼之事，臣不敢为，望陛下谅之。"

车骑将军张安世兄贺与帝有重恩，帝亲安世，安世为大将军之副，为人谨饬，大将军信重之。帝亦私言于安世，张安世为帝请之于大将军，大将军曰："卫太子得罪先帝，安能尊为皇祖考？更遑论尊史皇孙为皇考。若尊彼父子为皇，吾将来何以面对先帝于地下？且今上嗣昭帝后，为人后者不得顾私恩！"安世默然而止。

帝闻之，又遣宦者诣大将军谕意，至长跪稽首，大将军怒而起，不应。大将军遂讽有司奏请："《礼》'为人后者，为之子也'，故降其父母不得祭，尊祖之义也。陛下为孝昭帝后，承祖宗之祀，制礼不逾闲，谨行视孝昭帝所为。故皇太子起位在湖，史良娣冢在博望苑北，亲史皇孙位在广明郭北。谥法曰'谥者，行之迹也'，愚以为亲谥宜曰悼，母曰悼后，比诸侯王国，置奉邑三百家。故皇太子谥曰戾，置奉邑二百家。史良娣曰戾夫人，置守冢三十家。园置长丞，周卫奉守如法。以湖阌乡邪里聚为戾园，长安白亭东为戾后园，广明成乡为悼园。皆改葬焉。"

夏侯胜言于大将军曰："有司之请，不亦甚乎？卫太子谥为戾，不亦过乎？卫太子虽得罪武帝，然帝末颇昏聩，为奸人所惑，不能察卫太子冤，卫太子为江充等奸邪所挟，而致子盗父兵，终卫太子父子横死。帝生前亦悔过，作思子宫也，天下闻而悲之。虽今上嗣孝昭后，卫太子虽不应尊为皇，窃以为大将军亦不应谥卫太子为戾。且史皇孙亲育今上，安能仅谥之'悼皇孙'？今上得无怨乎？"

大将军曰："卫太子得罪先帝，且成方遂'冒充'卫太子公然至未央宫，欲谋富贵，行为乖张，谥号与素行相应，谥之戾，不亦当乎？史皇孙与父同恶，因仅诞今上之故，谥之悼，不亦宜乎？"夏侯胜言："卫太子素有温仁之名，今天子为其亲孙，谥之为戾，史皇孙亲诞今上，谥之曰悼，皆贬低也，天子将不悦。大将军制断国事，此皆在大将军之把握也。"大将军曰："为人臣，当以直道正君，卿慎毋再言也。"夏侯胜曰："大将军年尊，今上富于春秋，大将军百年后，不为后嗣虑乎？若不植功德而构怨于今上，当奈后嗣何？"大将军扪心曰："我守祖宗法，若祖宗有灵，必不有此事！"夏侯胜不再言。

帝闻之，大怒曰："人孰无父祖，奈何使吾孝意不获申？吾本汉正嫡，父祖蒙冤而不能雪，竟亦无法追尊之，有司竟请谥吾祖为戾太子，吾父悼皇孙，世间竟有此等事乎？吾当亲请于大将军，以去就争之。"中郎将史曾、史玄，长乐卫尉许舜，侍中、光禄大夫许延寿，纷纷劝帝曰："今大将军秉政，威震天下，昌邑王之废，系大将军之一言。其罪一'祖宗庙祠未举，为玺书，使使者持节以三太牢祠昌邑哀王园庙，称'嗣子皇帝'。若因追尊事而公然得罪大将军，汉家诸帝之谥号常曰孝，大将军必以陛下为不孝，若因此而废陛下，陛下有何说辞？岂不图虚名而受实祸。今大将军年尊，事事皆专，其能久乎？若大将军薨后，陛下亲政，自可随己意追尊也。此待之日月，无须汲汲！"帝乃止。

大将军谥卫太子戾、史皇孙悼，朝臣亦有不满者。投机之朝臣见大将军年尊，今上仁德，欲植功德于帝，故甘冒触犯大将军之险而上直言。大司农田延年揣上意而言："孟子曰'孝子之至，莫大乎尊亲'。周公追王太王、王季，子思以为达孝。岂有子为天子，而父祖不得尊称者？今陛下之为天子，虽曰嗣孝昭后，然卫太子为孝昭兄，亦曾为国之贰主，悼皇孙亲育陛下，安能不予良谥？若卫太子谥之戾，史皇孙谥之悼，则今上何以立世？"

丞相长史黄霸上言："按《礼经·丧服》传曰'何如而可以为人后？支子可也'。曰'为人后者孰后？后大宗也'。'大宗者，尊之统也。'今上继孝昭之大统，为人后者不可顾私亲，此义之大也。然不可顾私亲，盖谓有支子而后可以为人后，未有绝人之后以为人后者也。今上乃卫太子、史皇孙唯一血脉，安能绝卫太子后而为孝昭之后者？古有兼祧之法，追尊卫太子父子，予良谥，正所谓公私兼济也。"大将军素愎，且不学无术，暗于大理，览奏，屏去而已，帝无奈之何。

帝为大将军所制，私于未央宫殿侧别建一室，私祭祀父祖，以伸追慕之情耳。大将军闻之，不禁也，何哉？上官桀、安谋反族诛后，上官太后自使私奴婢守桀、安冢，岁时上贡，桀、安生忌日，上官太后亦私祭于内廷，行之多年，光知而不禁也。

第四三推

议尊礼群臣大异议　孝义申帝几破汉制

光在，帝不能行其追尊父祖志。后六年，即地节二年春，大将军病薨，帝始总览万机，得行己意。追尊父祖乃帝之夙愿，适逢夏四月，凤凰集鲁，群鸟从之。帝命大赦天下，由此推恩至帝之父祖，帝下诏曰："故皇太子父子蒙巫蛊之冤，先武帝已察之，为之诛江充等奸邪。先帝本欲雪之，适崩未暇，现葬于湖，谥号不称，有司其详议之。"

杜延年为霍光之亲党，以霍光之处置为宜，大将军新薨，帝便欲更大将军之政，延年不满。以重议卫太子父子谥号而上书曰："卫太子得罪武帝，史皇孙与之同恶，铤而走险，驱逐数万人争斗，流血盈城。帝末虽有悔恨，却未下诏原谅之。何哉？汉法有度，帝不能擅自违背，故帝虽有原谅之心，却无原谅之举，此武帝之圣明所在。三代以前，圣莫如舜，未闻追崇其所生父瞽叟，而陛下嗣孝昭后，则不得顾私亲，故皇太子父子之谥号，已历群臣之公议，非大将军一己之私意也。终谥与行合，陛下不得以私情改之，如此，则圣德无累，圣孝有光也。且大将军之政，改武帝末之酷急，法文景之恭俭养民，终至海内升平，废昏庸之昌邑王，传社稷至陛下，其功德不可估量。大将军新薨，坟土未干，而群小纷纷欲改大将军之政，臣恐中兴之治，堕矣。"

帝览奏，以延年素附大将军，大将军薨后为大将军言，怒之。丞相魏相承旨奏延年素贵用事，官职多奸。遣吏考案，但得苑马多死，官奴婢乏衣食，本无大过，帝恨延年，欲加大罚，以儆效尤。初，帝与延年中子佗善，帝之立，佗力言帝于延年，延年极言之大将军，延年之请，大将军未有不从之者，故延年有拥立功。佗闻其父事，流涕私请于帝，继质之以道义，帝色动，缓其事，延年仅坐免官，削户二千。①

中郎将史曾探上旨而上书曰："孝子之至，莫大乎尊亲。尊亲之至，莫大乎以天下养。臣窃谓帝王之相继也，继其统而已矣，固不屑于父子之称也。汉文承惠帝后，则以弟继；今上承昭帝后，则以兄孙继。夫统与嗣不同，非必父死子立也。惟继其统，则不惟昭帝之统不绝，卫太子之嗣亦存也，故可尊上之父祖，于尊尊亲亲两不悖矣。前有司不明此理，谥卫太子曰戾，谥史皇孙曰悼，非但绝陛下父子之恩，且与卫太子、史皇孙之所素行不合也！"

光婿未央卫尉、平陵侯范明友上书曰："陛下欲隆本生恩，屡下群臣会议，群臣阿意，不敢直言！昔曾元以父寝疾，惮于易箦，盖爱之至也。而曾子责之曰'姑息'。鲁公受天子礼乐，以祀周公，盖尊之至也。而孔子伤之曰'周公其衰矣'。臣愿陛下勿以姑息事卫太子、史皇孙，而使后世有其衰之叹。"

太子太傅黄霸上书曰："孟子曰'孝子之至，莫大乎尊亲'。周公追王太王、王季，子思以为达孝。岂有子为天子，父、祖不得良谥者乎？今日之

---

① 后数月，复召拜为北地太守。延年以故九卿外为边吏，治郡不进，帝以玺书让延年。延年乃选用良吏，捕击豪强，郡中清静。居岁余，帝使谒者赐延年玺书，黄金二十斤，徙为西河太守，治甚有名。五凤中，征入为御史大夫。延年居父官府，不敢当旧位，坐卧皆易其处。是时四夷和，海内平，延年视事三岁，以老病乞骸骨，天子优之，使光禄大夫持节赐延年黄金百斤、酒，加致医药。延年遂称病笃。赐安车驷马，罢就第。后数月薨。

事，陛下之继孝昭，当继统而不继嗣。卫、史之异以群庙，在于陛下为天子也。不得称宗者，以实未尝在位也。伏乞宣示朝臣，称昭帝为'皇伯祖'，太子戾为'皇祖考'，史皇孙悼曰'皇考'，别立庙祀之。夫帝王之体，与士庶不同。继统者，天下之公，三王之道也。继嗣者，一人之私，后世之事也。"帝览奏大悦，宣示群臣，群臣议论纷纷也。

长信少府夏侯胜上书曰："窃以为黄霸上书称昭帝为'皇伯祖'，此极不妥也！陛下既嗣位昭帝，则昭帝为陛下之祖，且昭帝在位十三年，英名遍于天下，若尊卫太子为皇祖考，则昭帝之位何在？"上览奏，召夏侯胜私问曰："卫太子为吾之祖，亦尝为国之储贰，受巫蛊之冤，尊之为皇祖考乃慰吾祖在天之灵也。"夏侯胜曰："陛下以侄孙嗣孝昭之位，当以孝昭为祖，大将军废昌邑王立陛下际，其辞亦曰以皇曾孙嗣孝昭之位，此为陛下即位之法统所在，故追尊卫太子为皇祖考于礼于法皆不合也，汉诸帝神庙亦将不安矣。"帝曰："君言甚有理，吾将重思之。"

夏侯胜曰："臣私闻，卫太子尚在人间也！人尚在，何以追尊之？"帝惊曰："吾祖尚在人间？何以言之？本末何在？卿请详言之！"夏侯胜对曰："昭帝初，世间传言卫太子未死，大将军遂私派大司农田延年四海访之。昔田延年私发卫太子墓，空墓无尸，后有卜者成方遂冒卫太子名现于未央宫，大将军坐之以大逆不道而斩之，后卫太子之讯息无闻。"帝问曰："此事吾尝闻之，亦私闻出现者乃真卫太子也，大将军以冒充之名而斩杀真太子以去逼也。"

夏侯胜对曰："此为误也！卫太子素仁德，遭巫蛊之祸，母死子亡且嫡孙长系狱，武帝末虽有悔过之意，却无原谅卫太子之诏，亦无废卫太子为庶人之文。试问：真卫太子何以敢出入未央宫乎？"帝曰："此言何意？"夏侯胜对曰："武帝末，朝廷误认卫太子已死，故无废太子之诏。昭帝立后，若卫太子未被废，则昭帝之立于法理有阙，而大将军之辅幼主亦缺依据矣。故大将军为去逼，必当致卫太子于死地也！此理，真卫太子必当洞悉，故曰：'真卫太子绝不出现也。'"

帝曰："卿言之有理！吾祖既存，吾登九五，大将军已薨，忧患早去，为何吾祖不寻吾，以完天伦之乐也？"夏侯胜曰："卫太子周游既久，或厌倦宫廷生活，故隐姓埋名而无闻也。"帝曰："吾将派人寻吾祖踪迹，接至宫廷之内，以天下而孝养之。"夏侯胜曰："此陛下之大孝也，可私行之！然今陛下似不应追尊卫太子，待陛下之追踪有确信，若卫太子尚在，追尊之事尚待，请之回宫，再行孝养！若已薨，追尊之亦不迟也。"

帝曰："善！然吾父史皇孙因巫蛊之祸而遭遇不幸，吾亦意追尊之为皇考，而朝野议论汹汹，多以吾既继孝昭后，为人后者不得顾私亲，故议者多皆反对吾尊吾父为皇考也，卿意以为如何？"夏侯胜对曰："此朝野之误也！史皇孙育陛下，为陛下亲父，追尊之又何过？"帝曰："卿言善！然如何消朝野之议论也？"夏侯胜对曰："陛下以侄孙嗣孝昭位，上推陛下之父以侄嗣孝昭后，陛下以孝昭为皇祖，以史皇孙为皇考，群下何议乎？"帝拍掌曰："大善！大善！此足于申吾之孝思，又不至于违背祖法，且可平息舆情也。卿可将此意与朝臣公述之。"后，上称善者良久。

苏武进表曰："臣知卫太子后续事！欲与帝当面言之。"宣帝立见之。苏武曰："陛下切不可追尊卫太子也！"帝怒曰："卿何以言此？"苏武对曰："卫太子尚存也！陛下安能追尊之？"帝惊曰："卿何以知之？"苏武对曰："臣昔身陷匈奴十九年，卫太子曾与臣私会也。"帝悦曰："君前无戏言！"苏武曰："老臣不敢！今有信物，以明臣言不妄！"苏武遂从内藏中取卫太子玺而呈上，帝览印文，果是。帝喜极而哀恸，涕泪满面曰："此乃吾祖之信物也！卿有此，足明卿之所言为真也。"

帝细观之，抱玺于怀，以脸触摸之，涕泪不止。帝曰："吾祖果存！吾祖果存！卿请言与吾祖私面之情形。"苏武对曰："臣持汉节于匈奴北海牧羊，崇和法师与臣会，言明己为汉卫太子，并以玺绶证明之。时崇和法师乃匈奴国师，虽面承匈奴单于旨劝臣降，实乃暗中于臣有重托也。"

帝问曰："吾祖何以在匈奴？为何号崇和法师？"苏武对曰："去病将军挞伐匈奴，获祭天金人，于金人中获得佛经，为卫太子所得，故卫太子渐习佛。昔巫蛊之祸后，卫太子未死逃亡，后大习佛，顿悟，自号崇和法师，以汉胡之战伤害生灵无数，悯之，以崇和平为己任，故自号崇和法师。后入匈奴，为匈奴单于所拘，诸多异象，单于不敢杀，终放之。"帝问曰："吾祖何以成为匈奴国师？"苏武对曰："卫太子被释后，匈奴人信佛，太子多习匈奴流传之佛经，参合中土之儒、道思想，故得以悟道，又习诸多方术，其术于匈奴单于前多有验，匈奴人皆尊事之，故被尊为国师。"

帝问曰："吾祖是否尚在匈奴？若在！吾可敕令单于护送归汉！"苏武对曰："卫太子崇信佛法，与臣顾托后不久，便往绝域，西行求法，且弘扬佛法也。"帝问曰："吾敕令西域诸国护送，吾将禅以帝位，重归皇孙之位。"苏武对曰："陛下言之过甚，陛下安能弃天下不顾乎？且天下悠悠之口，何以堵之？"帝曰："若不如此，吾可接吾祖至大内，以天下孝养之。"苏武曰："此陛下之大孝也！然恐不可行！卫太子已为崇和法师，乃方外之人，不问世事，其于陛下即位后，西远行求法，意在表明不入汉也。孝子之孝，在于顺父祖之意，陛下安可强求也。"

帝问曰："卿之荣归，已十数载，吾祖已过古稀之年，卿安知吾祖尚存也？"苏武对曰："臣自匈奴归汉后，时时关注西域消息，知崇和法师已入天竺小雷音寺修行。凡修行者，四大皆空，无欲无求，故能身体康健。法师虽过古稀，身如壮年也。"帝曰："善！乃止不寻，令苏武随时跟进消息，并即时奏报也！"

夏侯胜将今上以侄孙嗣孝昭位，史皇孙以侄嗣孝昭后，故尊史皇孙为皇考，尊昭帝为皇祖考，且不追尊戾太子为皇祖之意传于朝野，朝野悦服，无异议也。故元康元年夏，有司复言："《礼》曰'父为士，子为天子，祭以天子'。悼园宜称尊号曰皇考，立庙，因园为寝，以时荐享焉。益奉园民满千六百家，以为奉明县。尊戾夫人曰戾后，置园奉邑，及益戾园各满三百家。"暂不及追尊戾太子也。

帝之孝意获申，后数载，忽意欲立皇考庙于京师，以便祭祀。帝言此意于丞相黄霸，黄霸召御史、将军、列侯、中二千石、大夫、博士会议未央宫，议问其理。黄丞相上群议曰："陛下有可以为尧、舜之资，臣等不敢导以衰世之事。请于奉园特建皇考百世不迁之庙，俟他日袭封皇考子孙世世献飨，陛下岁时遣官持节奉祀，亦足申陛下无穷至情矣。"

帝仍命遵前旨再议。夏侯胜上书曰："窃惟正统所传之谓宗，故立宗所以继统，尊之为皇，乃因诞育陛下而一同嗣孝昭之后故。若立庙京师，汉制，临御诸帝方可立庙京师，皇考未尝在位，安可立庙京师？若立庙京师而陛下亲享之，亘古以来未有也。若立之，诸帝之灵亦当不安也。臣等宁得罪陛下，不欲陛下失礼于天下后世，陛下应重思之，无贻讥后世。"帝闻奏，乃止。

然因议尊礼事，大将军在时，群臣慑大将军之威，纷纷以大将军之意为依托，帝之所言，几无应者。后大将军薨，帝亲政，群臣阿帝意，纷纷为帝言，甚至欲尊卫太子为皇祖考，为卫太子、史皇孙立庙京师，几逾汉制，非夏侯胜持正言，帝将贻讥千古。故帝心中颇厌言者，后群臣多有因言取祸，如诸葛丰、杨恽等，患萌在议尊礼也。

第四四推

少多异长崇仙术宫　群邪聚京师多妄人

前文已言，孝昭元凤三年正月，泰山、莱芜山南汹汹有数千人声，民视之，有大石自立，高丈五尺，大四十八围，入地深八尺，三石为足。石立后有白乌数千下集其旁。是时，昌邑有枯社木卧复生，又上林苑中大柳树断枯卧地，亦自立生，有虫食树叶成文字，曰"公孙病已立"，孟推《春秋》之义，以为"石、柳，皆阴类，下民之象；泰山者，岱宗之岳，王者易姓告代之处。今大石自立，僵柳复起，非人力所为，此当有从匹夫为天子者"。后帝果从布衣登天子之位。

宣帝出生时，其祖卫太子请张相卜之，张相预测皇曾孙有天子之命，且将为太平天子，开启治世。帝即位后，承霍光秉政之局，霍光颇师文景恭俭养民之政，故天下重复盛世，帝坐享太平。帝早年养于民间，时会朝请，舍长安尚冠里，身足下有毛，卧居数有光耀。每买饼，所从买家辄大售，亦以是自怪。

霍光秉政，帝垂拱，虽外敬之，内不能善，私询卜士问霍光之命运。卜士曰："陛下登九五后，霍大将军将专政六年，后三年霍家族灭。"后果如卜士之言。

宣帝欲追尊卫太子时，苏武私言帝祖卫太子未死，习佛经，练方术，且赴西域传习佛法也，帝不能无感。

初，宣帝诸多天命，大将军仍持权不放，为逼大将军归政，中郎将史增私使凿白石为文曰："圣主临人，永昌帝业。"末紫石杂药物私填之，埋上林苑中大柳树断枯卧地下，使北海人唐泰奉表献之。大将军年老，多忌讳，见此，心不能无动，故宣布归政帝。帝喜，命其石曰"宝图"。擢泰为郎。后帝诏亲拜赴上林苑，受"宝图"，百官随之，皆见宝图，啧啧称赞，知帝天命所向，自此归心，大将军不敢有废立意。帝迎"宝图"至京师，诏有事宗庙，告谢列祖列宗，置宝图于其侧。故帝深信神仙、方士也。

宣帝初年，京兆尹奏：猎者于终南山见一人，无衣服，身生黑毛。猎人见之欲逐取之，而其人逾坑越谷，有如飞腾，不可逮及。于是乃密伺候其所在，合围得之。定是妇人。问之，言："我本是秦之宫人，闻关东贼至，秦王出降，宫室烧燔，惊走入山。饥无所食，垂饿死。有一老翁，教我食松叶松食。当时苦涩，后稍便之。遂使不饥不渴，冬不寒，夏不热。"计此女是秦王子婴宫人，至宣帝世，约百五十年。乃将归，以谷食之。初闻谷臭，呕吐累日乃安。如是两年许，身毛乃脱落，转老而死。向不为人得，便成仙人也。帝闻奏，思即使不成仙，亦可谋长生也。

宣帝之政，颇多鬼神色彩，四海之大赦及普天施恩往往因祥瑞而起。元康元年三月，以凤凰、甘露降集，赐天下吏爵二级，民一级，女子百户牛、酒，鳏、寡、孤、独、高年帛。元康三年春以神爵数集泰山，赐诸侯王、丞相、将军、列侯二千石金，郎从官帛，各有差。赐天下吏爵二级，民一级，女子百户牛、酒，鳏、寡、孤、独、高年帛。

神爵元年春正月，诏曰："乃元康四年嘉谷、玄稷降于郡国，神爵仍集，金芝九茎产于函德殿铜池中，九真献奇兽，南郡获白虎、威凤为宝。朕之不明，震于珍物，饬躬斋精，祈为百姓。东济大河，天气清静，神鱼舞河。幸万岁宫，神爵翔集。朕之不德，惧不能任。其以五年为神爵元年。"

临死之年即黄龙元年，诏曰："乃者凤凰集新蔡，群鸟四面行列，皆乡凤凰立，以万数。其赐汝南太守帛百匹，新蔡长吏、三老、孝悌、力田、鳏、寡、孤、独各有差。赐民爵二级。毋出今年租。"

此种事例，不胜枚举也。宣帝与神仙、方士共始终，与曾祖武帝无异也。然武帝临终时颇有改悔，自叹："向时愚惑，为方士所欺。天下岂有仙人，尽妖妄耳！节食服药，差可少病而已。"而宣帝因崇神仙、信方士终不悔而殒命。自古帝王崇神仙必修宫室以待之，信方士必修宫殿以辟群鬼，而崇神仙、信方士之帝多重物质享受，必大兴土木。

宣帝好方术，群臣多迎逢之。刘向，字子政，本名更生。年十二，以父德任为辇郎。既冠，以行修饬擢为谏大夫。是时，宣帝循武帝故事，诏选名儒俊材置左右。更生以通达能属文辞，与王褒、张子侨等并进对，献赋颂凡数十篇。帝复兴神仙方术之事，而淮南有《枕中鸿宝苑秘书》。书言神仙使鬼物为金之术，及邹衍重道延命方，世人莫见，而更生父德武帝时治淮南狱得其书。更生幼而读诵，以为奇，献之，言黄金可成。

帝令典尚方铸作事，费甚多，方不验。帝乃下更生吏，吏劾更生铸伪黄金，系当死。更生兄阳城侯安民上书，入国户半，赎更生罪。帝亦奇其材，得逾冬减死论。会初立《穀梁春秋》，征更生授《穀梁》，讲论《五经》于石渠。复拜为郎中给事黄门，迁散骑、谏大夫、给事中。向以方术导帝，虽涉欺罔，帝终原之，不能不产生示范效应也。

帝崇神仙，时待诏金马门之士纷言神仙也。待诏安华，自言安期生①与西王母之女华瑶仙女所生，母产安华后，便弃渠中冰而飞升，飞鸟以其翼覆荐之，三日无人问津。后被渔户所发，遂收养长之。少为淮南王宾客，后淮南王飞升，众宾客从之，鸡犬亦拔地而起，安华不从，遂在人间，待诏金马。其言多诞妄。安华素与淮阳王舅张博善。昔张博疾甚烈，有不测之忧，

---

① 《列仙传》云：安期生，琅邪阜乡人也。卖药海边……秦始皇与语三夜，赐金璧数万，出，于阜乡亭皆置去，留书，以赤玉舄一双为报，曰："后千岁求我于蓬莱山下。"

因帝爱子之舅故,帝诏百医视之,皆曰无治,束手无策。而安华进一丹,博之疾立痊愈,博感安华救命之恩,遂更亲善之。

淮阳王舅张博奸邪,知卫太子因巫蛊之祸而败坏,故与安华密谋,商进安华予帝,使其侍机于帝前煽风点火,制造事端,以废立太子。

张博言安华于宣帝,博曰:"安期生,仙者,通蓬莱中,合则见人,不合则隐。"帝曰:"君言之安期生,乃李少君[①]所言之人?"博对曰:"是也!李少君于蓬莱见之,食其巨枣,大如瓜。"帝问曰:"安期生何迹也?"博对曰:"安期生乃战国时人,秦始皇时求神仙,与秦始皇言三天三夜。六国起,安期生尝干项羽,项羽不能用其策。后项羽称霸,欲封安期生,安期生固辞不受。自后遁世修仙,高祖时得道。"帝问曰:"安华何许人?"博对曰:"安华乃安期生与西王母之女华瑶仙女所生,为仙人后,颇知长生之道。"

宣帝因征入禁中。问曰:"卿云曾为淮南王宾客,今应耄耋,寡人观卿相貌,不过三十而已,应与寡人年龄相仿。"安华对曰:"臣自有养颜之方,多年不老。"帝问曰:"卿方何来?"安华对曰:"昔淮南王安好道术,设厨宰以候宾客,正月上午,有八老公诣门求见。门吏曰王,王使吏自以意难之,曰:'吾王好长生,先生无驻衰之术,未敢以闻。'公知不见,乃更形为八童子,色如桃花。王便见之,盛礼设乐,以享八公。吾之方则为八公私授也。"

帝问曰:"淮南王于先武帝时谋反,汉廷下公卿治其党羽,使宗正以符节治王。未至,淮南王安自到。杀王后荼、太子迁,诸所与谋反者皆族。卿言尝为淮南王宾客,其情实否?"安华对曰:"此世人之误也。昔淮南王安,招致宾客方术之士数千人,作《鸿宝》《苑秘》《枕中之书》,点石成金,白日飞升。人曰'官居宰相望帝王,身为帝王盼成仙',淮南王成仙,先武帝

[①] 少君者,故深泽侯舍人,主方。匿其年及其所生长,常自谓七十,能使物,却老。其游以方遍诸侯,无妻子,人闻其能使物及不死,更馈遗之,常余金钱衣食。人皆以为不治生业而饶给,又不知其何所人,愈信,争事之。少君资好方,善为巧发奇中。尝从武安侯饮,坐中有九十余老人,少君乃言与其大父游射处,老人为儿时从其大父,识其处,一坐尽惊。少君见上,上有故铜器,问少君。少君曰:"此器,齐桓公十年陈于柏寝。"已而案其刻,果齐桓公器。一宫尽骇,以为少神,数百岁人也。

耻不如，且恨之，故托以言其谋反，而族灭其家属宾客，鸡犬不留，以欺世人也。"

帝问曰："淮南王招致方士？卿言其详也。"安华对曰："昔淮南王学道，招会天下有道之人，倾一国之尊，下道术之士。是以道术之士，并会淮南，奇方异术，莫不争出。"帝问曰："白日飞升又是何意？"安华对曰："王修道，举家升天，畜产皆仙，犬吠于天上，鸡鸣于云中。此言仙药有余，鸡犬食之，并随王而升天矣。"

宣帝问："众方士何去何从？"安华对曰："鸡犬尚食仙药，方士亦皆食之，并从之升天去也。"帝问："卿何以不从？"安华对曰："吾前预知巫蛊之祸，陛下必受难，陛下乃有道天子，臣留人间事陛下以致长生也！"帝问："巫蛊之祸前，方士云集京师，卿何以不来？"安华对曰："武帝末之方士，徒有其名而已，皆市侩之徒，攀求富贵，热衷功名，乃方士余孽。臣鄙视之，故藏于深山而避世不现也。"

帝问："卿现何以待诏金马门？"安华对曰："臣睹太平盛世，遇不世之主，臣留此残躯为陛下求长生，而永享富贵也。"帝大悦，问："卿何以能为朕谋长生？"安华对曰："臣能致灵药为帝长生，天台山多灵草，群仙所会，臣尝知之，而力不能致。愿为天台长吏，因以求之。"帝信之，张博荐之，起徒步为会稽郡守。谏官论奏曰："武帝好方士，亦曾与官号，未尝令赋政临民。"帝曰："烦一郡之力而致神仙长年，臣子于君父何爱焉！"由是莫敢有言者。

第四五推

贤臣谏遭杀身之祸　帝浮夸动匈奴听闻

诸葛丰极言曰："彼皆死人而语神仙，世岂有仙人也！远者秦皇求仙，社稷何在？近则武帝求仙，则陛下遭巫蛊之祸！且问，方士有始皇至今存者乎？方士尚不能长生，安能合长生药致陛下长生乎？安华自称安期生后，安期生于高帝时已不知所踪，若其有子，今乃百多岁，而华乃少年，其言荒诞，绝不可信！"帝不听。

安华至天台，驱吏民于山谷间，声言采药，鞭笞躁急。岁余一无所得，惧诈发获罪，举家入山谷。监察御史追捕，送于京师。张博言于帝曰："汉法严，安华惧遭诛，故逃，非不欲为陛下合仙药也。宽汉法之诛，假以时日，必可致灵药。"帝遂原谅之，乃入为太中大夫。后于京师修炉炼药，帝服安华药，日益烦躁，喜怒不常，群臣惧而不敢言也。

某日，安华以不死之药成，献于宣帝，谒者操以入。适诸葛丰遇之，问曰："可食乎？"曰："可食也！"因夺而食之。帝怒，欲使人杀诸葛丰。诸葛丰愿死，然有遗言献于帝曰："臣问谒者，谒者曰可食，臣故食之。是臣无罪，而罪在谒者也。且安华献不死之药，臣食之而帝杀臣，是死药也。帝杀无罪之臣，而明人之欺帝。"帝惧天下非议己，乃不杀，言之于安华，安华曰："此药历经年方才成此一粒，臣可再合，然陛下须耐心待之。"

吕岩，字文才，方士也。少好服食，自称战国时人也。初，岩赴太行山中采药，忽见一人，问岩曰："子好长生乎，乃勤苦艰险如是？"岩曰："实好长生，而不遇良方，故赴深山采药，冀有微益耳。"其人曰："吾姓吕，字文起，乃太清上仙。公既与我同姓，又字得吾半支，此公命当长生也。若能随吾采药，语公不死之方。"岩即拜曰："有幸遇仙人，敢不从命，若见教授，乃更生之恩也。"即随仙人去。

二日，仙人授岩一方，因遣岩回去："可视乡里。"岩即拜辞。仙人又曰："公来山间二日，人间已两百年矣！"岩归家，但见空宅，子孙无一人。乃见乡啬夫，问："吕岩家人何在？"乡啬夫曰："君从何来？乃问此久远人？吾昔闻先人云：'昔有吕岩入太行山采药，遂不还，为虎狼所食，已两百年矣。'岩有子孙后人吕羽，居在城东也。"岩遂赴问询，奴出问："公从何来？"岩曰："此是我家，吾昔日随仙人去，至今二百年。"羽年已八十，闻之惊喜，跣出拜曰："仙人来归！"悲喜不能自胜。羽素多病，岩授药一颗，体即通泰，返老还童，郡县异之，奏之于帝。

宣帝闻之，即赐召见，只见一老一少，老者称少者为老祖。帝问少者岩曰："自古有神仙否？"少者对曰："若无神仙，秦始皇、先武帝为何苦苦求之？"帝问曰："始皇、武帝为何不遇神仙？"少者对曰："仙道者，缘分也！有其缘，方可遇之，无其缘，万方求之，终无果也。山人之遇仙，亦为深山采药而偶遇也。"帝问曰："朕万机繁忙，安能赴深山遇仙？退而求其次，朕求仙药，不知可否？"少者对曰："山人下山时，仅存仙药一颗，老者为吾之曾玄孙，见其年老体弱而赐之，其食之，今年已一百三十。若欲仙药，吾知合仙药之方，待吾合之。"吕岩屡合仙药不成，上以其迹神奇，尤盼之也。

王生者，不知何许人也，自言神仙王乔之后。武帝时隐于中条山，往来汾、晋间，时人传其有长年秘术，自云年数百岁矣。李少君为武帝信向，荐之于帝，帝下诏礼求之。然王生知帝用法严，虽好方士，然果于杀戮，方术若无效，方士必被诛死，故方士多不得善终。

武帝下诏礼求时，王生坚持不下山也。帝怒，派吏强请之，则佯死不赴，吏以王生暴死闻，帝乃止，时人亦认为王生果死。后昭帝即位，人复见之，往来恒州山中。宣帝初立，霍光秉政，用法严，方士不敢妄言。后霍光病薨，帝亲政，好方士、方术，天下之方士踊动也。元康四年，监察御史以状奏闻。

宣帝令侍中、光禄大夫许延寿往迎之，王生对使绝气如死，良久渐苏，延寿不敢逼，驰还奏状，帝异之，必欲请之。又遣长乐卫尉许舜赍玺书以邀迎之，殷勤多致，生乃随舜至长安，肩舆入宫中。帝立见之，待以师礼，亲访理道及神仙方药之事，及闻变化不测而疑之。

张相者，善算人而知夭寿善恶，前已测卫太子、宣帝之吉凶，后果皆如其言。帝迎之大内令相算生，则惘然莫知其甲子。又有师夜光者，善视鬼，帝召王生与之密坐，令夜光视之，夜光进曰："王生今安在？"夜光对面终莫能见。顷之，王生取镜视齿，则尽焦且齾。命左右取铁如意击齿堕，藏于带。乃怀中出神仙药，微红，敷堕齿之断。复寐良久，齿皆出矣，粲然洁白，帝方信之。

帝好神仙，欲留王生于禁中，王生不乐，恳辞归山，屡求之，帝不得已，因下制曰："王生者，游方外之人也。迹先高尚，深入窈冥，是混光尘，应召城阙。莫详甲子之数，且谓羲皇上人。问以道枢，尽会宗极，今特行朝礼，爰畀宠命。可太中大夫，号曰'玄净先生'。"帝深信王生，朝会言必称王大夫而不名也。

杨恽谏曰："神仙事本虚妄，空有其名。秦始皇非分爱好，遂为方士所诈，乃遣童男女数千人随徐市入海求仙药，方士避秦苛虐，因留不归。始皇犹海侧踟蹰以待之，还至沙丘而死，而李斯、胡亥、赵高得以兴沙丘之谋，秦朝社稷为虚。武帝为求仙，乃将女嫁道术人，事既无验，便行诛戮，后方士巫者云集京师，终酿巫蛊之祸，父子诛夷，流血京师，陛下亲受其祸。据此二事，神仙不烦妄求也。王生乃一方士，以方术欺陛下，惧陛下识之而遭诛戮，如武帝时文成、少翁，故托回山。此等妄言之方士，陛下安可加以宠命乎？"帝怒之，变色，起入禁中。

帝顾谓诸侍从曰："神仙之事信乎？"诸葛丰对曰："神仙之说，出于道家；所宗《老子》五千文为本。《老子》指归，与经无异。后代好怪之流，假托老子神仙之说。故秦始皇遣方士载童女入海求仙，前朝武帝嫁女与方士，求不死药，二主受惑，卒无所得。古诗云：'服食求神仙，多为药所误。'诚哉是言也。君人者，但务求理，四海乐推，社稷延永，自然长年也。"帝深不以为然。故杨死诸葛贬，虽面涉毁谤，实乃暗犯皇帝之崇神仙忌讳也。如后世光武帝信服图谶，凡言图谶是非者，必获重谴，甚至惹来杀身之祸。

甘露元年夏四月，丙申，太上皇庙火；甲辰，孝文庙火；帝素服五日。时汉升平，群夷集京师。越巫言："越俗，有火灾复起屋，必以大，用胜服之。"帝曰："昔武帝作建章宫，度为千门万户。其东则凤阙，高二十余丈。其西则唐中，数十里虎圈。其北治大池，渐台高二十余丈，命曰太液池，且辇道相属焉。建章宫大矣，吾何以为？"越巫言："逼不得已，必修高楼，高不闻鸡犬，欲以上接天神，亦能服之。"帝本崇神仙，从之。

始建静玄楼。谏大夫王吉谏曰："天人道殊，卑高定分，不可相接，理在必然。今虚耗府库，疲弊百姓，为无益之事，将安用之！必如越巫所言，请因东山万仞之高，为功差易。景帝十六年，梁孝王田北山，有献牛，足上出背上者。此为牛祸，内则思虑霾乱，外则土功过制，故牛祸作。今三辅牛祸亦作，不曰宫室过度乎！"帝不从。功费万计，经年不成，帝更为大发民夫十万，历时三年，方才成之。楼高耸入云，人居其上，如入仙境，帝飘飘然愈信方士以求神仙矣。

安华为宣帝合金丹，无效，帝多躁怒不常，安华惧，言于帝曰："方中：人主时为微行以辟恶鬼。恶鬼辟，真人至。愿上所居宫毋令人知，然后不死之药殆可得也！"帝曰："善！"作台观四十余所于长安，道、甬道相连，帷帐、钟鼓、美人充之。又营洛阳、长安二宫，作者四十余万人。

宣帝修武帝之故事行幸甘泉，郊泰畤。行幸河东，祠后土。帝颇慕始皇之人，闻始皇派徐市东渡求神仙，数问尚书徐市东渡故事，欲仿其故事派吏民东渡。

先是，帝崇方士求神仙，方士言益州有金马碧鸡之宝，可祭祀致也，帝使王褒往祀焉。褒于道病死，帝初悯惜之，后方士言褒亲见金马碧鸡之宝，而得仙道，故尸解而登仙也。帝慕之，曰若自己能尸解成仙，则弃帝位如敝履。

褒之随从回京，奏曰："褒于益州峨眉山得仙道，臣亲见之，群仙亲迎褒，褒骑金马，碧鸡随于后，登天去也。"帝慕之，欲亲赴益州，群臣谏，莫能止。谏大夫王吉曰："夫仙者，得之自然，不必躁求。若其有道，不忧不得；若其无道，虽至蓬莱见仙人，亦无益也。臣愿陛下第还宫静处以须之，仙人将自至。"适帝外曾祖贞君薨，乃止。

帝颇修饰，宫室、车服盛于武、昭帝。甘露元年，匈奴呼韩邪单于之败也，左伊秩訾王为呼韩邪计，劝令称臣入朝事汉，从汉求助，如此，匈奴乃定。呼韩邪从其计，引众南近塞，遣子右贤王铢娄渠堂入侍。右贤王铢娄渠堂言于帝，呼韩邪单于将朝汉矣。

帝欲作柔远殿于长安，穷奢极欲，以夸示而惊匈奴。谏大夫王吉上书谏曰："古者衣服、车马，贵贱有章；今上下僭差，人人自制，是以贪财逐利，不畏死亡。去角抵，减乐府，省尚方，明示天下以俭。古者工不造雕琢，商不通侈靡，非工、商之独贤，政教使之然也。"

帝不从，发十万农工，历事一年方成。殿基高二丈八尺，纵六十五步，广七十五步，甃以文石。下穿伏室，置卫士五百人。以漆灌瓦，金珰，银楹，珠帘，玉璧，穷极工巧。殿上施白玉床、流苏帐，为金莲华以冠帐顶。后甘露三年春，匈奴呼韩邪单于来朝，赞谒称藩臣而不名；大陈文物，琳琅满目。匈奴单于见而慕之，请袭冠带，帝不许。明日，又率其属上表固请，帝大悦，谓丞相黄霸等曰："今衣冠大备，致单于解辫，卿等功也！"各赐帛甚厚。

帝殊信方士，方士甲上书曰："河南郡街邮樗树生枝，如人首，眉目须皆具，亡发耳。汝南郡西平遂阳乡有材仆地生枝，如人形，身青黄色，面白，头有髭发，稍长大，凡长六寸一分。此乃王德将衰，下人将起，则有木生为人状。"

方士乙上书："豫章有男子化为女子，嫁为人妇，生一子。阳变为阴，将亡；继嗣，自相生之象。下人将夺汉社稷之兆。"

方士丙上书曰："朔方广牧女子赵春病死，既棺殓，积七日，出在棺外。自言见夫死父，曰：'年二十七，汝不当死。'至阴为阳，下人为上。厥妖人死复生。必有篡位。"帝闻之，内心恐惧也。

初，许后被霍氏毒死，帝遂立长陵王婕妤为后，王皇后无宠，希得见。后父奉光。奉光少时好斗鸡，宣帝在民间数与奉光会，相识。王皇后虽无宠，其家族为外戚却享贵宠也。时，外戚许、史、王氏皆贵宠。王皇后之弟王世为厚质少文，为人粗野，帝察其无心机，遂宠之，官至未央宫卫尉。世为感帝宠，直未央宫，忧公忘私，不肯归家。时太白屡昼见，太史占云："外戚昌。"民间图谶又云："汉三世后，皇历中衰，莽夫为祟。"帝恶之。

帝会与诸外戚、近臣宴宫中，行酒令，使各言小名。世为自言名莽夫，帝愕然，因笑曰："何物男子，乃尔勇健！"又以世为封邑有"莽"字，深恶之，后出为郡守。有方士道法，自言能绝粒，晓方术，能飞升，世为深敬信之，数相从，屏人语。外戚许、史虽贵宠，然世为莽撞，颇触怒许、史，前忌惮其宠，且为卫尉，出入宫禁，与帝亲近，不便害之。今其被出于外，御史遂承外戚许、史意，奏莽夫与妖人交通，谋不轨。莽夫坐诛，籍没其家，罪止本家，不及其他。

帝密问太史令："图谶所云，信有之乎？"对曰："臣仰稽天象，俯察历数，其人虽未出，然其父母已为陛下亲属，自今不过五十余年，当王天下，杀汉子孙殆尽，其兆既成矣。"帝曰："疑似者尽杀之，何如？"对曰："天之所命，人不能违也。王者不死，徒多杀无辜。今借使得而杀之，天或生壮者肆其怨毒，恐汉室子孙，无遗类矣。"帝乃止。

　　帝又问曰："今闻民间，云汉家历运中衰，当再受命。"太史令曰："陛下之子孙，不能守汉家法，故汉中衰，为他姓所暂夺。然高祖、孝文宽仁，陛下中兴大业，结于人心深矣。终祖宗之德泽深厚，周人之思邵公，爱其甘棠，又况其子孙哉！刘氏之再受命，盖以此乎！"

第四六推

处深宫诸侯多荒行　睦宗室亲亲得首匿

宣帝之崇神仙、方士及大兴宫室，耗费无数民脂民膏，与先曾祖武帝颇似。然宣帝颇谨守管籥，故伤不及下，天下还复太平。武帝时内耗既多，又征伐四方，致边用不足，以富商大贾饶于财，汉廷号召之捐钱佐国家用。时卜式捐家产之半予国，武帝下缗钱令而尊卜式，以期激天下捐献朝廷之风，效力边疆之气。而商贾多利己，不恤朝廷之急，终莫分财佐县官。故设告缗令，排富商大贾，令民告缗者以其半与之。国用虽足，天下自是疮痍。

后武帝虽废告缗令，然告缗一开，如洪水泄出，一发不可收拾，民间已兴告讦之风。巫蛊之祸能蔓延，京师死数万人，皆与民间好互告讦关联。武帝虽崩，此风未衰。宣帝幼时，长于民间，亲历其风，亦受其害，有切身感悟焉，故即位后，申儒家之亲亲得相首匿，以期矫正世风也。故曰："朝廷之政，不可不慎，勿取一时之短策，而酿长久之祸。然为政者多取短策，何哉？短策救目前之急，造就当前之政绩，祸则后世显现，己不能见，与己亦无关矣！此意可通古今也。"

丙吉闻皇曾孙之祖母史良娣有母贞君及兄恭，乃载皇曾孙以付之。故曾孙少依史氏。贞君虽亲自养视，然年高，力不能已抚养，细事皆由儿媳史高氏掌之，曾孙甚依史高氏，视之如母，史高氏亦以子视曾孙。贞君年高，发落齿动，史高氏曾煮豆给姑贞君食用，因豆内硬粒不曾一律煮烂，扛动牙齿，贞君叫骂。

史高氏做就面条送食，贞君因牙痛难咽，复向叫骂，史高氏迄未回言。贞君气忿，拾棍殴，因被史高氏搁阻，忿激摔倒于地，胳膊断。贞君大怒，令其子赴官府告其妻忤逆婆婆。有司讯明史高氏并无触忤违犯别情，惟贞君因扛伤牙痛向殴被阻，忿激摔折，究由史高氏未及煮烂硬豆所致，应将史高氏比照故意伤害婆婆而城旦舂者五岁。贞君子赴有司告诉前，曾孙涕泪请于贞君，贞君不从。史高氏受刑，终因刑徒劳作过甚而累毙，曾孙如失母，怅恨久之。

史高氏受刑后，曾孙遂无人照管。丙吉知卫太子有恩于掖庭令张贺，送曾孙于贺，曾孙遂依贺。贺娶妻物故，纳一美妾。贺妻生子张寅，年方十八，虽婚配后生子霸，然其人好色异常，见贺妾美，起意图奸已非一日，不得其便。以父子之亲，知之亦无患也。某日，寅饮醉回家，适贺外出，美妾在安世妻房内闲谈。寅便潜入美妾房中，躲在帐内。美妾回房上床睡歇，寅用手摸弄乳部，美妾揪住，欲拉往贺母房中告诉。寅下床按住美妾手，美妾挣脱，坐在地上喊呼祖母快来。寅用手按住其口，美妾仍喊叫不休。寅恐被祖母听见，遂将美妾按倒地上，用手扼住咽喉，手势过重，气闭殒命。

贺素爱妾，闻之大怒，欲赴官府，诉其忤逆伤害。曾孙素与寅善，兄事之，涕泪固请，劝贺息怒，贺不从，亲赴官府告诉，且诉寅颇多逆行，官府遂处寅死刑。前贺望与美妾生子传后，求之万方，无效，寅既死，贺终无子。后在贺母主导下，亲族共见，子安世小男彭祖。彭祖又小与曾孙同席研书旨，与寅素善，常叹息贺不应告寅于官而致其死。

许后之父广汉，少为昌邑王郎。从武帝赴甘泉，误取他郎鞍以被其马。广汉有逆子，告知于官，广汉被劫从行而盗，当死，昌邑王髆固请于帝。帝稍许之，然用法严，有诏募下蚕室，而逆子因告父而为郎。后上官桀谋反，广汉部索,其殿中庐有索长数尺可以缚人者数千枚,满一箧缄封,广汉索不得,逆子率吏往得之,奏之于朝廷。武帝嘉逆子告讦及搜索之功,广汉失职坐论为鬼薪,输掖庭,后为暴室啬夫。曾孙知之,甚恨逆子之告讦其父也。

汉初,高祖愤秦宗室为布衣,纷乱之际,不能尽一矢之力,终致秦失国。初定天下,昆弟少,诸子弱,大封同姓,封三庶孽,分天下半,以矫秦弊。吕产、吕禄灭,文帝顺立,皆因宗室势大,奸邪不敢为非也。然汉诸王总因分封太早,生于深宫之中,长于妇人之手,无师傅辅导之益,未尝知忧知惧,故多荒乱行。昭宣时,汉承平百余年,而于诸侯王之教导多缺失,诸侯王之荒乱行愈烈,甚至多禽兽行。

昭帝时,济北王宽坐与父式王后光、姬孝儿奸,悖人伦,又祠祭祝诅帝,宽子惧罪,言之汉廷,有司请诛。帝遣大鸿胪利召王,王以刃自刭死。国除为北安县,属泰山郡。

广川王去有罪,废徙上庸,自杀。去者,惠王越之孙,初事师受易,师数谏正之。去后以师为内史掾,师数使内史禁切王家,欲以示正之。去怒,阴使人杀师父子,不发觉。其后用幸姬昭信等之谗,杀姬昭平等二人,恐语泄,复杀婢三人。昭信又曰:"梦见昭平等。"去曰:"虏乃敢复见,不畏我邪。"掘尸皆烧之为灰。

诸得幸者,昭信见谗杀凡十四人,皆埋宫中。昭信又谓去曰:"诸姬淫佚难禁,请闭诸舍门,无令得妄出入。"使其大婢为仆射,主外永巷,尽闭封诸舍门。望卿母求二女尸,昭信令奴杀之。去之兄惧罪,言之于内史相,内史相劾状奏之,有司请捕诛去,帝不忍致法,废徙之蜀,昭信弃市。

后刘海阳得立为广川王,海阳坐画屋为男女裸交接,置酒请诸父姊妹饮,令仰视画。又海阳女弟为人妻,而使与幸臣奸。又与从弟调等谋杀一家三人。海阳妻惧罪,言之于汉廷。甘露四年坐废,徙房陵,国除。

泗水戴王前薨,妻无子,恨戴王多后宫,后宫有遗腹子煖,不肯言之相、内史,相、内史奏言戴王以毋嗣,国除。妻之父惧罪,言之于汉廷,戴王后宫有遗腹子煖,帝闻而怜之,立煖为泗水王。相、内史皆下狱,妻腰斩。

五凤四年春正月，广陵王胥有罪，自杀。胥好倡乐逸游，力能扛鼎，空手搏熊豕猛兽，动作无法度，昭帝时数使巫祝诅。帝即位，胥曰："太子孙何以反得立。"复祝诅如前。楚王延寿谋反，胥与私通书，延寿既诛，辞连及胥，有诏勿治，后复祝诅。胥宫中棘生十茎，茎赤叶白如素，池中水变，赤鱼死，有鼠舞王后庭中。胥之子惧罪，私言于汉廷，故祝诅事发觉。有司案验，胥惶恐自杀。

宣帝本历巫蛊之祸，父母、大父母皆死，己则独存。汉法严，民人之亲朋若有违法，知而不举报者，则坐之，若举报之，则不坐。帝颇恨法严伤恩，尤非武帝之严酷执法。昔武帝妹隆虑公主子昭平君，尚帝女夷安公主。隆虑主病困，以金千斤、钱千万为昭平君豫赎死罪，帝许之。隆虑主卒，昭平君日骄，醉杀主傅，狱系内官。以公主子，廷尉上请请论。左右人人为言："前又入赎，陛下许之。"帝虽曰："吾弟老有是一子，死以属我。"为之垂涕叹息，终乃可其奏，哀不能自止，左右尽悲。

帝少傅韦贤曾将此故事言于宣帝，帝极不以为然，帝曰："先武帝爱法，吾独爱亲亲之恩。若先武帝重亲亲之恩，巫蛊之祸何由得起？父子间何以反目？吾父祖何以受难？吾又何以系诏狱？而屡危殆？"帝愤武帝用法严，哀己严法下之悲遇，早年在民间对之有深切体会，故多欲施宗室以恩。帝固知宗室多禽兽荒行，为遮盖而存皇室颜面，思策以对之。帝又惧天下人非议己擅变先帝法及私宗室，故谋之于大儒萧望之。

帝曰："法者，吾与天下人共之，不可曲之，不可擅变。然汉法严，宗室又多荒乱行，若吾屡宽法而赦之，天下人必以为吾私宗室，吾亦亏先帝法，心中常戚戚。若一切严格执法，宗室必多限囹圄，吾不忍见，且人谓吾刻薄。吾亲历巫蛊之祸，颇惜世间亲戚朋友之情，多欲周之。卿有何良策？"萧望之对曰："法者，本顺乎人情。违情之法，终将弃也。帝欲私宗室，与世人私亲朋，其意一也。若帝敦宗室之恩，推及于世人，甘露普降，则天下人无私议也。"

帝曰："卿言之善！然，吾变先帝法，兹事体大，将来何以入宗庙，见列祖列宗？"萧望之对曰："三代不同礼而王，五伯不同法而霸。智者作法，愚者制焉。昔高祖大封同姓，以矫秦弊，故诸吕不敢为非，文帝得以顺主社稷。然景帝即位，七国为乱，景帝严宗室法，令诸侯王不得治民，损黜其官制，王国官吏皆由皇帝任免。武帝继之，左官律、阿党法、附益法、私出界罪、酎金律等纷出，宗室不聊生也。景、武皆顺时势改高祖法，消患于未然，稳固社稷，今皆称之。陛下与时俱进变先帝法，又何须忧虑乎！"帝问曰："若吾敦宗室亲亲之法，推而及天下，于时于势顺乎？"

萧望之对曰："何止顺邪？陛下之举，乃合圣人之教导也。"帝惊问曰："何以言合圣人之教导？"萧望之对曰："昔叶公语孔子曰：'吾党有直躬者，其父攘羊，而子证之。'孔子曰：'吾党之直者异于是：父为子隐，子为父隐，直在其中矣。'今诸王之众多违法行为之揭发，多由诸王妻妾子孙发之，外人安能知之而告之？若能行亲亲得相首匿，则诸王之罪得不发，若其妻妾子孙硬发之，则治告发者罪也。试问如此，诸王之荒乱行多少能见世？此岂不敦睦宗室也！"

帝问曰："卿前言：'何止顺邪？'此何解？"萧望之对曰："法之行，在乎一张一弛，前高祖弛之，景武张之，陛下弛之，此圣明天子事，陛下为之，乃圣明之举也。"帝曰："善！"

故汉宣决意承儒家制，倡亲亲得相首匿也。帝本始四年诏曰："父子之亲，夫妇之道，天性也，虽有祸患犹蒙死而存之，诚爱结于心，仁厚之至也，岂能违之哉！自今子首匿父母，妻匿夫，孙匿大父母，皆勿坐；其父母匿子，夫匿妻，大父母匿孙，罪殊死，皆上请，廷尉以闻。"此则为倡行亲亲得相首匿，影响千古也。

第四七推

多伪治外儒而内法　行下效大吏多粉饰

倡行亲亲得相首匿乃儒治之小试牛刀也。宣帝欲大兴儒治，以期造就旷代盛世，越文景而超三皇五帝也。帝为何欲大兴儒治？皆与帝幼时之受教关联。帝幼时，受《诗》于东海澓中翁。

初，中翁父太翁居南山，有叟造其庐，自言胡姓。问所居，曰："只在此山中。闲处人少，惟我两人，可与数晨夕，故来相拜识。"因与接谈，词旨便利，文采飞扬，太翁悦之。治酒相欢，醺醺而去。越日复来，更加款厚。太翁云："自蒙下交，分即最深。但不识家何里，焉所问兴居？"胡曰："不敢讳，某实山中之老狐也。与若有夙因，故敢内交门下。固不能为君福，亦不敢为君祸，幸相信勿骇。"太翁亦不疑，更相契重。即叙年齿，胡作兄，往来如昆季。有小休咎亦以告。

时太翁乏嗣，叟忽云："公勿忧，我当为君后。"太翁讶其言怪，胡曰："仆算数已尽，投生有期矣。与其他适，何如生故人家？"太翁曰："仙寿万年，何遽及此？"叟摇首曰："非汝所知。"遂去。夜果梦叟来，曰："我今至矣。"既醒，夫人生男，是为中翁。中翁既长，身短，言词敏谐，绝类胡，少有才名。辟为乡啬夫，得休归，常诣学官，不乐为吏，父数怒之，不能禁。遂造太学受业，学无常师，日夜寻诵，未尝怠倦，遂成大儒。

中翁素与壶关三老茂善，巫蛊之祸，京师死者数万，茂为明卫太子巫蛊之冤而自杀上书，临死前，托中翁照料其家。中翁感政治险恶，遂隐修经业，杜门不出。

后皇曾孙依张贺，贺深知中翁才学，介曾孙于中翁，遂拜中翁为师。中翁哀卫太子，亦知曾孙非常人也，授《诗》《书》于曾孙，讲授不怠。曾孙好学，数年间学问大进，有高才美学之名，为宗室名子弟，昭帝多褒奖之。

曾孙学成，中翁遂归隐，不知所踪。中翁知曾孙有天子命，归隐前，向曾孙举荐东海萧望之、于定国，曾孙心默许之。后曾孙为帝，屡派人寻访中翁，无果。故曰曾孙早年受儒家教育也。虽如此，曾孙不崇儒也。因儒者多议论，少成事，累世不能殚其学，当年不能究其礼，故宣帝不好用之。法家多实用，力行之，为治多及身见其成，故帝好用法吏。

前，武帝文治武功皆有可称。文治者，卓然罢黜百家，表章六经，兴太学，修郊祀，改正朔，定历数，协音律，作诗乐，建封禅，礼百神，绍周后，号令文章，焕焉可述。而武功毫不逊色，其中有秦所本有，已沦入外国而武帝恢复之者，如朔方、朝鲜、南越、闽越，秦时虽已内属，然不过羁縻附隶，至武帝始郡县其地也。并有秦所本无而新辟之者。西北则酒泉、敦煌等郡，南则九真、日南等郡，西南则益州等郡。而西域三十六国，又秦时所未尝闻也。统计武帝所辟疆土，视高惠文景时，几至一倍。西域之通，尚无与中国重轻。其余所增地，永为中国四至，千万年皆食其利。千古秦皇汉武并列，而高祖不与其间！

曾孙知武帝虽外卓然罢黜百家，表章六经，然内心好法，酷吏大行其道，主权尊，上令行，而征伐所向有功。曾孙慕武帝之为政，施政处处欲仿效其曾祖也。曾孙为帝后，常曰："汉家自有制度，本以霸王道杂之。奈何纯任德教，用周政乎！俗儒不达时宜，好是古非今，使人眩于名实，不知所守，何足委任！"太子好儒，宣帝不乐，内心不能善太子，疏太子而爱淮阳王,曰:"淮阳王明察好法,宜为吾子。"

宣帝为何崇外儒内法?帝虽不纯好儒,然幼受儒家教导,知儒家所述世界,乃太平大同世界,颇慕之,欲造就成之,己则功高于列祖列宗,为千古一帝。然于具体行政,纯采儒家之言不可行,须主采法家手段,方可推进治化,造就盛世。此帝治国外儒内法之由来。

帝之施政,以儒家大同世界为所向,而推行之,往往靠法吏。然儒家所述之世泥古而不现实,难于实施,更难实现,而帝锐欲行之,以不负心中所学。上有所好,下必从之。帝之策虽不可行,然百官群吏纷纷造假以迎合,帝不察而用法严,奸邪多为非作歹,正直之士结舌不敢言,故国家政治多虚伪造作。故曰:帝之治虽曰中兴,然多假儒治伪粉饰也。

百官群吏多造假以谋富贵,往求升迁。中兴之世尚如此,遑论叔季之世也!胶东相王成,治甚有声,受宣帝诏书公开褒奖。王成初为胶东相,思内以神道设教,外托行儒治,以化愚民,以获上奖。胶东有人于田中设绳网以捕獐而得者,其主未觉。王成见之,潜遣派人窃取獐而去,而以大鲍鱼置之网中。本主来,于绳网中得鲍鱼,怪之,以为神,不敢持归,言于乡啬夫。乡啬夫言于王成,王成遂令其广言于胶东,胶东人神之,因共起屋立庙,号为鲍君。后转多奉之者,香火鼎盛,钟鼓不绝。病或偶有愈者,则谓鲍君显灵,行道经过,莫不致祭。

积三年,周围郡县民闻之,以鲍君神灵,可托庇佑,不少迁徙至胶东,积万人,王成为邀赏,粉饰之为流民闻胶东相落实帝之儒治,八万人群徙胶东也。帝闻而先褒之,地节三年下诏曰:"盖闻有功不赏,有罪不诛,虽唐、虞不能以化天下。今胶东相成,劳来不怠,流民自占八万余口,治有异等之效。其赐成爵关内侯,秩中二千石。"未及征用,会病卒官。后诏使丞相、御史问郡国上计长吏守丞以政令得失,或对言前胶东相成伪自增加,以蒙显赏,是后俗吏多为虚名云。

黄霸(为丞相前)至颍川,拜颍川太守,为选择良吏,分部宣布诏令,宣谕朝廷德惠。为推行帝之儒政,使邮亭乡官皆畜鸡豚,赡养贫穷鳏寡者。

然经费何来？乃挪用国库之资产，知帝虽知而不责也。然后为条教，置父老师师伍长，班行之于民间，暗贿乡间父老，并以严罚持之在后，嘱其督率子弟，按章举行，劝以为善防奸之意，及务耕桑，节用殖财，种树畜养，去食谷马，费皆出于官。

吏民见者，语次寻绎，问它阴伏，以相参考。尝欲有所司察，择长年廉吏遣行，属令周密，毋得泄机。廉吏依言出发，途次易服微行，不敢食宿驿舍，遇腹饥时，但于集市中买得饭菜，不敢有请民间，方食野间，忽有乌飞直下，攫其食肉，廉吏不及抢夺。民有欲诣府口言事者适见之，霸与语，道此。廉吏事毕回衙，霸迎劳资，曰："行甚苦，食于道旁，乌鸟无情，攫去汝肉！"吏闻言大惊，疑霸遣人私随看督，故无事不知，所言不敢隐，和盘托出，详尽无遗。

霸暗派多吏巡行民间，刺探民间之情。若鳏寡孤独有死无葬费者，乡部书言，霸具为区处，某所大木可以为棺，某亭猪子可以祭，乡吏依令往取，皆如霸言，此乃霸巧发奇中。而境内益奉霸若神明，境内奸猾，闻风趋避，去入它郡，盗贼日少。

狱中众多重囚，霸思以处置之，以耸动天下听闻，且粉饰太平儒治也。霸私召重囚而公言之曰："汝辈自犯国刑，身撄缧绁，固其职也。汝等皆有父母妻子欲养，今吾私释汝等归家料事，归家后，慎勿逃亡，如逃亡，吾当为汝受死。"私下，霸皆以重金贿赂之，言之归家不逃亡，将表言于帝，重案皆销，重归于良。若逃亡，定追捕，逮回必定死罪，且诛及妻儿。重囚素知霸神明，又获重贿，且能归家，终能销案，皆从霸之言，归家私料理家事，皆准时而回，无一人延迟者。

帝闻而善之。因下诏曰："凡在有生，含灵禀性，咸知善恶，并识是非。若临以至诚，明加劝导，则俗必从化，人皆迁善。巫蛊之祸后，德教废绝，吏无慈爱之心，民怀奸诈之意。朕思遵圣法，以德化民，而霸深识朕意，诚心宣导，囚等感悟，自赴宪司：明是率土之人，非为难教。若使官尽霸之俦，刑厝不用，其何远哉！"乃增加霸之秩禄为真二千石。

是时，凤凰神爵数集郡国，颍川尤多。何来凤凰？乃霸私养之众多孔雀也！帝通西域，设西域都护持节监诸国。霸与西域都护善，西域有异鸟，号孔雀，开尾屏，五彩斑斓，中土未见，以为凤凰。霸多私与西域都护重金，购买诸多孔雀而私养之，以造神迹，增己政绩也。时，宣帝数派风俗使巡行诸郡国，观民风，采民谣，察民苦，从而知吏治得失，以为奖黜依据也。霸见使者将来，纵孔雀而飞之。使者从未见孔雀，惊讶以为凤凰。孔雀铺天盖地而飞来，使者以为群凤至也。

使者惊叹，不知其内缘由，以为郡守仁义之治所致，而仁义之旨皆从帝出，终推功于帝之儒治也。使者亟言之帝，帝震惊，以霸治政德行终为长者，下诏称扬曰："颍川太守霸，宣布诏令，百姓向化，孝子悌弟贞妇顺孙日以众多，田者让畔，道不拾遗，养视鳏寡，赡助贫穷，狱或八年亡重罪囚，吏民向于教化，兴于行谊，可谓贤人君子矣。凤凰神爵数集郡国，颍川尤多。《书》不云乎：'股肱良哉！'其赐爵关内侯，黄金百斤，秩中二千石。"颍川孝悌有行义民、三老、力田，皆以差赐爵及帛。后数月，征霸为太子太傅，迁御史大夫。霸以造假由郡守迁为御史大夫，天下之官吏闻风而动。

韩延寿，字长公，燕人也，徙杜陵。少为郡文学。父义为燕郎中。刺王之谋逆也，义谏而死，燕人悯之。是时，昭帝富于春秋，大将军霍光执政，征郡国贤良、文学，问以得失。时魏相以文学对策，以为"赏罚所以劝善禁恶，政之本也。日者燕王为无道，韩义强谏，为王所杀。义无比干之亲而蹈比干之节，宜显赏其子，以示天下，明为人臣之义。"光纳其言，因擢延寿为谏大夫，迁淮阳太守。治甚有名，徙颍川。

颍川多豪强，难治，国家常为选良二千石。先是，赵广汉为太守，患其俗多朋党，故构会吏民，令相告讦，一切以为聪明，颍川由是以为俗，民多怨仇。延寿欲更改之，教以礼让，恐百姓不从，乃历召郡中长老为乡里所信者数十人，设酒具食，亲与相对，接以礼意，人人问以谣俗，民所疾苦，为陈和睦亲爱、销除怨咎之路。并暗中贿赂之，辟其子孙，虽以为吏，实则质之也。长老"皆以为便",可施行,因与议定嫁娶、丧祭仪品,略依古礼,不得过法。延寿于是令文学校官诸生皮弁执俎豆,为吏民行丧嫁娶礼。百姓遵用其教。

百姓虽如此,其治未固,延寿亦思神道设教也。有乡民张助言欲除淫祀于韩延寿,张助言:"昔日小民耕白田,有一李栽,应在耕次,本应除之,小民惜之,欲持归,乃掘取之。本欲植之家中,尚未选其地,先以湿土封其根以置空桑树中,遂忘之。"延寿问曰:"后之情形何如?"助曰:"后远门经商,三年未归。其里人见桑中忽生李,谓之神。有病目痛者,荫息此树下,私祝曰:'李君能令我目愈者,谢以一豚。'其目偶愈,便杀豚祭之。此后,传言便开,言此树能令盲者得见。远近翕然,同来请福,常车马填溢,酒肉滂沱。"

延寿问曰:"汝欲何为?"助曰:"愿郡侯砍伐之,并明言乃偶然栽种李树于空桑树中,其非神也!"延寿闻之,欲借此以神道设教,又不欲他人知。问助曰:"此事汝知外,是否言于他人?"助曰:"未尝言于他人也!"延寿知之,曰:"汝休矣!吾将为之。"遂私令吏人杀之,投之大江中,托以溺亡。延寿遂派使者于桑树周围起庙,塑金身,号之李君,将其神迹粉饰而大言于境内。周围郡县闻李君神奇,纷纷迁往颍川,故颍川人口大增。延寿探帝旨上报,皆归功帝兴儒治所致,帝览奏大悦。

延寿为吏,上礼义,好古教化,所至必聘其贤士,以礼待用,广谋议,纳谏争;举行丧让财,表孝悌有行;修治学官,春秋乡射,陈钟鼓管弦,盛升降揖让,及都试讲武,设斧铖旌旗,习射御之事,治城郭,收赋租,先明布告其日,以期会为大事,吏民敬畏趋向之。又置正、五长,相率以孝悌,不得舍奸人。多派使者巡行民间,闾里阡陌有非常,吏辄闻知,奸人莫敢入界。

接待下吏,恩施甚厚而约誓明。或欺负之者,延寿痛自刻责:"岂其负之,何以至此?"暗派强吏赴其家,逼其公然自责,不为者,则坐之诛九族重罪。吏惧,故自假装伤悔,其县尉至自刺死。及门下掾自到,人救不殊,因瘖不能言。延寿闻之，对掾史涕泣，遣吏医治视，厚复其家。

入守左冯翊，满岁称职为真。岁余，不肯出行县。丞掾数白："宜循行郡中，览观民俗，考长吏治迹。"延寿曰："县皆有贤令长，督邮分明善恶于外，行县恐无所益，重为烦忧。"实则暗派使者巡行境内，纤芥之事皆闻之，于众人中巧发奇中，吏民无不惊叹延寿不出门而神察。后丞掾皆以为方春月，可一出劝耕桑。延寿不得已，行县至高陵，民有昆弟相与讼田自言，延寿大伤之，曰："幸得备位，为郡表率，不能宣明教化，至令民有骨肉争讼，既伤风化，重使贤长吏、啬夫、三老、孝悌受其耻，咎在冯翊，当先退。"

是日，移病不听事，因入卧传舍，闭阁思过。一县莫知所为，延寿派亲吏暗言于众，须昆弟讼田者公然请罪，讼者宗族责让方可，否则将坐令丞、啬夫、三老重罪，一切将诛杀之，坑灶夷井，鸡犬不留。众人大惧，令丞、啬夫、三老亦皆自系待罪。于是讼者宗族传相责让，此两昆弟深自悔，皆自髡肉袒谢，愿以田相移，终死不敢复争。

延寿大喜，开阁延见，内酒肉与相对饮食，厉勉以意告乡部，有以表劝悔过从善之民。延寿乃起听事，劳谢令丞以下，引见尉荐。郡中歙然，莫不传相敕厉，不敢犯。延寿恩信周遍二十四县，莫复以辞讼自言者。推其至诚，吏民不忍欺绐。

延寿代萧望之为左冯翊，而望之迁御史大夫。侍谒者福为望之道延寿在东郡时放散官钱千余万。会御史当问东郡，望之因令并问之。延寿闻知，即部吏案校望之在冯翊时廪牺官钱放散百余万。廪牺吏掠治急，自引与望之为奸。延寿劾奏，移殿门禁止望之。帝各令穷竟所考。望之卒无事实，而望之遣御史案东郡，具得其事。延寿使骑士戏车弄马盗骖，延寿又取官铜物，候月蚀铸作刀剑钩镡，仿效尚方事。及取官钱帛，私假繇使吏。及治饰车甲三百万以上。天子恶之，延寿竟坐弃市。

昔昌邑王征即位，行淫乱，大将军霍光与群臣共废王，尊立宣帝。赵广汉以与议定策，赐爵关内侯，迁颍川太守。郡大姓原、褚宗族横恣，宾客犯为盗贼，前二千石莫能擒制。广汉既至数月，诛原、褚首恶，郡中震栗。

先是，颍川豪杰大姓相与为婚姻，吏俗朋党。广汉患之，厉使其中可用者受记，出有案问，既得罪名，行法罚之。广汉故漏泄其语，令相怨咎。又教吏为缿筒，及得投书，削其主名，而托以为豪杰大姓子弟所言。其后强宗大族家家结为仇雠，奸党散落，风俗大改。吏民相告讦，广汉得以为耳目，盗贼以故不发，发又辄得。一切治理，威名流闻，及匈奴降者言匈奴中皆闻广汉。

本始二年，汉发五将军击匈奴，征遣广汉以太守将兵，属蒲类将军赵充国。从军还，复用守京兆尹，满岁为真。广汉为二千石，以和颜接士，其慰荐待遇吏，殷勤甚备。事推功善，归之于下，曰："某掾卿所为，非二千石所及。"行之发于至诚。吏见者皆输写心腹，无所隐匿，咸愿为用。僵仆无所避。广汉聪明，皆知其能之所宜，尽力与否。其或负者，辄先闻知，讽谕不改，乃收捕之，无所逃，按之罪立具，即时伏辜。

广汉为人强力，天性精于吏职。见吏民，或夜不寝至旦。尤善为钩距，以得事情。钩距者，设欲知马贾，则先问狗，已问羊，又问牛，然后及马，参伍其贾，以类相准，则知马之贵贱不失实矣。唯广汉至精能行之，他人效者莫能及。郡中盗贼，闾里轻侠，其根株窟穴所在，及吏受取请赇铢两之奸，皆知之。

长安少年数人会穷里空舍谋共劫人，坐语未讫，广汉使吏捕治具服。富人苏回为郎，二人劫之。有顷，广汉将吏到家，自立庭下，使长安丞龚奢叩堂户晓贼，曰："京兆尹赵君谢两卿，无得杀质，此宿卫臣也。释质，束手，得善相遇，幸逢赦令，或时解脱。"二人惊愕，又素闻广汉名，即开户出，下堂叩头，广汉跪谢曰："幸全活郎，甚厚！"送狱，敕吏谨遇，给酒肉。至冬当出死，豫为调棺，给敛葬具，告语之，皆曰："死无所恨！"

广汉尝记召湖都亭长，湖都亭长西至界上，界上亭长戏曰："至府，为我多谢问赵君。"亭长既至，广汉与语，问事毕，谓曰："界上亭长寄声谢我，何以不为致问？"亭长叩头服实有之。广汉因曰："还为吾谢界上亭长，勉思职事，有以自效，京兆不忘卿厚意。"其发奸如神，皆此类也。

广汉奏请，令长安游徼狱吏秩百石，其后百石吏皆差自重，不敢枉法妄系留人。京兆政清，吏民称之。长老传以为自汉兴治京兆者莫能及。左冯翊、右扶风皆治长安中，犯法者从迹喜过京兆界。广汉叹曰："乱吾治者，常二辅也！诚令广汉得兼治之，直差易耳。"

广汉虽坐法诛，实乃未行儒治，行己意治京兆，大与帝触，帝心怒，故广汉不得其死也。然广汉为京兆尹廉明，威制豪强。百姓追思，歌之至今。

严延年为河南太守，赐黄金二十斤。豪强胁息，野无行盗，威震旁郡。其治务在摧折豪强，扶助贫弱。贫弱虽陷法，曲文以出之；其豪杰侵小民者，文以化之。众人所谓当死者，一朝出之；所谓当生者，诡杀之。吏民莫能测其意深浅，战栗不敢犯禁。按其狱，皆文致不可得反。

延年为人短小精悍，敏捷于事，虽子贡、冉有通艺于政事，不能绝也。吏忠尽节者，厚遇之如骨肉，皆亲向之，出身不顾，以是治下无隐情。然疾恶泰甚，中伤者多，尤巧为狱文，所欲诛杀，奏成于手，中主簿亲近者不得闻知。奏可论死，奄忽如神。冬月，传属县囚，会论府上，流血数里，河南号曰"屠伯"。令行禁止，郡中正清。

是时，张敞为京兆尹，素与延年善。敞治虽严，然承宣帝儒治，尚颇有纵舍，虽用法严，颇以儒治粉饰之。闻延年用刑刻急，乃以书谕之曰："昔朝卢之取菟也，上观下获，不甚多杀。愿次卿少缓诛罚，思行此术。且朝廷崇儒治，于民多所全佑！"延年报曰："河南天下喉咽，二周余毙，莠盛苗秽，何可不锄也？朝廷之儒治，多伪也！郡守粉饰而治，徒添民扰！不如能行己意，一切断之于法，民死无憾！"自矜伐其能，终不衰止。

时，黄霸在颖川以宽恕为治，郡中亦平，屡蒙丰年，凤凰下，上贤焉，下诏称扬其行，加金爵之赏，征守京兆尹，以备三公。延年素轻霸为人，及比郡为守，褒赏反在己前，心内不服。河南界中又有蝗虫，府丞义出行蝗，还见延年，延年曰："此蝗岂凤凰食邪？"后左冯翊缺，上欲征延年，符已发，黄霸谏帝延年为治残酷，左冯翊乃京辅重地，四夷所属，为其名酷，恐影响治化，帝乃止。

郡丞义年老颇悖，素畏延年，恐见中伤。延年本尝与义俱为丞相史，实亲厚之，无意毁伤也，馈遗之甚厚。义愈益恐，自筮得死卦，忽忽不乐，取告至长安，上书言延年罪名十事。已拜奏，因饮药自杀，以明不欺。事下御史丞按验，有此数事，以结延年，坐怨望诽谤政治不道，妄议中央，拟弃市。帝意惜之，京兆尹黄霸言于上曰："帝之儒治，仅能初兴，然不能大兴，何哉？乃酷吏严延年乱之也。不除酷吏，则儒治始终不能大兴。"帝乃可有司奏。

初，延年母从东海来，欲从延年腊，到洛阳，适见报囚。母大惊，便止都亭，不肯入府。延年出至都亭谒母，母闭阁不见。延年免冠顿首阁下，良久，母乃见之，因数责延年："幸得备郡守，专治千里，不闻承帝儒治而仁爱教化，有以全安愚民，顾乘刑罚多刑杀人，欲以立威，岂为民父母意哉！"延年服罪，重顿首谢，因自为母御，归府舍。母毕正腊，谓延年："天道神明，人不可独杀。我不意当老见壮子被刑戮也！行矣！去汝东归，扫除墓地耳。"遂去，归郡，见昆弟宗人，复为言之。后岁余，果败。东海莫不贤知其母。延年兄弟五人皆有吏材，至大官，东海号曰"万石严妪"。

第四八推

使者出天下集异闻　仁义布禽兽多善行

儒治兴，郡县多粉饰为治，不奉儒治者，必获重谴，甚至惹来杀身之祸。然儒治必有表征，如多祥瑞、广异闻也。元康元年，郡县纷纷上表见凤凰，诵："凤凰出，四海治，帝德高，民人惠。"帝因此大赦，施恩天下。少府宋畴却议："凤凰下彭城，未至京师，不足美。"其意在醒悟天子，既然天下多凤凰，为何京师独无？岂非地方欺瞒，迎上而造也。帝不察，大怒，贬少府宋畴为泗水太傅。郡县鉴之，治流于伪也。

元康三年春，帝派八风俗使者巡行天下，察民风，上所闻，表贤良，显忠勤。其贪污有罪者，刺史、二千石驿马上之，墨绶以下便辄收举。

风俗使者四出，郡守多粉饰为治，风俗使者虽知之，然知帝之取向，不敢言事实真相，反与地方郡守一道，合谋欺瞒朝廷，粉饰太平，歌功颂德也。然帝既令监察天下，举奏郡县政理无效，民为作谣言者免罢之，八使不得不有所纠弹也。八使承望贵戚，受取货赂，其贵戚子弟宾客，虽贪污秽浊皆不敢问，而虚纠边远小郡清修有惠化者二十人。吏人诣阙陈诉。

萧望之上言："八使所举，率党其私，所谓放鸱枭而囚鸾凤。"其言忠切，由是诸坐谣言征者悉拜议郎。帝切责八使之虚纠，风俗使者遂不敢有所纠劾，纯采民风异闻也。周游天下半载，八使还，言天下风俗齐同，四民德上，帝功德盖天下，上古神君所不及，诈为郡国造歌谣，颂功德，仿诗，凡十万言。奏上，帝览之大悦。好法，因之而著令，所谓出儒入法也。风俗使又奏市无二贾，官无狱讼，邑无盗贼，野无饥民，道不拾遗，男女异路之制，犯者象刑，民人知惧，画地为牢，民不敢逃。黄霸、韩延寿等皆以明耻辱，宣教化，移风俗，帝嘉之，皆封为列侯。

风俗使上异闻也：

渤海周村有贾某贸易，获重资，赁舟将归，见堤上有屠人缚犬，倍价赎之，养豢舟上。舟上固积寇也，窥客装，荡舟入莽，操刀欲杀。贾哀赐以全尸，盗乃以毡裹置江中。犬见之，哀嗥投水；至有人处，狺狺哀吠。或以为异，从之而往，见毡束水中，引出断其绳。后犬不见，贾适于酒店饮酒，忽犬自来，望店主大嗥，啮人胫股，挞之不解。贾近呵之，则所啮即前盗也。缚而搜之，则裹金犹在！此为义犬事一。

齐地某甲，父陷狱将死，搜括囊蓄，得百金，将诣郡关说。跨骡出，则所养黑犬从之。呵逐不退。从行数十里，某下骑，乃以石投犬，犬始奔去。某既行，则犬欻然复来，啮骡尾。某怒鞭之，犬吠不已。忽跃在前，愤龁骡首，似欲阻其去路。某以为不祥，益怒，回骑驰逐之。视犬已远，乃返辔疾驰，抵郡已暮。及扫腰橐，金亡其半，魂魄都失。辗转终夜，顿念犬吠有因。候关出城，细审来途。又自计南北冲衢，行人如蚁，遗金宁有存理。逡巡至曾经骑所，见犬毙草间，毛汗湿如洗。提耳起视，则封金俨然。感其义，买棺葬之。此为义犬二。

淮阳地见二鼠出，其一为蛇所吞，其一瞪目如椒，意似甚恨怒，然遥望不敢前。蛇果腹蜿蜒入穴，方将过半，鼠奔来，力嚼其尾，蛇怒，退身出。鼠故便捷，欻然遁去，蛇追不及而返。及入穴，鼠又来，嚼如前状。蛇入则来，蛇出则往，如是者久。蛇出，吐死鼠于地上。鼠来嗅之，啾啾如悼息，衔之而去。

风俗使曰:"今陛下仁德,感及禽兽,禽兽渐渍王化,多通人性。诸多善行,或尽心为主,或为主舍生取义,或为伴尽死力!此皆陛下教化所至,上古所未有,开国以来未曾见,德过三皇矣!今录之以闻,以明当今四海升平,泽及禽兽。此皆陛下教化之功,臣等亦与荣焉!"

风俗使又上异闻:

酒泉郡有周顺亭者,事母至孝。母股生巨疽,痛不可忍,昼夜颦呻。周抚肌进药,至忘寝食。数月不痊,周忧煎无以为计。梦父告曰:"母疾赖汝孝。然此疮非人膏涂之不能愈,徒劳焦侧也。"醒而异之。乃起,以利刃割胁肉,肉脱落,觉不甚苦。急以布缠腰际,血亦不注。于是烹肉持膏,敷母患处,痛截然顿止。母喜问:"何药而灵效如此?"周诡对之。母疮寻愈。周每掩护割处,即妻子亦不知也。既痊,有巨疤如掌。

武威郡乡民于江,父宿田间为狼所食。江得父遗履,悲恨欲死。夜潜持铁槌去眠父所,冀报父仇。少间一狼来逡巡嗅之,江不动。既而欢跃直前,将齕其领。江急以锤击狼脑,立毙。起置草中。少间又一狼来如前状,又毙之。以至中夜杳无至者。忽小睡,梦父曰:"杀二物,足泄我恨,然首杀我者其鼻白,此都非是。"江醒,坚卧以伺之。既明,无所复得。至夜复往,亦无至者。如此三四夜。忽一狼来啮其足,曳之以行。行数步,棘刺肉,石伤肤。江若死者,狼乃置之地上,意将齕腹,江骤起锤之,仆;又连锤之,毙。细视之,真白鼻也。大喜,负之以归,始告母。

风俗使曰:"夫孝,天之经,地之义,民之行也。《诗》云:'父兮生我,母兮鞠我,抚我畜我,长我育我,顾我复我,出入腹我。欲报之德,昊天罔极。'酒泉郡周顺亭者,割肉为药事母,武威郡乡民于江为父报仇,杀群狼。此皆孝子,开国来未曾闻也,善行不能自致,皆陛下教化所至。今天下风俗淳朴,民皆从仁,教化大行,自古未及也。臣等生逢盛世,沐浴德政,荣幸之至也。"

风俗使上:太行山中,有外山之鹦鹉飞来,山中百鸟畜兽相亲爱,不相残害。鹦鹉自念,虽是好山,不可久待也,便归去。后数月,大山失火,四面皆燃，火光冲天，鹦鹉遥见，便入湖，以翅膀取水，飞上空中，以衣毛间水洒之，欲灭大火，如是寻回往来。天神曰："咄咄！鹦鹉，汝何痴也？千里之火，宁为汝两翅水灭乎？"鹦鹉曰："我非不知也，我曾为山中客，山中百鸟畜兽皆仁善，要为兄弟，我不忍见其毁灭也。"天神感其意，为下大雨，灭火矣。

风俗使曰："仁爱者，为人之本，教化之基也。人若不仁，则未能教化之。陛下兴仁政，天下之人相亲相爱如一家，四海之内皆兄弟也。陛下之仁政施及禽兽，禽兽感之，故太行山之火，外山之鹦鹉虽力小而任重，而能不懈者，岂非陛下仁爱之心动之乎？故能动感天神，下大雨为灭火，皆陛下教化之所及，开元以来未尝闻也。"

风俗使上：汝南郡妇人苏氏，善看产，夜忽为虎所取，行六七里，至大圹，棺材置地，虎蹲而守。苏氏见母虎当产，不得解，匍匐欲死，辄仰视。苏氏悟之，乃为探出之，有三子。生毕，虎负苏氏还，再三送野肉于门外。

南海郡李浩出行，见大蛇被伤，中断，对李涕泪，李疑其灵异，以药封之，蛇乃能走，因号其处断蛇丘。岁余，蛇衔明珠以报之。珠盈径寸，纯白，而夜有光，明如月之照，可以烛室。李浩售之，获千金，因以购田地、房产，余资经商，遂成富豪。

风俗使曰："虎者，百兽之王，蛇者，民人之害也。古时虎食人，蛇毒人，官府亦以打虎、灭蛇为己任。自古蛇、虎与人对立也。今陛下兴儒治，以仁为本，以爱为基，蛇、虎受王化，通人性，其有难，亦求于人，受人惠，亦以报人。人、虎、蛇间行仁，岂非帝之教化大行，感及禽兽焉！"

颍川太守黄霸奏言："帝崇儒治，天下景从，八风俗使者出，劝度天下，帝之德，明帝之教，天下莫不向化。颍川郡凡有诉讼，闻帝之德教，莫不惭怍而退，虽文王断虞芮何以加！臣之治颍川，别无他法，颁帝德教于民，民皆感帝德，亲帝，爱帝，故颍川大治，皆帝之功，臣享其成也，帝封臣为列侯，臣受之有愧矣。"

左冯翊韩延寿奏："今幸赖陛下德泽，间者风雨时，甘露降，神芝生，蓂荚、朱草、嘉禾，休征同时并至。臣治左冯翊无他法，帝仁政，多祥瑞，示之于民，民生于盛世，感帝之恩，无须教导，便成化民，故左冯翊大治，臣又有何功哉？"

八风俗使之奏至，地方主政者多奏儒治大成，皆推功于帝，于是丞相魏相奏曰："今天下治平，风俗齐同，百蛮率服，民服王化，皆陛下圣德所自躬亲，郡守辅政佐治，群卿大夫莫不忠良。陛下德高三皇，治盛五帝，故能在大将军薨后，数年之间速致此焉。"帝闻之大喜也。

丞相魏相薨，黄霸为丞相，亦好粉饰儒家之治也。五凤三年，黄霸代丙吉为丞相，封建成侯，食邑六百户。霸材长于治民，及为丞相，总纲纪号令，风采不及丙、魏，功名损于治郡。时，京兆尹张敞舍鹖雀飞集丞相府，霸以为神雀，议欲以闻。敞奏霸曰："窃见丞相请与中二千石博士杂问郡国上计长吏、守丞为民兴利除害、成大化，条其对，有耕者让畔，男女异路，道不拾遗，及举孝子贞妇者为一辈，先上殿，举而不知其人数者次之，不为条教者在后叩头谢。丞相虽口不言，而心欲其为之也。长吏、守丞对时，臣敞舍有鹖雀飞止丞相府屋上，丞相以下见者数百人。边吏多知鹖雀者，问之，皆阳不知。丞相图议上奏曰：'臣问上计长吏、守丞以兴化条，皇天报下神雀。'后知从臣敞舍来，乃止。郡国吏窃笑丞相仁厚有知略，微信奇怪也。臣敞非敢毁丞相也，诚恐群臣莫白，而长吏、守丞畏丞相指，归舍法令，各为私教，务相增加，浇淳散朴，并行伪貌，有名亡实，倾摇解怠，甚者为妖。假令京师先行让畔异路，道不拾遗，其实亡益廉贪贞淫之行，而以伪先天下，固未可也；即诸侯先行之，伪声轶于京师，非细事也。汉家承敝通变，造起律令，所以劝善禁奸，条贯详备，不可复加。宜令贵臣明饬长吏、守丞，归告二千石，举三老、孝悌、力田、孝廉、廉吏务得其人，郡事皆以义法令捡式，毋得擅为条教；敢挟诈伪以奸名誉者，必先受戮，以正明好恶。天子嘉纳敞言，召上计吏，使侍中临饬如敞指意。"霸甚惭，然不改推假儒治之政也。何哉？帝好之，霸承其意欲成之也。故有过推下，有功归己也。

第四九推

二亭立扰乱乡里治　徒其表世间多纷扰

儒治兴，除多伪祥瑞、假异闻耸动听闻外，亦有厉民之政，如旌惩亭、预诰亭是也。地节二年春，霍大将军薨，不久，凤凰集鲁，群鸟从之，因而大赦天下。韦贤以附会大将军得为丞相，大将军薨，韦贤无所依，思投诚于帝，以巧取胜也。知帝好儒治，自以名儒硕德，所言儒政事必为帝所喜，己位则稳固也。故上书曰："今宜申明善恶以劝惩天下。好善恶恶，人之常情，为政之道，旌善则善人劝，惩恶则恶人息，现应令天下立旌惩亭，所谓旌善惩恶也。又宜立预诰亭，凡朝廷法令、诏告、国礼等欲民周知之者，皆于预诰亭宣告，欲天下知礼通法。"

帝从之，下两府议旌惩亭、预诰亭。丞相韦贤、御史大夫魏相议旌惩亭曰："今汉广大，除三辅外，皆山高皇帝远，政刑所不及也。田野之民不知禁令，往往误犯刑宪，有司于内外郡县及乡、里皆立旌惩亭，凡境内人民有犯，书其过，名榜于旌惩亭上，使人有所惩戒。若人民有孝德懿行，书其善，亦名榜于旌惩亭，使人有所榜样。"

两府又议预诰亭曰："朝廷施恩天下，凡乡、里饮酒会，集众，乡三老于亭居中而坐，众则序齿居左右，选一人读律、礼，宣申明戒谕。既毕，行饮酒礼拜。郡、县三老推此以行事。若乡民有纠纷，乡啬夫职听讼，则坐于预诰亭内，为之断处，庶几诉不上交，而消解于下。若民人不服乡啬夫之处断，准告诉于县郡，顺序而告，至廷尉，廷尉以闻。不可越级。"奏上，帝从之。

旌惩亭以书记犯罪者姓名、恶行，昭示乡里，以劝善惩恶，使有所警戒，然反为百姓累，何哉？有司概以百姓杂犯小罪书之，使良善者因一时过误为终身之累，因恶名而为众人所知，虽欲改过自新，其路无由尔。而狡黠者，虽屡书其恶行，终不改也。

河南郡陈汶令子陈自取茶给饮，因茶不热，倾泼在地，当向斥骂，并取棍向殴，自畏惧跑出房外。汶持棍赶殴，因地上被茶泼湿，滑跌在地，大怒，遂赴乡三老告儿不孝，欲三老究治。三老遂将陈自上旌惩亭，言其不孝，不能顺父意。自本孝子，敬于父母，以不孝子而上旌惩亭后，以事小而罚大，且错在严父，四邻皆以不孝子而冷眼对之，故心不开释，自经死。留遗书曰："旌惩亭，所谓旌善惩恶也。然小子所犯之事微，三老不分情由而上小子旌惩亭，世人皆以小子不孝，小子素行绝非如此。若既有过，小子欲改之，其道亡繇也！今自杀，以明己非恶人，旌惩亭非能旌善惩恶，往往枉害好人也。"

河东郡李增因子李荣屡次行窃，央同外人帮忙，将李荣捆住，用铁斧背连殴，致伤两肋，李荣喊嚷滚转，求父饶命。李增怒其不争，随即将李荣两脚筋割断，身死。三老闻之，嘉其大义灭亲，遂上旌惩亭。而后父杀子，兄杀弟之命案激增。父若怒子，兄若憎弟，托以子或弟违法，行大义杀之，且行凶诡秘，四邻不察，因旌惩亭曾表彰类似行止，有司难问也。

三辅栗松因妻做饭迟延，加以殴詈。母李氏出而喝阻，不冒送究，松叩头央求，不允。随即赴县呈控，回家以后方晓父母首告忤逆，应问徒成，虑无人侍养，心生追悔，愁急莫释，投井自尽。有司以李氏之死虽非抱怨轻生，但事由于首告究由违犯教令所致，依律笞二百，并髡钳城旦舂。

三老以栗松杀母而上旌惩亭，以警戒不孝子。栗松自思，己本孝于母，而母之死实乃母轻生所致，丧母心痛，虽依律判刑，心所甘也。而三老遂以杀母贼而上旌惩亭，世人皆以己为杀母罪人，纷纷恶而远之，姐妹不察，朋友不认，妻子远离。

栗松大怒，因此沉沦，潜入深山学武，飞檐走壁，学成暗杀本领后变杀人狂魔，怒世间母之严苛，恨世间三老之不察，痛亲朋好友不明，前后杀人母百人，杀三老五十名，郡县上报，皆指一人。朝廷震动，查之急，下诏天下捕之，羽林军四处追缉，几殚天下力，终于捕之。

栗松狱中上书曰："小子本孝子，素敬老母，因妻做饭延迟而责妻，母性易怒，责小子不应叱妻，小子遂听，而母怒未息。欲赴官府告诉，后知父母首告忤逆，子应徒戍，吾本独子，母虑将无人侍养，心生追悔，愁急莫释，投井自尽。后有司以母死乃吾违反教令所致，依律笞二百，并髡钳城旦舂。母之死，吾心伤恨，本应受责，依律科刑，吾甘心焉。而乡三老不分是非，以吾上旌惩亭，世人遂以吾为弑母罪人，轻吾，恨吾，骂吾，吾不得为人。自此小子思报复，怒天下母不恤子，恨世间三老不察冤，于是决然放纵，杀人母、三老多名，此乃小子嫉恨为之，非小子素行也。小子杀人已多，罪无可赦，但旌惩亭之设，本应旌善惩恶，而今南辕北辙，脱离本宗义。临死言之于帝，望帝废之。若能废之，虽死无恨。"

帝睹其书叹息，感栗松之言，哀栗松之遇，敬栗松之能。以栗松武功非凡，特赦之，以为骑郎。帝本欲以旌惩亭劝化天下，而效果如此，实出意料。适逢河南郡陈汶之事上奏，河东郡李增之事上奏，帝遂欲废旌惩亭，言之于二府。二府驳奏曰："既失计为之，则应饰盖之，人主无过举。今已作，百姓皆知之，今坏此，则示有过举。不应废旌惩亭，应私下予改进也！"帝问曰："何以私下改进？"二府奏曰："旌惩亭乃帝之德政，安能有误？皆郡县执行不当，陛下移过于郡县，则英名存矣，公责郡县改之，则事济矣。"帝从之。二府议而续奏曰："自今犯十恶、奸盗、诈伪、干名犯义、有伤风俗及犯赃至徒者，书于亭以示惩戒，其余杂犯公私过误非干风化者，一切除之，以开良民自新之路，其有私毁亭舍，除所悬实例，及涂抹姓名者，监察御史以时按视罪如律。"帝制曰："可。"

预诰亭，反致犯罪激增也。何哉？古曰："刑不可知，则威不可测。"何行触法？民茫茫不可知，便战战兢兢，怎敢以身试之？帝好法治，法条多公之于众。然帝粉饰为治，倡仁政于天下，世间多情法冲突，然愚民多不知何为法，多重情，朝廷为得民心，往往曲法而循情。长此以往，法令如同虚设也。

以报仇为例。汉法禁复私仇，若已伏官诛而私相伤杀者，虽一身逃亡，皆徙家属于边，其相伤者，加常二等，不得赎罪。朝廷将禁令宣告于预诰亭，使民周知。

河内郡华子张者，父先为乡人所害。及子张病，其友董辉往候之。子张垂殁，视辉，歔欷不能言。辉曰："吾知子不悲天命，而痛仇不复也。子在，吾忧而不手；子亡，吾手而不忧也。"子张但目击而已。辉即起，将客遮仇人，取其头以示子张。子张见而气绝。

辉因而诣乡啬夫，以状自首。乡啬夫应之迟，辉曰："为友报仇，民吏之私也。奉法不阿，君之义也。亏君以生，非臣节也。"趋出就预诰亭就逮，且明己之违法，虽罹国宪，心所甘也。乡啬夫跣而追辉，不及，遂自至预诰亭。乡啬夫曰："吾慕君之高义。"辉曰："吾愿法之必行！"乡啬夫拔刃自向以要辉曰："法顺人情，曲法以明子，乃吾素志，子不从我出，敢以死明心。"辉乃出预诰亭，乡人慕之，尊之为董君，信其义，敬其行，凡得董君片牍，胜获千金也。

齐郡烈女赵霁，赵安女也。安为同县李寿所杀，霁有男弟三人，皆欲报仇，寿深以为备。会遭灾疫，三人皆死。寿闻大喜，请会宗族，共相庆贺，云："赵氏强壮已尽，唯有女弱，何足复忧！"防备懈弛。

霁既素有报仇之心，及闻寿言，感激愈深，怆然陨涕曰："李寿，汝莫喜也，终不活汝！"阴市名刀，挟长持短，昼夜哀酸，志在杀寿。寿为人凶豪，闻霁之言，更乘马带刀，乡人皆畏惮之。

比邻有徐氏妇，忧霁不能制，恐逆见中害，每谏止之。霁曰："父母之仇，不共戴天。李寿不死，霁活复何求！今虽三弟早死，门户泯绝，而霁犹在，岂可假手于人哉！"夜数磨砺所持刀讫，扼腕切齿，悲涕长叹，家人及邻里咸共笑之。霁谓左右曰："卿等笑我，直以我女弱不能杀寿故也。要当以寿颈血污此刀刃，令汝辈见之。"遂弃家事，乘鹿车伺寿。

终一清晨时，于预诰亭之前，与寿相遇，便下车扣寿马，叱之。寿惊愕，回马欲走。霁奋刀斫之，并伤其马。马惊，寿挤道边沟中。霁寻复就地斫之，探中树兰，折所持刀。寿被创未死，霁因前欲取寿所佩刀杀寿，寿护刀瞋目大呼，跳梁而起。霁乃挺身奋手，左抵其额，右撞其喉，反覆盘旋，应手而倒。

遂拔其刀以截寿头，持守预诰亭，辞颜不变。乡三老不忍论霁，弛法纵之。霁曰："仇塞身死，妾之明分也。治狱制刑，君之常典也。何敢贪生以枉官法？"乡人闻之，倾城奔往，观者如堵焉，莫不为之悲喜慷慨嗟叹也。

乡三老不敢公纵，阴语使去，以便宜自匿。霁抗声大言曰："枉法逃死，非妾本心。今仇已雪，死则妾分，乞得归法以全国体。"郡守并共表上，称其烈义，刊石立碑，显其门闾。

天下人皆慕董辉、赵霁之高义，号之金童玉女，以其能复仇也。世人间若有仇，多私报之，非求公法也。而狡黠者，往往于预诰亭前杀人，托以报仇为辞，有司不能察，故天下之命案激增，有司不能控也。

谏大夫王吉以旌惩亭、预诰亭徒有儒治之表，而无其实，非能促治，反为天下累，上书谏宣帝曰："陛下内多欲而外施仁义，奈何欲效唐、虞之治乎！今旌惩亭者，书良民之小过，而产生极大之不良影响也，良民欲改过，其道亡矣！甚者心情郁结，不得开释，有自杀者。若不自杀，则从此堕落，报复社会，反为大害，栗松之事可为先鉴。预诰亭者，乃报复之亭也。官本有禁复私仇之令，前董辉、赵霁之报仇事，朝廷曲法而奖励之，引发社会轰动，众皆嘉其义，群起而效之。今天下复私仇者公然于预诰亭杀仇敌，引来围观，群起视之，有司不能禁，禁则民变矣。更有甚者，本无私仇，但有恩怨，亦引之于预诰亭，托以报私仇而公然杀之。预诰亭、旌惩亭实际如此，与儒治初衷相去甚远。"帝览奏，大怒。谏大夫王吉遂称病辞官。

五凤四年夏，三辅大旱，颗粒无收，漕运不通，民多逃亡，帝忧之。朝廷以粮不足，公卿议或依人定量而给定粮，或就食洛阳，帝率先赴幸之。帝犹豫未定。而民间遂传帝欲率百官赴洛阳就食，号帝为"逐粮天子"，帝闻之而大怒。

方士安华背素疾，若遇天晴，则背舒爽，若遇阴雨，则背闷，以此窥知气候。安华言于帝曰："三日内必有大雨！"帝问曰："何以言此？"安华对曰："昨臣梦赤松子，赤松子言三日内必有雨。"帝问曰："赤松子何人也？"安华对曰："赤松子者，神农时雨师也，服冰玉散，以教神农，能入火不烧。至昆仑山，常入西王母石室中，随风雨上下。炎帝少女追之，亦得仙，俱去。至高辛时，复为雨师，游人间。今之雨师本是焉。赤松子托梦言有雨，则必定有雨也。"

帝素信方士，与淮阳王舅张博言此事。张博劝帝既知必将有雨，不如伪求之，雨必下，明帝忧民，可耸动听闻，使愚民知帝神奇，亦可让天下百姓归心也。帝从之。

次日，帝亲率百官祭高庙求雨，纵民观之，观者如堵，数万人也。帝自恃知必有雨，遂以身祷于高庙曰："余一人有罪，无及万夫。万夫有罪，在余一人。无以一人之不敏，使上帝鬼神伤民之命，使祖宗怒余而殃及于民。"于是剪其发，枥其手，以身为牺牲，用祈福。忽雨大至，民甚说，山呼万岁。漕运遂通，天下之粮食大至，京师之粮荒则消除也。天下民以帝达乎鬼神之化，皆归心也。

帝求雨成功，以权谋获天下心，遂无人敢揭儒治之伪，无人再敢言旌惩、预诰二亭之弊。古不云乎："礼失而求诸野"，"知屋漏者在檐下，知政得失在朝野"。昔，严逸少有高名，长帝二十岁，与帝同师溲中翁，不乐功名，学问常在帝右，帝兄事之。帝即位，逸素鄙帝之伪儒治而实好法也，乃变易姓名，隐逝不见。帝慕其贤，又思当年同受儒学于中翁，今独将所学付诸实践，汉廷大兴儒治，已及身见其成，功德为上古所不及，欲面见严逸，显摆政绩，听其赞语。帝物色求之，访于四海，颇历年岁。后淮阳国上言："有一男子，深山劈柴求生，举止儒雅，善诵歌谣！"帝疑逸也，乃遣安车聘之，三反而后至。舍于北军，太官朝夕进膳。

丞相黄霸知帝与逸素善，遣使奉书曰："霸闻先生至，欲立趋诣造，因今天子兴儒治，条陈繁密，政事苛细，霸为丞相，首受其冲，万机繁忙，不能立见君。愿因日暮，造君请益！"逸不答，投札与使，口授使者记曰："丞相霸，伪佞之徒，不以安民为先，阿谀顺旨饰虚伪，不闻仁义兴伪治，平生所学付东流，误导圣主罪不赦。"

霸得书，甚惭怒，封奏之，帝笑曰："狂奴故态也！"车驾即日幸其馆，逸卧不起。帝即走赴床边，曰："吾历巫蛊之祸，家属灭绝，君与吾师兄弟，乃吾仅有之至亲，不可屈尊相助吾也？"逸不应，群臣悚惧，良久乃张目而言："唐尧著德，巢父洗耳，士各有志，何至相迫乎？"帝曰："逸兄，吾何敢迫也？竟不能下君也！"于是叹息而去。

后数日，帝引逸入，论道故旧，相对累日。帝从容问逸曰："吾之治与先曾祖武帝比何如？"逸曰："不如也！"帝问曰："今时与武帝比何如？"逸对曰："差增也！"帝惊曰："今时好而治不如，何哉？"逸对曰："今兴伪儒治，天下流于造作，武帝时，刑罚虽酷，而尚真治，故治不如武帝。武帝之穷奢极欲，大事四夷，横征暴敛，伤及下，而伪儒治之伤尚不如之，是曰时差增也。"

帝恶其触实，暗不悦，以其兄长，难责之，默然，赐宴而罢。逸既来，帝欲除其谏议大夫，以耸动天下听闻，且证明朝廷重贤。然逸知帝非真心任命，己又好林泉之乐，逸不屈，坚还山。临行前，诵几言以感帝也。严逸诵曰："旌惩何须亭？且看礼之行；若有违犯者，依法不依人。预诰何须亭？且看吏之勤；国若多循吏，盛世上高顶！"

预诰亭、旌惩亭本意虽好，然实效极差，天下命案激增，社会扰攘不安，帝好名，群臣好谀上，故朝廷不能正之也。然帝素敬严逸，虽知逸意，颇悔旌惩亭、预诰亭之失，然惧于"天子无过事"之颜面，仅能哀叹矣！

第五十推

羌变起赵充国出征　匈奴乱五单于争立

假儒治不提，又表四夷。帝有天子命，自有天子福。帝念中国已平，外儒内法已致其效，文治已驾武帝之上，而武功则不及。武帝时，因匈奴屡入寇，使卫青七出塞，收河南地，置朔方郡。公孙敖筑受降城，徐自为筑五原塞千余里，列亭障至卢朐，徙贫民实之。使霍去病六出塞，击匈奴右地，降浑邪王，筑令居以西，置酒泉、武威、张掖、敦煌四郡。使李广利伐大宛，斩其王母寡。使伏波将军路博德、楼船将军杨仆等取南粤。使杨仆及横海将军韩说等击东越。使唐蒙、司马相如讽谕西南诸夷。使杨仆及左将军荀彘击朝鲜。使张骞等通西域，而三十六国君长皆慕化入贡。武帝时，四夷皆朝汉，而国之四至几增一倍。帝慕之，且欲超之，念唯四夷未有大变，乃颇尽心于四夷。

初，武帝开河西四郡，隔绝羌与匈奴相通之路，斥逐诸羌，不使居湟中地。及帝即位，光禄大夫义渠安国为四夷风俗使者使行诸羌，劝诸羌内化，比汉俗，则受汉重赏。先零豪言："不愿受赏，今汉国土广大，愿时渡湟水北，逐民所不田处畜牧，与汉人接，渐染汉俗，羌汉将一也。"安国以闻，

第五十推　羌变起赵充国出征　匈奴乱五单于争立

帝闻之喜，从其请。后将军赵充国劾安国奉使不敬，帝不从。

是后羌人旁缘前言，抵冒渡湟水，郡县不能禁。既而先零与诸羌种豪二百余人解仇、交质、盟诅。帝闻之，以问赵充国，对曰："羌人所以易制者，以其种自有豪，数相攻击，势不壹也。匈奴数诱羌人，欲与之共击张掖、酒泉地，使羌居之。间者匈奴困于西方，疑其更遣使至羌中与相结。臣恐羌变未止此，且复结联他种，宜及未然为之备。"帝未之思。

后月余，羌侯狼何果遣使至匈奴借兵，欲击鄯善、敦煌以绝汉道。充国以为："狼何势不能独造此计，疑匈奴使已至羌中，到秋马肥，变必起矣。宜遣使者行边兵，豫为备敕，视诸羌毋令解仇，以发觉其谋。"帝从之，于是丞相、御史两府复白遣义渠安国行视诸羌，分别善恶。安国曰："义渠安国前行诸羌，从其请，致羌人难制，不可复使。"帝不从。

义渠安国至羌中，召先零诸豪三十余人，宣示帝旨，以尤桀黠者皆斩之，纵兵击其种人，斩首千余级。于是诸降羌及归义羌侯杨玉等怨怒，无所信向，遂劫略小种，背畔犯塞，攻城邑，杀长吏。安国以骑都尉将骑二千屯备羌。至浩亹，为虏所击，失亡车重、兵器甚众。安国引还，至令居，以闻。

时赵充国年七十余，帝老之，使丙吉问谁可将者。充国对曰："无逾于老臣者矣！"帝遣问焉，曰："将军度羌虏何如？当用几人？"充国曰："百闻不如一见。兵难遥度，臣愿驰至金城，图上方略。羌戎小夷，逆天背畔，灭亡不久，愿陛下以属老臣，勿以为忧！"上笑曰："诺。"乃大发兵诣金城，遣充国将之，以击西羌。充国常以远斥候为务，行必为战备，止必坚营壁，尤能持重，爱士卒，先计而后战。终能平定羌乱。

平定羌乱后，朝廷设护羌校尉，诏举可护羌校尉者。时充国病，四府举辛武贤小弟汤。充国遽起，奏："汤使酒，不可典蛮夷。不如汤兄临众。"时汤已拜受节，有诏更用临众。后临众病免，五府复举汤。汤数醉酗羌人，羌人反畔，卒如充国之言。辛武贤深恨充国，上书告充国子中郎将卬泄省中语，下吏，自杀。

次言乌孙。乌孙狂王复尚楚主解忧，生一男鸱靡，不与主和，又暴恶失众。汉使卫司马魏和意、副侯任昌至乌孙。公主言："狂王为乌孙所患苦，易诛也。"遂谋置酒，使士拔剑击之。剑旁下，狂王伤，上马驰去。其子细沈瘦会兵围和意、昌及公主于赤谷城。数月，都护郑吉发诸国兵救之，乃解去。汉遣中郎将张遵持医药治狂王，赐金帛。因收和意、昌系锁，从尉犁槛车至长安，斩之。

初，肥王翁归靡胡妇子乌就屠，狂王伤时，惊，与诸翎侯俱去，居北山中，扬言母家匈奴兵来，故众归之。后遂袭杀狂王，自立为昆弥。是岁，汉遣破羌将军辛武贤将兵万五千人至敦煌，通渠积谷，欲以讨之。

初，楚主侍者冯嫽，能史书，习事，尝持汉节为公主使，城郭诸国敬信之，号曰冯夫人，为乌孙右大将妻。右大将与乌就屠相爱，都护郑吉使冯夫人说乌就屠，以汉兵方出，必见灭，不如降。乌就屠恐，曰："愿得小号以自处！"帝征冯夫人，自问状。遣谒者竺次、期门甘延寿为副，送冯夫人。

冯夫人锦车持节，诏乌就屠诣长罗侯赤谷城，立肥王翁归靡之汉质子元贵靡为大昆弥，乌就屠为小昆弥，皆赐印绶。破羌将军不出塞，还。后乌就屠不尽归诸翎侯民众，汉复遣长罗侯将三校屯赤谷，因为分别其人民地界，大昆弥户六万余，小昆弥户四万余。然众心皆附小昆弥。

元贵靡、鸱靡皆病死，公主上书言年老土思，愿得归骸骨，葬汉地。天子悯而迎之，公主与乌孙男女三人俱来至京师。是岁，甘露三年也。时年且七十，赐以公主田宅、奴婢，奉养甚厚，朝见仪比公主。后二岁卒，三孙因留守坟墓云。

元贵靡子星靡代为大昆弥，弱，冯夫人上书，愿使乌孙镇抚星靡。汉遣之，卒百人送焉。都护韩宣奏，乌孙大吏、大禄、大监皆可以赐金印紫绶，以尊辅大昆弥，汉许之。后都护韩宣复奏，星靡怯弱，可免，更以季父左大将乐代为昆弥，汉不许。后段会宗为都护，招还亡畔，安定之。

以上四夷初定，乃武帝累年奋斗于前，汉廷积力，宣帝适会其成功，非帝之武功盖世也。故古之盛世，首要天时，次要祖泽，最后方生不世之功也。

最后言匈奴。昔，握衍朐鞮单于初立，凶恶，尽杀虚闾权渠时用事贵人刑未央等，而任用颛渠阏氏弟都隆奇，又尽免虚闾权渠子弟近亲，而自以其子弟代之。后单于又杀先贤掸两弟。乌禅幕请之，不听，心恚。其后左奥鞬王死，单于自立其小子为奥鞬王，留庭。奥鞬贵人共立故奥鞬王子为王，与俱东徙。单于遣右丞相将万骑往击之，失亡数千人，不胜。

时单于已立二岁，暴虐杀伐，国中不附。及太子、左贤王数谗左地贵人，左地贵人皆怨。其明年，乌桓击匈奴东边姑夕王，颇得人民，单于怒。姑夕王恐，即与乌禅幕及左地贵人共立稽侯狦为呼韩邪单于，发左地兵四五万人，西击握衍朐鞮单于，至姑且水北。未战，握衍朐鞮单于兵败走，使人报其弟右贤王曰："匈奴共攻我，若肯发兵助我乎？"右贤王曰："若不爱人，杀昆弟诸贵人。各自死若处，无来污我。"握衍朐鞮单于恚，自杀。

左大且渠都隆奇亡之右贤王所，其民众尽降呼韩邪单于。是岁，神爵四年也。呼韩邪单于归庭数月，罢兵使各归故地，乃收其兄呼屠吾斯在民间者立为左谷蠡王，使人告右贤贵人，欲令杀右贤王。其冬，都隆奇与右贤王共立日逐王薄胥堂为屠耆单于，发兵数万人东袭呼韩邪单于。呼韩邪单于兵败走，屠耆单于还，以其长子都涂吾西为左谷蠡王，少子姑瞀楼头为右谷蠡王，留居单于庭。

明年秋，屠耆单于使日逐王先贤掸兄右奥鞬王为乌藉都尉各二万骑，屯东方以备呼韩邪单于。是时，西方呼揭王来与唯犁当户谋，共谗右贤王，言欲自立为乌藉单于。屠耆单于杀右贤王父子，后知其冤，复杀唯犁当户。于是呼揭王恐，遂畔去，自立为呼揭单于。右奥鞬王闻之，即自立为车犁单于。乌藉都尉亦自立为乌藉单于。凡五单于。此为五凤元年事。

呼韩邪之败也，左伊秩訾王为呼韩邪计，劝令称臣入朝事汉，从汉求助，如此匈奴乃定。呼韩邪议问诸大臣，皆曰："不可。匈奴之俗，本上气力而下服役，以马上战斗为国，故有威名于百蛮。战死，壮士所有也。今兄弟争国，不在兄则在弟，虽死犹有威名，子孙常长诸国。汉虽强，犹不能兼并匈奴，奈何乱先古之制，臣事于汉，卑辱先单于，为诸国所笑！虽如是而安，何以复长百蛮！"

左伊秩訾曰："不然。强弱有时，今汉方盛，乌孙城郭诸国皆为臣妾。自且鞮侯单于以来，匈奴日削，不能取复，虽屈强于此，未尝一日安也。今事汉则安存，不事则危亡，计何以过此！"诸大人相难久之。呼韩邪从其计，引众南近塞，遣子右贤王铢娄渠堂入侍。郅支单于亦遣子右大将驹于利受入侍。是岁，甘露元年也。明年，呼韩邪单于款五原塞，愿朝三年正月。

呼韩邪单于上表曰："陛下圣明，大汉天下太平，五谷成熟，或禾长丈余，或一粟三米，或不种自生，或茧不蚕自成，甘露从天下，醴泉自地出，凤凰来仪，神爵降集。神爵四年来，匈奴大乱，五单于争立，攻伐日甚，横尸遍野，牛羊皆亡，胡人疾苦甚，见大汉太平，思乐内属大汉。谨奉此表，望陛下哀怜。"

表入相府，丞相黄霸奏曰："陛下御海内以来，恩泽洋溢，和气四塞，绝域殊俗，靡不慕义。匈奴单于恭顺，欲举地为臣妾，昔唐尧横被四表，亦亡以加之。今海内一统，四夷一家，开元以来未之有也。"帝览奏大悦。

第五一推

单于朝诸国咸尊汉　帝浮夸匈奴慑汉富

匈奴呼韩邪单于款五原塞，原奉国珍，朝三年正月。诏有司议其仪。丞相、御史曰："圣王之制，先京师而后诸夏，先诸夏而后夷狄。匈奴单于朝贺，其礼仪宜如诸侯王，位次在下。"太子太傅萧望之以为："单于非正朔所加，故称敌国，宜待以不臣之礼，位在诸侯王上。外夷稽首称藩，中国让而不臣，此则羁縻之谊，谦亨之福也。《书》曰：'戎狄荒服。'言其来服荒忽亡常。如使匈奴后嗣卒有鸟窜鼠伏，阙于朝享，不为畔臣，万世之长策也。"天子采之，下诏曰："匈奴单于称北藩，朝正朔。朕之不德，不能弘覆。其以客礼待之，令单于位在诸侯王上，赞谒称臣而不名。"

匈奴呼韩邪单于来朝，赞谒称藩臣而不名。赐以冠带、衣裳，黄金玺、盭绶，玉具剑、佩刀，弓一张，矢四发，棨戟十，安车一乘，鞍勒一具，马十五匹，黄金二十斤，钱二十万，衣被七十七袭，锦绣、绮縠、杂帛八千匹，絮六千斤。礼毕，使使者道单于先行宿长平。帝自甘泉宿池阳宫。

帝登长平阪，诏单于毋谒，其左右当户群臣皆得列观，及诸蛮夷君长、王、侯数万，咸迎于渭桥下，夹道陈。帝登渭桥，咸称万岁。单于就邸长安。

置酒建章宫，飨赐单于，观以珍宝。二月，遣单于归国。单于自请"愿留居幕南光禄塞下；有急，保汉受降城"。汉遣长乐卫尉、高昌侯董忠、车骑都尉韩昌将骑万六千，又发边郡士马以千数，送单于出朔方鸡鹿塞。诏忠等留卫单于，助诛不服，又转边谷米糒，前后三万四千斛，给赡其食。先是，自乌孙以西至安息诸国近匈奴者，皆畏匈奴而轻汉，及呼韩邪单于朝汉后，咸尊汉矣。

甘露四年春，匈奴单于上书愿朝明年。时帝被疾未愈，太子病，未央宫又火，众救之，救于此，而发于彼，东西南北数十处，数日不绝。或言："匈奴从上游来厌人：帝之疾，太子病，未央宫火，乃夷狄单于朝中国，与皇室相克，故辄有大故。"帝由是难之，以问公卿，亦以为去年单于新朝，赐予无数，单于贪汉币，故欲连朝，终虚费府帑，可且勿许。

单于使辞去，未发，太子太傅萧望之上书谏曰："今单于归义，怀款诚之心，欲离其庭，陈见于前，此乃上世之遗策，神灵之所想望，国家虽费，不得已者也。奈何距以来厌之辞，疏以无日之期，消往昔之恩，开将来之隙？夫疑而隙之，使有恨心，负前言，缘往辞，归怨于汉，因以自绝，终无北面之心，威之不可，谕之不能，焉得不为大忧乎！唯陛下少留意于未乱、未战，以遏边萌之祸！"书奏，天子寤焉，召还匈奴使者，更报单于书而许之。赐望之帛五十匹，黄金十斤。

黄龙元年二月，匈奴呼韩邪单于来朝。帝幸甘泉宫，欲于路上先会呼韩邪单于，终于甘泉宫正式受单于朝。时天下承平，百物丰实，甲士五十余万，马十万匹，旌旗辎重，数百里不绝。令少府造观风行殿，上容侍卫者数百人，离合为之，下施轮轴，倏忽推移。又作行城，周二千步，以板为干，衣之以布，饰以丹青，楼橹悉备。胡人惊以为神，每望御营，十里之外，屈膝稽颡，无敢乘马。呼韩邪奉庐帐以俟车驾。帝幸其帐，呼韩邪单于奉觞上寿，跪伏恭甚，王侯以下祖割于帐前，莫敢仰视。

帝幸帐前，先派中郎将史增谕旨。增见牙帐中草秽，欲令单于亲除之，示诸蛮夷，以明威重，乃指帐前草曰："此根大香。"呼韩邪遽嗅之，曰："殊不香也。"增曰："天子行幸所在，诸侯躬自洒扫，耕除御路，以表至敬之心；今牙内芫荽，谓是留香草耳！"呼韩邪乃悟曰："奴之罪也！奴之骨肉皆天子所赐，得效筋力，岂敢有辞。特以边人不知法耳，赖将军教之。此将军之惠，奴之幸也。"遂拔所佩刀，自芟庭草。其贵人及诸部争效之。诸蛮夷闻之，争效殷勤于帝前，帝闻增策，嘉之。

呼韩邪上表，以为："帝单于怜臣，臣宗族、兄弟嫉妒，共欲杀臣。臣当是时，走无所适，仰视唯天，俯视唯地，奉身委命，依归帝单于。帝单于怜臣且死，养而生之，发兵辅之，尽财养之，故臣得以抚匈奴之民。臣荷戴圣恩，言不能尽。臣今非昔日匈奴单于，乃是至尊臣民，愿率部落变改衣服，一如华夏。"帝以为不可。赐呼韩邪单于书，谕以"北匈奴未静，犹须征战，但存心恭顺，何必变服？"帝欲夸示匈奴，令少府为大帐，其下可坐数千人。帐成，帝于城东御之，备仪卫，宴匈奴、四夷及其部落，作散乐。诸胡骇悦，争献牛羊驼马数千万头。诏以呼韩邪单于遵奉朝化，思改戎俗，宜于甘泉宫旁造大屋，其帷帐床褥以上，务从优厚。

公卿群上表颂帝功曰："陛下宵衣旰食，励精图治，国内升平，四海雍雍，万国慕义，蛮夷殊俗，不召自至，渐化端冕，奉珍助祭。寻旧本道，遵术重古，动而有成，事得厥中。至德要道，通于神明，祖考嘉享。光耀显章，天符仍臻，元气大同。麟凤龟龙，众祥之瑞，方禀宗庙，告诉成功。"

宣帝时，西域国进一胡，善弹琵琶，作一曲，音乐微妙，中土未闻也。帝以四夷咸尊朝汉，每不欲四夷胜中国。帝诏太子及群臣应对之，群臣莫对。太子奭①曰："臣善音乐，有策也，如此如此。"帝大悦，从之。乃置酒高会，使太子隔帷听之，一遍而得。帝谓胡人曰："此曲吾宫人能之。"取大琵琶，遂于帷下令太子弹之，不遗错一字。胡人谓是宫女，不知是太子，惊叹辞去，西国闻之，立朝贡者数十国。帝本怒太子好音乐不类己，此次因善音乐而彰国威，甚善太子，太子位愈稳固。

---

① 班彪赞曰：臣外祖兄弟为元帝侍中，语臣曰："元帝多材艺，善史书，鼓琴瑟，吹洞箫，自度曲，被歌声，分刌节度，穷极幼眇。"

第五二推

内愧疚霍氏为鬼祟　服金丹宣帝遂大行

天下既安，四夷宾服，然泱泱大朝亦多事。甘露元年夏四月，丙申，太上皇庙火；甲辰，孝文庙火；帝素服五日。卜者曰："此霍光作祟。霍光有安天下之劳，又有攀立陛下之功，今陛下不念旧恩，族灭霍氏，霍光为祟，故太上皇庙、孝文庙先后火。"帝忧之，言于萧望之曰："霍光为祟，故太庙屡火，卿有何策？"望之对曰："霍光之功大矣！然其过亦不细！放纵家属，制控陛下，专权自恣！霍氏家族屡谋逆，陛下诛之，乃行汉法，安宗庙，不可平反之！若公开平反霍氏，则明陛下之过大矣。不若仅默认平反霍光，不及家族，陛下以为何如？"

帝曰："何为默认平反？"望之对曰："今戎狄宾服，四海升平，陛下托以思股肱之美，图画其人于麒麟阁，法其容貌，署其官爵、姓名。若薨，则祭祀之，若在，则高爵厚禄待之。"帝曰："然于大将军该如何？"萧望之对曰："唯霍光不名，曰'大司马、大将军、博陆侯，姓霍氏'，虽不明言，众亦知之。"帝曰："卿策善矣！朕托以思即位来，叙股肱辅佐之功，股肱众，并纳霍光，则平反不在言中矣！"

帝遂命图画其人于麒麟阁，法其容貌，署其官爵、姓名；唯霍光不名，曰"大司马、大将军、博陆侯，姓霍氏"，其次张安世、韩增、赵充国、魏相、丙吉、杜延年、刘德、梁丘贺、萧望之、苏武，凡十一人，皆有功德，知名当世，是以表而扬之，明著中兴辅佐，列于方叔、召虎、仲山甫焉。帝本因望之颇轻丙吉而怒，然望之时时为帝筹策，为帝所重，故亦得入麒麟阁画像焉。

时宣帝奉武帝故事，多在甘泉宫。帝本与霍云善，能登九五，霍云有大力焉。昔日，霍成君被立为后，霍云深沮之，未果。故上免祸表，言之在先，帝面许之。霍氏谋反时，帝不分情节，一切诛杀之。帝求长生，服安华药，日益烦躁，喜怒不常。大臣鉴杨、诸葛之祸，皆畏避不敢言方士之弊。

帝服药后，多合眼便见霍云索命，甚惊惧，问与众官，众官曰："甘泉宫乃武帝旧宫，多见妖怪也。昔武帝于甘泉宫见卫后、拳夫人穿白衣，遂得重病，不治而崩。"帝命方士卜之，皆言诸霍为怪，尤霍云为祟，帝本愧疚霍氏，尤霍云有深憾焉。帝问众官何解，众官皆曰："修建新殿而居之。"帝遂命修建新殿，动十万民夫，历时一月修建而成，名曰建始殿。时帝命淮阳王舅张博督之。

博随淮阳王遣就国后，与帝不通声问，不意获任，力为之。时天暑，役夫死者相次于道，张博悉焚除之，帝闻之，不悦。及至，见制度壮丽，大怒曰："张博殚民力为离宫，为吾结怨天下。"博闻之，惶恐，虑获谴，以告安华。安华曰："待之，必有恩诏。"安华言于帝曰："诸霍为祟，若高大宫殿，则百神居之，妖祟遂消矣。"明日，帝果召博入对，劳之曰："卿盛饰此宫，雄伟壮阔，岂非忠孝！"

然帝见鹊巢其上，有鹰生鹊巢中，口爪俱赤。帝问萧望之，萧望之对曰："诗云：'维鹊有巢，维鸠居之。'今兴起宫室，而鹊来巢，此宫室未成，身不得居之象也。"帝默然。

帝徙居之，而合眼见霍云如故。帝问众官，众官承意曰："须方士禳之，则可除患也。"帝寻诏京师众方士赴甘泉宫，各显神通，能驱妖者封关内侯且食万户。众方士跃跃欲试，然终无效也。

甘露三年春，匈奴呼韩邪单于来朝，赞谒称藩臣而不名。先是，自乌孙以西至安息诸国近匈奴者，皆畏匈奴而轻汉，及呼韩邪单于朝汉后，咸尊汉矣。知帝好方士，故匈奴及西域之方士云集京师。呼韩邪单于朝汉时，帝私宴之，呼韩邪单于固知帝好方士，投帝之好，荐匈奴之方士婆多门也。

呼韩邪曰："臣之方士婆多门自西方来，自云四百岁，能驱鬼，合金丹，知未来。"帝问曰："何以驱鬼？"呼韩邪对曰："先单于时，贰师将军为祟，匈奴连雨雪数日，畜产死，人民疫病，谷稼不熟，先单于祈贰师而无效，婆多门施法，匈奴遂风调雨顺。"帝问曰："何以合金丹？"呼韩邪单于对曰："匈奴五单于争立，臣屡屡征伐，时时受伤，偶有危殆，食婆多门之金丹，创立愈，金丹屡救臣于危殆也。"帝问曰："何以知未来？"呼韩邪单于对曰："先单于时，婆多门曰匈奴将分裂，五单于争立，归汉者将主匈奴，此陛下所亲见，臣主匈奴也。"帝曰："善！试之！"

婆多门遂来甘泉宫，帝深加礼敬，馆之于建始殿偏殿，时时召见之。帝问婆多门曰："卿之西方有崇和法师否？"婆多门对曰："有！"帝惊问曰："崇和法师何来？"婆多门对曰："自东土长安也！"帝悄问曰："崇和法师安否？"婆多门对曰："崇和法师年八十，体康健如常！"

帝遂知祖卫太子尚存。帝问曰："卿可否请崇和法师赴长安？"婆多门对曰："吾来匈奴前，于西方习大法，知崇和法师从东土来，却无缘一面。后吾至匈奴，以佛法为匈奴国师，知先国师乃崇和法师。吾至匈奴前，崇和法师早已往西去。法师好游方，至西方不知何处也！"帝问曰："卿既不知崇和法师仙游处，何以知其存也？"婆多门对曰："崇和法师佛法高深，为西土高僧，著名当地，若薨逝，当地必有大反响，吾必然能得确信也。"帝曰："善！"自是颇信婆多门也。

婆多门先立金人像于宫中，焚香祷之，口念经文，手击声磬，甘泉宫之祟遂除。帝能安眠，大悦，赐婆多门太中大夫，爵关内侯，食邑五千。帝信婆多门之术，求其合丹药求长生，令光禄大夫刘向监主之，发使天下，采诸奇药异石，不可称数。延历岁月，药成，服竟不效，而帝仍深信之。

黄龙元年春，匈奴呼韩邪单于来朝，帝私宴之。帝曰："单于之方士婆多门方术甚高，立金人禳之，甘泉宫、建始殿之祟遂除，单于之荐功亦高。"呼韩邪对曰："此陛下福泽深厚所至，臣何力焉？"帝曰："然婆多门之金丹，朕时时服之，未见其效也，此何哉？"呼韩邪对曰："金丹乃药石之方，服食初，多有燥热之症，此乃去疴之必需过程，后则趋于平缓，体渐平复康健，终归延年益寿。"帝曰："善！"

太子太傅萧望之上书谏曰："陛下孝安宗庙，以仁牧黎庶，攘划妖凶，复张太平，中兴国朝，神功圣德，前古所不及。陛下躬行之，天地宗庙必相陛下以亿万之永。今匈奴方士以丹术自神，诡为陛下延年。臣谓士有道者皆匿名灭景，无求于世，岂肯干谢贵近，自鬻其技哉？今所至者，非曰知道，咸求利而来。自言飞炼为神，以诪权贿，伪穷情得，不耻遁亡。岂可信厥术、御其药哉？金石含酷烈之性，加烧炼则火毒难制。若金丹已成，且令方士自服一年，观其效用，则进御可也。先秦皇、武帝亦信方士矣，如卢生、徐市、栾大、李少君，后皆诈谲无成功。事暴前策，皆可验视。"帝览书大怒，左迁萧望之为郡守，出之于外。

黄龙元年三月，有星孛于王良、阁道，入紫微宫。帝不豫。帝重方士，颇服食修摄，至是药燥，喜怒失常。太史令刘常知星，知其指帝之凶，上书曰："臣闻有星孛入紫微宫，意主帝凶，陛下之凶大端在于方士金丹。金丹所以求长生也。自古圣贤垂训，修身立命曰'顺受其正'矣，未闻有所谓长生之说。尧、舜、禹、汤、文、武圣之盛也，未能久世，下之亦未见方外士自秦至今存者，彼尚不能，陛下诚知方士金丹无益，一旦翻然悔悟，日御正朝，洗数年之积误，置身于尧、舜、禹、汤、文、武之间，使诸臣亦得自洗十数年阿君之耻，置其身于皋、夔、伊、傅之列，天下何忧不治，万事何忧不理。今大臣持禄而好谀，小臣畏罪而结舌，臣不胜愤恨。是以冒死，愿尽区区，惟陛下垂听焉。"帝览奏，大感恸，颇知方士金丹之妄，且体日沉，有不起之势。遂召萧望之回朝，重为太子太傅。

黄龙元年夏，常山郡献凤凰。帝大悦，亲与萧望之视之，望之素不信凤凰，曰："此乃伤魂鸟也！状如鸡，毛色似凤，故人多误以为凤凰。"帝问曰："伤魂鸟何来？"萧望之对曰："黄帝杀蚩尤，有虎豹误噬一妇人，七日不绝，终死之。黄帝哀之，葬以重棺石椁。有鸟翔其冢上，其声自呼为伤魂，此则妇人之灵也。"帝问曰："伤魂鸟为何出？"萧望之对曰："凡不得令终者，此鸟来集其国之园林中。"帝惊问曰："此意朕之不得令终也？"望之对曰："臣依经典而对，现实非如此也！昔楚汉相争，此鸟未出，后高祖一统天下，干戈始戢，山野间亦见此鸟，不可一概论之。"望之虽如此言，帝知己之难起，又素知天命，遂为身后之备也。

帝寝疾，选大臣可属者，引外属侍中乐陵侯史高、太子太傅萧望之、少傅周堪至禁中，拜高为大司马、车骑将军，望之为前将军、光禄勋，堪为光禄大夫，皆受遗诏辅政，领尚书事。冬，十二月，甲戌，帝崩于未央宫，年四十三。

昔日朱明，沛国人也。善相术，于闾巷之间，效验非一。大将军时召为郎，测己之运。朱明测曰："二龙一蛇，一龙下地，一龙上天，蛇踞龙蛰，蛇死窝端。"后昌邑王废，宣帝顺立，霍光死才三年，霍家族灭，皆如其言也。帝初即位，问己年寿，朱明曰："陛下当寿八十六，至四十三时当有小厄，愿谨护之。"黄龙元年，年四十三，病困，谓左右曰："朱明所言八十六，谓昼夜也，吾其决矣。"顷之，果崩。

参 考 文 献

〔西汉〕司马迁撰,〔南朝宋〕裴骃集解,〔唐〕司马贞索隐,〔唐〕张守节正义:《史记》,北京:中华书局,1982年。

〔南朝宋〕范晔撰,〔唐〕李贤等注:《后汉书》,北京:中华书局,1965年。

〔西晋〕陈寿撰,〔南朝宋〕裴松之注:《三国志》,北京:中华书局,1959年。

〔后晋〕刘昫等撰,《旧唐书》,北京:中华书局,1975年。

〔北宋〕司马光撰,〔元〕胡三省注:《资治通鉴》,北京:中华书局,1956年。

〔清〕王夫之撰,舒士彦点校:《读通鉴论》,北京:中华书局,1975年。

〔清〕王先慎撰,钟哲点校:《韩非子集解》,北京:中华书局,1998年。

王利器校注:《盐铁论校注》,北京:中华书局,1992年。

后 记

这边在写东西,那边楼下广播响起:"请各位教师及家属下楼做核酸!""若一次不做核酸,昌通码将变成黄码,两次及以上,则变成红码!影响通行,后果自负!"我积极配合政府防疫,但不是第一时间去做全员核酸,挨到最后截止时间才下去。这样做,第一,排队时间短,节约时间;第二,防止扎堆,减少风险。

此前,我一直在北京生活、工作、学习。诸多原因,举家南迁。我到南昌工作后,工资水平不及北京,之前我在北京买了房,有房贷,南昌的工资不足以供我生活及还北京房贷。迫不得已,在认真做好本职工作之余,我只能重操旧业,做律师。然而我做律师谨守管簸,不想充分开拓律师市场而赚得盆丰钵满,而尽量把时间用在学术上。然而我对每个案子都很仔细,认真对待自己的每个客户。

由于杂事太多,平常我很难集中大块的时间来思考、写书。疫情期间虽然产生诸多不便,如限出行、禁聚集等,但是我也因此有很多时间来思考,来著书立说。写书就是这样,一旦有思路,就不要中止,奋笔成篇,一气呵成。

想想自己,老是"不务正业"。毕业后,未认真思考学术问题,也未出版学术专著,反而搞"旁门左道",写这种古奥、不合时宜的文字。不过无所谓,正因兴趣所致,天马行空,随作随止也。

我始终记得在郑州大学读本科时,我所在的材料学院副院长张老师经常说的一句话:"你一定要记住:别人在一定时间内,只能做好一件事,但是你却要能够在同一时间内做好两件事。这样,你才能比别人厉害,比别人取得更多的成果。"所以,我从来都是两件事一起做。例如现在边做律师,边从事学问。以前，本科时边学材料，边学法律；硕士时，边学法律，边读历史；博士时，专业为秦汉史，同时亦学近代史，等等。

其实，在动笔之初，我不认为我能够写这样一本书。用文言文来行文，参仿《史记》《汉书》行文方式，这对我来讲是高难度的。随着写作的进行，发现用文言文行文越来越得心应手，越来越像那么回事。然而，本书出现一个问题，即有些地方的文言文不那么像样，有些地方的文言文还有点古色古香，区别在于写作时间早晚，无足深怪。

历史事件常常会重演，历史的价值在于知古以鉴今。笔者之所以选择西汉昭宣时代作为对象，是因为那个时期为盛世，但不久便衰败，背后有诸多原因，笔者力求展现之。